网络与新媒体专业“十二五”规划教材

新媒体概论

刘行芳 主编

中国传媒大学出版社
·北京·

图书在版编目（CIP）数据

新媒体概论 / 刘行芳主编 . -- 北京：中国传媒大学出版社，2015.5（2020.7 重印）
ISBN 978-7-5657-1270-8

Ⅰ.① 新… Ⅱ.① 刘… Ⅲ.① 传播媒介－教材 Ⅳ.① G206.2

中国版本图书馆 CIP 数据核字 (2015) 第 024289 号

网络与新媒体专业“十二五”规划教材

新媒体概论

XIN MEITI GAILUN

主　　编	刘行芳
策划编辑	司马兰　姜颖昳
责任编辑	司马兰　姜颖昳
装帧设计指导	吴学夫　杨　蕾　郭开鹤　吴　颖
设计总监	杨　蕾
装帧设计	刘鑫等平面设计创作团队
责任印制	阳金洲

出版发行	中国传媒大学出版社
社　址	北京市朝阳区定福庄东街 1 号　　邮编：100024
电　话	010-65450532 或 010-65450528　　传真：010-65779405
网　址	http://cucp.cuc.edu.cn
经　销	全国新华书店

印　刷	艺堂印刷（天津）有限公司
开　本	787mm×1092mm　1/16
印　张	16
字　数	379 千字
版　次	2015 年 5 月第 1 版
印　次	2020 年 7 月第 5 次印刷

书　号	ISBN 978-7-5657-1270-8/G · 1270　　**定　价**　39.80 元

《新媒体概论》编委会

主　编：刘行芳

副主编：方雪琴　张爱凤　周鹍鹏　董玉芝

编　委：（以拼音先后为序）

董玉芝，周口师范学院新闻传播学院

方雪琴，河南财经政法大学文化与传播学院

高宪春，江苏师范大学传媒与影视学院

何双秋，中国矿业大学文法学院

刘行芳，江苏师范大学传媒与影视学院

马雅红，辽宁工程大学新闻传播学院

钱晓文，上海建桥学院新闻传播学院

杨　惠，淮阴师范学院传媒学院

张爱凤，扬州大学新闻与传媒学院

张　洁，徐州工程学院人文学院

周鹍鹏，商丘师范学院新闻传播学院

周　岩，南京政治学院新闻系

本著作得到江苏省重点专业“新闻传播学类”建设项目经费资助（项目编号：SJG-ZDZYJS-2012-23-B-234）。

目　　录

第一章　信息社会与新媒体

本章要点

第一节　媒体与社会

第二节　国际互联网与信息社会

第三节　新媒体

媒体的出现和发展，总是和人类社会的需要与科学技术的进步紧密相连。

人类社会一步一步从野蛮走向文明，从传统走向现代，从狩猎社会、农耕社会、工商社会走向信息社会，离不开社会成员对周边世界的准确认识、深入了解和自我发展能力的不断提升。借助各种媒体准确认知世界，促进自我发展，是人类社会不断走向文明的一条主线。“文明社会”尽管也指物质文明、精神文明和制度文明发展到较高水平的社会，但更多的还是指人类掌握并利用语言、文字等工具进行记录、交流和沟通的社会，是各种传播公共信息的媒介手段在人类生存、生活与发展中起着举足轻重作用的社会。因此，讨论新媒体，就无法绕开媒体与社会、新媒体与信息社会的内在关系。

第一节　媒体与社会

从广义的理解来说，媒体无处不在；社会延伸到哪里，媒体就出现在哪里。媒体和社会，是一对天然的混合体，它们从古到今，不分时空，如影随形，寸步不离。从狭义的理解来说，媒体是社会发展的产物，社会进步离不开媒体的推动，二者共生共荣，相互依存，相互作用，共同影响人类文明进程。社会需要决定媒体的地位和价值，媒体的作为影响社会的状态和质量。媒体是社会的晴雨表，社会是媒体的大舞台。因此美国著名学者威尔伯·施拉姆把媒体称之为“社会的黏合剂”。而作为媒体家族新锐的新媒体的出现，则是科技革新和新时代需求共同作用的结果。

一、社会

社会是人类有机联系、互利合作形成的群体。在社会科学视阈下，“社会”是指特定土地上自然人的集合，在现代意义上是指为了共同利益、价值观和目标的自然人的联盟，是共同生活的人们通过各种各样社会关系联合起来的集合体。形成社会最主要的关系包括婚姻关系、家庭关系、族群关系、共同文化以及传统习俗。微观上，社会强调同伴的属性，并且延伸到为了共同利益而形成的自愿联盟。宏观上，社会就是由长期合作的社会成员通过发展组织关系形成的团体，并最终形成机构、国家等组织形式。其中最为关键的因素是人类相互之间依靠信息进行联系。

社会是人的集合，但社会不等同于人群。“社会”与“人群”的区别在于：第一，社会各成员之间的联系是必然的、紧密的，人群则是随机聚合的、联系松散的。第二，社会具有较复杂的组织结构，人群则没有这种组织结构。第三，社会具有相对集中统一的价值取向、文化特征并得到成员的基本认同，人群则是一种价值取向分散、文化特征各异、随时可能解体的集合体。第四，社会中有比较健全的生存和生产的职能和分工，具有对环境的适存度，而人群则是混乱无序的，基本上是随波逐流的。①

社会有着鲜明的特征：第一，社会是有文化、有组织的系统。第二，生产活动是一

① http://baike.baidu.com/link?url=F-hKjDO7hN74J395U7Q44Ei09RBxdZUJ01tAIt9QUIPdqt3p7ycdkWpeZiO7Fe34dwdtXwFbjASrViFr30eiMizXBVrB1vVCap4V20hjjpG.

切社会活动的基础。第三，任何特定的历史时期，社会都是人类共同生活的最大群体。第四，具体社会有明确的区域界限，存在于一定时间和空间范围之内。第五，任何一个具体社会都是从前人继承下来的一份遗产；同时，又和周围的社会发生横向联系，具有自己的特点。第六，有一套自我调节的机制，是一个具有主动性、创造性和改造能力的“活的有机体”，能够主动地调整自身与环境的关系并创造自身生存与发展的条件。①

二、媒体

媒体也称媒介。在英语中，媒体和媒介都用“Media”这一单词来表达，但在汉语中会有一些微小差异。一般来说，我们通常所说的“媒体”包括两个含义，一是指信息的物理载体，等同于媒介，如广播媒体、电视媒体等；另一个是指媒介组织，如人民日报、中央电视台、湖南卫视等。此外，作为两个事物之间的联系物，人们也常常把它叫做媒介或者媒体，如蚊子是传播疟疾的媒体，老鼠是传播鼠疫的媒体等——不过，这是对媒体意义的衍生性用法。

有关媒体的分类有多种主张，除了一般传统理论把媒体分为报纸、广播、电视和互联网等四种形态（分别称之为第一媒体、第二媒体、第三媒体和第四媒体）以外，比较典型的还有国际电话电报咨询委员会 CCITT（Consultative Committee on International Telephone and Telegraph，国际电信联盟 ITU 的一个分会）的五分法：

（1）感觉媒体（Perception Medium）：指直接作用于人的感觉器官，使人产生直接感觉的媒体。如引起听觉反应的声音、引起视觉反应的图像等。

（2）表示媒体（Representation Medium）：指传输感觉媒体的中介媒体，即用于数据交换的编码。如图像编码（JPEG、MPEG 等）、文本编码（ASCII 码、GB2312 等）和声音编码等。

（3）表现媒体（Presentation Medium）：指进行信息输入和输出的媒体。如键盘、鼠标、扫描仪、话筒、摄像机等为输入媒体；显示器、打印机、喇叭等为输出媒体。

（4）存储媒体（Storage Medium）：指用于存储表示媒体的物理介质。如硬盘、软盘、磁盘、光盘、ROM 及 RAM 等。

（5）传输媒体（Transmission Medium）：指传输表示媒体的物理介质。如电缆、光缆等。

为了论述的方便，这里暂时将媒体分为两类：传统媒体和新媒体。其中，感觉媒体主要指传统媒体，表示媒体、表现媒体、存储媒体和传输媒体则是指新媒体或新媒体要素。

三、“媒介是社会的黏合剂”

没有信息就没有交流，没有交流就没有社会。因此，没有信息的流通就不会有社会的建构。信息流通离不开媒体，应社会发展的需要催生了媒体，反过来媒体又推动了各

---

① http://baike.baidu.com/link?url=F-hKjDO7hN74J395U7Q44Ei09RBxdZUJ01tAIt9QUIPdqt3p7ycdkWpeZiO7Fe34dwdtXwFbjASrViFr30eiMizXBVrB1vVCap4V20hjjpG.

种政治、经济文化和社会信息的传播，成为社会的黏合剂。“媒介是社会的黏合剂”这一思想最先是由美国传播学者威尔伯·施拉姆提出来的。他认为，社会作为人类的群体存在形式，在当代是社会组织借助新闻传媒黏合的结果。社会是相对于个人而言的，在本质上是一种文化架构和历史连续性，由媒介作出连续的自我设计、自我规范和自我调适，从而形成群体意识和群体文化，形成共同的价值追求。

“媒介是社会的黏合剂”有如下几层意思。第一，媒介是公共信息的交流平台，媒介信息是联系群体和个体的桥梁和纽带，任何公共信息的传播都离不开媒介。无论是衣食住行，生老病死，还是对外联络，互通有无，无论是组织政治活动还是从事商品交换，社会都是靠信息在起着联通作用，都是靠媒介在传达着各种信息。第二，媒介信息是社会群体议论的主要话题，人们通过对媒介信息的分析、讨论、质疑和还原，形成共同关注目标，寻找共同话语，达成共同意愿，建构社会价值体系。第三，媒介信息是社会评价的风向标，常常为社会提供是非善恶的价值尺度，形成强大的社会规范力量。

四、媒介助推社会发展与人类进步

媒介的出现与发展和人类社会的出现与发展同步，经历了数万年的历史演进。在人类传播史上，树立起了五座历史丰碑，它们是：口语传播、文字传播、印刷传播、电子传播和国际互联网传播。

（一）捕猎文明与口语传播

在人类发展的历史上，传播起着举足轻重的作用。在文字出现之前，人类的传播主要靠声音、表情、手势等，以人体的器官（声音是最直接、最主要的）为介质，我们称之为口语传播时期。在这个时期，人们无法进行远距离的传播，也无法进行延时传播。同时，这个时期的传播所负载的信息内容是混杂的，既包括消息，也包括思想、情感和态度，且大都处于一种原始、本能、自发和无序的状态之中。

大约在 4 万至 5 万年前，出现了有确切含义的语言传播，这是人类社会出现的第一座丰碑，人类社会正式进入口语传播时期。口语传播的出现和广泛应用，适应了捕猎文明的需要，满足了当时人们为获取基本的生存物质条件而共同生活的需要。口语传播的特征在于共时性，是一种典型的“在场”的面对面的交流与传播。

（二）农耕文明与文字传播

大约 5,000 年前，为了适应农耕文明社会运行的需要，人类发明了文字，由此建立了人类传播史上的第二座丰碑。文字出现之后，人们可以把需要传播的信息写在物体上，由此开始摆脱时空对人类的限制。文字“是历史上震撼地球的大事之一”，“使得有可能携带信息越过地球的曲线，带着比讲话人的声音能传到的、或烽火信号或旗帜或标识能被看到的、或鼓声能被听到的更远的地方”[①]。文字的记录性和可保留性，使传播从时间的久远和空间的广阔上实现了对口语传播的超越。从此，人们获得了信息交流上的

① 〔美〕威尔伯·施拉姆、W. E. 波特：《传播学概论》，陈亮等译，新华出版社 1984 年版，第 14 页。

相对自由，人类社会进入文字传播时代。以文字为核心的人类第一套体外化信息系统的形成和扩展，大大促进了经济的发展和政治、文化的交流，使社会结构发生了重大变革，也使大规模的社会管理和控制成为可能。文字总是与记录文字的工具和材料紧密相连的，它们包括了石头、木块、竹简、兽皮、埃及莎草纸、中国纸等。

人类历史上最早的文字传播活动主要是为了巩固政权，获得商机，其最主要的形式是官方公报和书信式的新闻信。最早的官方公报可以追溯到公元前 59 年，由当选执政官盖乌斯·尤利乌斯·恺撒下令，由古罗马元老院每日公布的议事记录，这就是著名的《每日纪闻》。早在公元前 500 年的古罗马时期，有文字记载的用于传递、交流信息的公私新闻信就开始出现。历史上把从口语传播向文字传播的转变称为第一次媒介形态大变化。

（三）工商文明与印刷传播

第二次媒介形态大变化的标志是印刷术的出现。600 多年前，印刷技术和印刷媒介的出现，成为人类传播史上的第三座丰碑。我国宋代毕昇发明胶泥活字印刷术。德国工匠古登堡发明印刷机和金属活字印刷术，并于 1456 年使用手摇印刷机一下子印刷了 200 本《圣经》，这标志着现代机械印刷媒介的开始。印刷术的发明，使媒体开始由“贵族”而面向大众，人类传播步入了一个崭新的大众传播时代。

16 世纪前后，在意大利等欧洲国家率先出现手抄小报。不久，西欧等地又出现了不定期的印刷品，报道某些重要事件，如《约克郡谋杀案》《土耳其侵犯欧洲新闻》《喀尔五世侵犯卢昂记》《哥伦布发现大陆记》和《巴西探险记》等。这些印刷品通过邮寄或出卖，得到广泛的流传。此后，又出现了一些报道综合性消息的印刷品，它与上述纪事性的小册子相比，新闻性明显增强，多为书本形式或单页的新闻传单，成为印刷新闻传播的雏形。但是，这种印刷品往往只出一期，而后又改变了名称，不具备连续性特征。1566 年，一种叫做《威尼斯手抄新闻》的单面新闻纸出现了。它不仅有固定的名称，而且面世的时间也有了一定的规律，它实际上成为近代报纸的萌芽。进入 17 世纪，西方工业革命催生了近代报纸这一新生事物，类似《威尼斯手抄新闻》的《特别新闻》（德国）、《法比新闻》（法国）等新媒介得以在欧洲各国普遍发行，并且内容也由原来的以船讯、行情等为主变为以国际新闻为主。

在目前有关外国新闻事业的教科书里，世界上第一份印刷报纸一般都是以 17 世纪初出现的欧洲国家报纸为标志的。如荷兰安特卫普的《新闻报》（*Nieuwe Tijdinghen*，1609 年）、德国的《通告报》（*Relationoder Zeitung*，1609 年）、英国的《每周新闻》（其全名为《来自意大利、德意志、匈牙利、波希米亚、莱茵河西岸地区、法兰西与荷兰的每周新闻》1621 年），以及法国的《报纸》（*La Gazette*，1631 年）。这是根据 17 世纪初欧洲一些国家经常出版的印刷报纸来确认的，[①] 因此，一般认为，世界上最早的报纸诞生在 1609 年。但一份 1605 年印刷的《请求书》最近在世界上最著名的印刷博物馆之一——德国古登堡印刷博物馆[②] 被发现，这份馆藏的珍稀文物证实了世界上最早的报纸在 1605 年以前就已经出现。这个结论比目前有关著作中关于最早报纸的记载时间至少提前了 4 年。

《请求书》《通告报》等一批印刷媒介的出现，标志着人类社会从此进入了崭新的印

---

① 参见《大英百科全书详编》，美国不列颠百科全书公司、中国大百科全书出版社 2007 年版，第 15 卷，236 页。

② 位于德国梅因茨的古登堡印刷博物馆是世界上非常权威的印刷博物馆，也是世界上第一台印刷机的存放地。

刷媒介传播时期。而近代大众传播的起点，则是以 19 世纪 30 年代大众报刊的出现为标志。最早的大众报刊是首先出现在美国的“便士报”——《纽约太阳报》《纽约先驱报》和《纽约论坛报》。

（四）信息文明与电子传播

电子技术的出现和发展在人类传播史上树起了第四座丰碑，也标志着人类媒介形态发生的第三次巨大变化。电子技术的出现，把人类带入了电子媒介时代。电子媒介是人类获得的第一个可以实现远距离、非面对面传播的信息传播手段，人类追寻了亿万年的“顺风耳”“千里眼”的梦想最终得以实现。电子传播将人们带入了一个奇妙的世界，形成了人类体外化的声音和影像信息系统。

19 世纪末以来，世界进入第三次媒介形态大变化——由印刷媒介向电子媒介的变化——时期。自从 19 世纪早期电报发明之后，媒介领域就一直在发生着空前的转变和扩张，特别是以电子技术为标志的广播、电视媒介的出现和以计算机技术为核心的网络传播的出现，使人类经历了以往任何时候都无法比拟的传播革命。

（五）融汇文明与互联网传播

国际互联网是人类传播史上的第五座丰碑，其意义之大非比寻常，它使人类媒介形态发生了前所未有的重大的、根本性的变化。有人认为，互联网传播将成为人类信息传播手段的终结者。

国际互联网是一个无所不包的信息海洋和无穷无尽的传播手段的汇聚场所。互联网上流动的内容包罗万象，传播方式千变万化，知识信息无所不有，形式上的创新令人目不暇接。人们可以在网上读新闻、听音乐、看电影；可以和天南海北的朋友聊天、游戏；可以在家里听学校的老师上课，或者在网上查阅资料，并向国内外专家请教；还可以在家里上班、开会；甚至可以足不出户逛“网上商场”，用“电子钱包”付款，让商家把东西送到家中；当然也可以在网络上发表意见和看法，并有可能在短时间内形成舆论。互联网彻底改变了有史以来形成的上对下、主对从、强对弱的单向传播格局，普罗大众第一次以主人公身份进入传播领域。

网络传播使用了一种全新的语言。它是用数字来编码并处理信息的数字语言，被开发出来以利于机器和它们的元件之间进行沟通。只有通过一种数字中介的转译程序，数字语言才能用于人群和人类之间的沟通。

数字语言的技术对媒介领域的影响远远超出人们的想象，以至于如果对一些术语和基本概念没有最低限度的基本知识，就不可能理解当今和未来的变化。就在一二十年前，像数字、兆字节、调制解调器和电脑空间在主流媒体上还很少见到或听到。对大多数人而言，它们被认为太专业化，以至于无法掌握。它们在被使用时，通常是和引号连在一起的，并伴有简单的解释。但在今天，这些术语已经广泛应用在新闻媒介和当代文学作品中。

网络传播是为适应人类文明大规模融合而出现的新的媒介形态，它的出现必将大大加快人类文明融合的步伐，促使全世界最终形成地球村，变成一个新的大家庭。

第二节　国际互联网与信息社会

人类从一万年前就已经学会群体生活，并渐渐形成原始部落；随后，经过漫长的捕猎社会、农耕社会和工商社会的演进，最终进入了一个全新的社会——信息社会。

自 20 世纪 80 年代以来，一些社会学家提出了后工业社会的概念，认为在这种社会中自动化、信息技术将得到普及和发展，将从生产产品性经济转变为服务性经济；专业与技术人员会从被动地位转而居于主导地位；理论知识处在中心地位，并且是社会革新与制定政策的源泉；控制技术会迅速发展、会对技术进行鉴定，以及创造出新的“智能技术”。因此信息社会也被称为知识经济社会。

一、国际互联网

国际互联网又称万维网，英文名写作“World Wide Web”，简写为“WWW”，即“世界范围内的网络”。它是在美国军用网“ARPANET”（The Advanced Research Projects Agency Network）的基础上发展而来的一种汇聚多种最新电子技术、用户以协议方式加入、具有高度自主性和互动性的互联互通信息传输工具，现在已经成为新媒体用户们查询互联网、获取信息最为流行的手段。1995 年，“联合网络委员会”通过了一项关于“互联网定义”的决议，将互联网定义为：“互联网”指的是全球性的信息系统。

20 世纪 90 年代初，英籍美国人蒂姆・伯纳斯－李的一项贡献改变了世界。1976 年，当伯纳斯－李还在英国剑桥大学学习时，就用烙铁把旧的电视机及一些部件焊接成了自己的首台电脑。1980 年，他在 CERN（欧洲粒子物理研究所）担任软件顾问时，写了首个用于储存信息的程序。他建议构建一个全球超文本项目，目的是让科学家们能很容易地翻阅同行们的文章，协同工作。他为此还专门编写了 En quire（意即“打听、询问”）程序，创造了“WWW”这个名称，构成了以后网络发展的基础概念。1990 年 12 月，“WWW”在 CERN 得到首次应用；1991 年夏天，伯纳斯－李在互联网上公布了所有代码。由于它操作方便，容易记忆，因此很快得到广泛使用。1994 年，我国正式加入了国际互联网的大家庭。

当今世界，材料、能源和信息是人类社会发展的基本资源，对这三种资源的开发和利用，是人类社会发展各个阶段都不可缺少的。人类在开发和利用材料及能源这两个方面取得的巨大成就，创造了一个工业化的社会。电子计算机、通信技术和网络技术的结合则引发了一场深刻的信息革命。目前，世界正处于信息新技术革命过程之中，人们对信息技术和信息产业的依赖程度越来越大。以计算机技术和网络技术为基础的高新技术的广泛应用，改变了人们的生活、生产和学习方式。尤其是互联网络已成为新经济的增长核心，它将更深层次地影响人们的生产、生活和学习，也将深刻地影响人类资源的重新分配和高效使用。如果说，在工业化时代，人们以是否占有资本而被划分成了“有产阶级”和“无产阶级”，那么，在互联网时代，人们则很可能因占有信息的多少而被分为“信息富人”和“信息穷人”。

二、网络时代

网络是新媒体形成的基础。因为国际互联网已经逐渐成为社会信息传播的主要方式，所以这一时代就被称为“网络时代”。在英语中，“网络时代”一词有三种表示方法，分别是：network era；internet era；network time。虽然写法有所不同，但它们都是在“时代”（era；time）之前加上一个限定词（network；internet），以揭示和反映我们今天所处时代的特征。

如果说信息时代一词是从内容方面概括当今社会的特点的话，网络时代一词则是从技术层面概括当今社会的特点。国际互联网的出现，标志着人类已经进入一个以网络传播为特征的新的时代，任何人都无法摆脱网络的影响。国际互联网已经和我们的日常生活休戚与共，息息相关，也与社会管理唇齿相依，密不可分。当前，如何及时有效地回应与调控网络舆情，已经成为各级公权机构必须破解的时代难题。

我们常说的网络，从学术角度讲，是指基于国际互联网技术构建的社会信息传播体系。有关网络和网络时代的定义，有不下十余种。最为典型的有如下几种：

（1）网络是指在电子计算机和现代通信技术相互结合基础上构建的宽带、高速、综合、广域型数字化电信网络，以网络传播为特征的时代就是网络时代。

（2）所谓网络时代，是指信息主要从网络上采集，也可以拿到网络上去发布的时代。网络时代已经是一个现实，它对传统的信息采集、信息加工、信息分析及信息公布的方式形成很强的冲击，使之发生重大改变。

（3）在信息高科技的强有力的支持下，互联网将人类的文化传播带入了一个崭新的时代，即人们所称的网络时代。人们几乎每天都要与网络打交道，它已经成为我们日常生活中不可或缺的一部分。可以说，网络等大众传媒已经大大地改变了人们的生活。

（4）将网络作为社会交往和日常生活的主要工具和重要手段的社会历史阶段称为网络时代。

（5）网络时代是指国家、民族以及公众之间进行政治、经济、文化交流的虚拟化与网络化的历史进程。

（6）人们常常把信息时代称为网络时代。可以说，信息网络是社会信息资源开发利用和提高信息技术应用的基础，是信息传输、交换和资源共享的手段，是社会整体信息化的关键。

2002 年 1 月 15 日，中国互联网络信息中心（CNNIC）在京发布第九次《中国互联网络发展状况统计报告》，也对网络时代给出了一个定义，CNNIC 说：我们将网络信息技术得到广泛应用的时代称为网络时代。

从对以上定义的梳理，我们认为，所谓网络时代，必须具备以下几个特征和前提：

第一，网络时代必须以国际互联网为技术依托。这种技术通过万维网和光纤光缆，以及一系列的接入和管理技术，把分散在世界各地的个人电脑串联成一个整体，使之组成一个虚拟的网上世界。

第二，网络的基本功能是交互信息。人们上网主要是为了获知信息或者发布信息，信息“需要”和“交互”是人们上网的根本动力。

第三，网络的参与是自愿的，网上的活动是自主的，一般不受第三者的支配与控制。

第四，网上行为具有随意性和隐秘性。

上述这些特点，使得网络与传统媒体之间有了很大的不同。

三、媒介发展的技术推动

媒介的发展离不开技术的推动，技术的开发与创新往往会带来媒介形态的根本性变革。

科技是一种可以创造世界的奇妙力量，“它是人类为自己找到的上帝”。曼纽尔·卡斯特（Manuel Castells），这位被英国《经济学家》杂志称为“虚拟世界第一位重要哲学家”的学者对科学技术的伟大意义做出了上述判断。他的著作《信息时代三曲：经济、社会与文化》曾引起全球性轰动。《华尔街日报》对他的评价是：“亚当·斯密解释了资本主义怎样运行，卡尔·马克思解释了资本主义为何不能运行，现在，信息时代的社会与经济脉络由曼纽尔·卡斯特握于掌中。”有人预测，未来全球70亿人将有八成拥有移动装置（即新媒体），这将改变人类生活。特别是移动APP、行动游戏、互动影像技术、平板计算机、学习分析与物联网等六种新技术的崛起，必将带动信息产业的巨大变化。

技术的渗透是全方位的，媒介的发展不能置身于技术化的浪潮之外。有了印刷术，才有报纸；有了无线电，才有广播；有了比特技术，才有互联网；有了iPod、iPhone和其他手持终端，才有新媒体。新的媒介技术的出现，导致了媒介形态的扩展。以音乐为例，电视的出现催生了MTV；多轨录音技术的出现，使得乐队的录音大大简化，降低了音乐的制作成本。电子琴、电子合成技术、激光唱机、数字音乐为我们带来了全新的听觉享受。随身听、MP3、MP4更使音乐的欣赏变成一种无处不在的行为。

再以电影为例。先进的科学技术一如既往地与电影频频“亲和”，总是以种种不断出新的科技手段营造奇观来为人类造梦。《星球大战》《侏罗纪公园》《黑客帝国》《金刚》《指环王》《哈利波特》《泰坦尼克号》《阿凡达》《功夫熊猫》《疯狂原始人》等为我们构造了一个个视觉奇观。

与技术相适应的媒介形态和文化形式得以昌盛，不相适应的就会逐渐走向衰亡。京剧、川剧、汉剧、楚剧、黄梅戏等传统的剧种在声色犬马的大众文化面前日益衰落，其原因是多方面的，但是它们不适合现代传播技术也是一个不争的事实。美国的大片、日本的动画片、美女加帅哥的韩剧，尽管它们在精英看来可能是文化垃圾，但是它们带给人的视觉刺激恰恰发挥了技术的魔力。网络小说、网络歌曲、网络游戏无不是技术革新的产物。很多小说是先在网上流行，然后再出版。即使在网上流行也是过程性的，即作者不是将小说写完以后才发布在网上，而是一边写一边发布，读者在阅读故事的过程中就可以参与讨论。网络改变的不只是写作模式，阅读模式也同时被改变。很多小说即使是名著，在没有搬上屏幕之前问津者寥寥，而一旦被改编成电影或电视剧，情况就大不相同。

目前，居统治地位的是视觉观念。声音和影像，尤其是后者“组织了美学，统率了观众”[①]。当代文化正在全方位地变成一种视觉文化，它克服了文字文化要靠后天学习的缺点，有效地实现了对这类文化产品接收的平等权，有利于文化的普及。而网络为我们构建了一个前所未有的虚拟世界，视觉文化得以更加快捷地传播和普及。

---

① 周宪：《视觉文化的转向》，北京大学出版社2008年版，第3页。

四、信息自由与公民社会

信息自由的实质是认识自由，公民社会本质上是一个信息可以自由流通的社会，是一个人人可以创造信息、传播信息和分享信息的社会。唯有信息自由才可以推动公民社会（civil society）的形成。公民社会有时也被翻译为市民社会（civil society）。公民社会离不开公共领域，所谓"公共领域"（public sphere）其实就是人们社会生活的一个领域，在这个领域中，信息是可以自由流动的，像公共意见这样的事物能够形成。公共领域是介于私人领域（private sphere）和公共权威（the public authority）之间的一个领域，公众在这一领域内可以对公共权威、公共政策以及公众共同关心的任何问题做出讨论和评判。公民社会的存在，是一个国家实行市场经济和民主政治的先决条件。随着公众知情能力和评论能力的提高，他们对社会生活和社会决策过程的介入程度也会越来越高，而这种介入程度的提高反过来又促使公民在这方面提出更高的要求。在这种情况下，网络虚拟社区的出现和保证信息的自由流动就成为顺应民意的必然选择。

信息社会、信息时代是未来学家在研究21世纪初社会生活可能发生的变革时提出的概念。他们眼中的信息社会有鲜明的外部特征，如有人概括为八大特征①，有人概括为十大特征②，而有较多共识的是以下五个特征：（1）知识主导。与工业化社会相比，在社会经济和生产发展中起决定作用的不再是资本，而是信息知识；目前，知识经济最突出的表征是信息技术的广泛应用。（2）智力密集。在信息社会，知识生产系统化，智力成为经济社会的驱动力，知识经济的关键在于创造。（3）价值的增长通过知识实现。在信息社会里产生和发展起来的知识价值论，最终要取代产生于工业经济初期的劳动价值论，信息社会至关重要的动力是电子通道。（4）面向未来、研究未来的新思维。在信息社会，人们的思维方式发生了变化：信息社会的结构改革迅速，为赢得未来，人们不得不经常思考未来。（5）行政权将被部分取代。由于推动各项活动程序的革新，各部门实现了具有很高透明度的业务管理；行政机关无论是机构的精简，还是行政机构的改革，如果不分析信息在办公机构中的流动，不把信息技术作为基础加以考虑，就会失去意义。这样一来，行政权将被部分取代，使管理进入一个更高阶段。③信息时代的诸种特征，表明信息占有与使用的重要性。知情权的确立、公民社会的兴起，正是基于"新媒体"这一时代特征的必然结果。

第三节 新媒体

任何时代和媒体的关系都是"需要和满足"的关系，任何时代对媒体的选择都有其基本的规律，任何媒介在一定时代的被广泛采纳和普遍运用都依赖其对时代的适应。信

① 这八大特征分别是：（1）经济增长方式的高度集约化；（2）劳动生产率水平的进一步提高；（3）企业组织和管理体制的灵活化；（4）工作方式和生活方式的个人自主化；（5）信息化经济导致经济的全球化；（6）信息经济可能成为环保经济；（7）政府与公众的沟通加强和公开化；（8）军事技术和未来战争的信息化。

② 这十大特征分别是：（1）农业集约化；（2）工业柔性化；（3）城建社区化；（4）交通实时化；（5）商业配送化；（6）金融信用化；（7）教育远程化；（8）医疗会商化；（9）公务透明化；（10）劳动高级化。

③ 参见宋长军：《日本信息公开法的制定及特点》，载《外国法译评》，2000年第2期。

息社会最重要的特征，就是必须保证信息的自由流动和良性互动，这个要求传统媒体不能满足，因此新媒体就应运而生。

一、什么是新媒体

时时见诸报端、课堂、学术论文甚至普通大众日常谈论话题之中的“新媒体”一词，实际上并无确切定义，各种表述百花齐放，各执一端，莫衷一是。主要有如下说法：

（1）新媒体是新的技术支撑体系下出现的媒体形态，如数字杂志、数字报纸、数字广播、手机短信、移动电视、网络、桌面视窗、数字电视、数字电影、触摸媒体等。相对于报刊、户外广告、广播、电视四大传统意义上的媒体，新媒体被形象地称为“第五媒体”。（普通说法）

（2）所有人对所有人的传播。（美国《连线》杂志）

（3）在计算机信息处理技术基础之上出现和影响的媒体形态。（清华大学新闻与传播学院，熊澄宇）

（4）新媒体是相对于传统媒体而言的媒体及各种应用形式，目前主要有互联网媒体、掌上媒体、数字互动媒体、车载移动媒体、户外媒体及新媒体艺术等。（上海戏剧学院，陈永东）

（5）新媒体是以数字信息技术为基础，以互动传播为特点、具有创新形态的媒体。（新传媒产业联盟秘书长，王斌）

（6）相对于旧媒体，新媒体的第一个特点是它的消解力量——消解传统媒体（电视、广播、报纸、通信）之间的边界，消解国家与国家之间、社群之间、产业之间边界，消解信息发送者与接收者之间的边界，等等。（阳光文化集团首席执行官，吴征）

（7）新媒体是指受众可以广泛且深入参与（主要是通过数字化模式）的媒体形式。（Blog Bus 副总裁兼首席运营官，魏武挥）

（8）构成新媒体的基本要素是基于网络和数字技术所构筑的三个无限，即需求无限、传输无限和生产无限——社会关系层面的理解。（中国传媒大学，黄升民）

可以肯定的是，“新媒体”是在数字技术和网络技术的基础之上延伸出来的各种媒体形式。“新”最根本体现在技术上，也同时体现在形式上。有些新媒体是崭新的，比如互联网；而有些是在旧媒体的基础上引进新技术后，新旧结合的媒体形式，比如电子报纸。

可以肯定的是，新媒体是能对大众同时提供个性化内容服务的媒体，使传播者和接受者融汇成对等的交流者，而无数的交流者相互间可以同时进行个性化交流的媒体。

二、理解新媒体概念的四个维度

作为新媒体的核心特征，必须满足以下三个方面的要求：第一，可以实现内容的数字化生产和大规模复制传播；第二，可以实现海量的内容存储，并能方便搜索和调用；第三，可以实现内容与内容之间的互动链接，跳转 / 切换方便。但是，仅仅满足上述三个要求依然不够，还必须要把握好以下四个维度（VOEL）。

（一）价值（value）

媒体是具备价值的信息载体，新媒体就是具备信息时代（实际上就是民主时代）对于信息传播要求价值的信息承载形态。它必须有一定的受众，能够准确把握信息传递的时间，有比较充分的传递条件，能够适应用户的信息需求和心理反应。同时，它们自身也必须在承载相关信息价值的同时，还要能够给自己带来经济效益。如果媒体的运行成本远高于商业效益，亦不能形成媒体的有效价值。

（二）原创性（originality）

新媒体之所以被冠以一个“新”字，主要是要突出其具备的原创性：既是指技术上的原创性，更是指内容和形态上的原创性。它意味着在这种媒体格局下，参与主体的平等性、信息内容的普适性、传输通道的流畅性、接受信息的自由选择性、意见反馈的及时性和有效性，而不是对传统媒体内容的机械模仿和表达方式上的某种变更。

（三）效应（effect）

效应是在一定环境下，多种因素相互作用而形成的一种因果关系，或曰关注度、影响力、公信力。新媒体必须具备形成特定效应的能力，必须具备影响特定时间、特定区域、特定对象的视觉或听觉反应的因素，从而导致产生相应的结果。

（四）生命力（life）

新媒体必须有一定生命力，形成并延续自己固有的生命周期。近年来新媒体发展日新月异，各种创意层出不穷，但真正具有生命力的新媒体却并不多见，许多概念的提出没有周密的市场调查，没有准确的市场定位，仅凭“满腔热情”或“良好愿望”，所以一些自以为是的创意尚未被市场接受，即已折戟沉沙，销声匿迹。究其原因，就在于它们没有把握住新媒体的核心价值要求，盲目生搬硬套，自然免不了昙花一现的命运。

三、新媒体的特点与优点

和传统媒体相比，以手机报为代表的新媒体有其鲜明的特色：

（一）信息传播时效性强

传统媒体用户必须在特定时间和空间上通过纸质媒体和电子媒体接受新闻信息，而以手机报为代表的新媒体使用起来比报纸、电视要便捷许多。目前我国移动通讯网络覆盖率达到 100%，[①] 在国内任何地方都能接收到手机报。所以，在面对突发性新闻事件的时候，手机报具有强大的即时发布能力。它可以实现事件的动态传播，并且实时跟进，使受众有身临其境的感受。手机报凭借着独特的快速传播优势，抢先发布新闻资讯，用最新鲜、最热门的信息吸引受众的注意力。手机报可以保存在手机里，用户可以选择即时收看或以后再看，即使手机关机了，但是再开机时，手机报还是会推送到用户的手机

① 参见百度文库《中国移动企业文化理念》，http://wenku.baidu.com/link?url=ujRsIuwNeOgFoWbhT8-aa5DCfF_l3 AhD1n2kj06xWbUQPwrpUMzP78OBcp-hqpr3YpANhyCq_j1bcHPZMb3So54MJ4iVYrwrkKReknSVs2K。

中。现代社会已经进入所谓的碎片化时代，快节奏的生活将我们的时间切割成一小块一小块的，手机报正是满足了碎片化社会人们对于信息快餐化消费的需求，便于用户把等人、候车、乘车等零散的时间利用起来。

（二）与用户的互动性强

手机报还提高了新闻信息与受众之间的互动性，实现了信息传播流程的效果反馈。传统媒体的重要弊端之一就是不能够与受众进行即时有效的互动，从而影响了传播效果。手机报的编读互动可以带动读者订阅数和反馈率的提升，也可以为手机报提供新闻线索，培养新闻评论员，增加新闻观点。手机报的用户可以通过手机短信、视频和照片等方式参与互动。例如“两会”期间，新华网与中国移动联手推出了《两会手机报特刊》，其中“亿万手机读者向总理提问，为总理分忧”活动收到了数十万条短信，扩大了报道覆盖面，引起广泛讨论和重视，在吸引用户参与的同时，也增加了手机报的亲和力。在日本福岛地震、海啸期间，多家手机报开辟了用户交流祝福短信平台，通过手机报传送爱心和关怀。许多手机报读者表示支援抗震救灾，转发了很多感人的短信。这也增加了信息的“二次传播”，使受众感受到了参与性，激发了读者的阅读兴趣。

（三）个性化定制服务

传统报纸属于大众媒体，要面对的是“尽可能多”的大众化的读者。其传播的方式是“一对多”，往往在内容上是以量取胜。而手机报等新媒体由于个性化要求，提供的是“一对一”的服务，这样可以做到个性化的分类订阅。受众可以根据自己的需要，通过发送短信或登录相关网站，订阅不同类型的信息。而一些在普通纸质媒体上不能成为要闻和重点的新闻，通过手机报发布不但成为要闻，有时候甚至成了头条。

（四）表现形式丰富多样

手机报是以数据包的形式发给用户的，这个数据包包括了图片、文字、声音、动画等元素，信息容量较大。这样，用户可通过多种形式更深刻地理解新闻，全方位感受多媒体信息传播方式，既调动了受众的视听器官，又实现了新闻的多维阅读。受众阅读这样的“多维新闻”要比单纯地看纸质新闻生动、有趣得多。视觉与听觉的结合，使得人们对于这样的新闻充满兴趣和热情。

新媒体既拥有人际媒体和大众媒体的优点：完全个性化的信息可以同时送达几乎无数的人，每个参与者，不论是出版者、传播者、还是消费者，对内容拥有对等的和相互的控制；又免除了人际媒体和大众媒体的缺点：当传播者想同每个信息接收者个性化地交流独特的信息时，不再受一次只能针对一人的限制；当传播者想与大众同时交流时，则可以针对每个信息接收者提供个性化内容。同时新媒体完全依赖于技术，而这不是人类先天自然拥有的技能，没有数字化等技术，新媒体完全不可能存在。

四、新媒体家族的成员

前面说过，新媒体是一个不断变化的家族群体，有些新媒体形态会被不断开发出来，加入新媒体大军；有些功能较低下的“新媒体”会遭到市场淘汰，成为历史的匆匆过客。在现有新媒体形态中，依据不同标准，可以对其做出不同的分类。

依据呈现方式分，可以分为：第一，平面新媒体：主要包括数字印刷类、非印刷类、光电类等；第二，电波新媒体：主要包括数字广播、数字电视广告（字幕、标版、影视）等；第三，网络新媒体：主要包括网络索引、平面、动画、论坛等。

依据功能和作用分，可以分为：第一，自媒体新媒体，如网络存储；第二，记录新媒体，如个人空间 Qzone；第三，对象新媒体，如 Email；第四，互动新媒体，如 BBS；第五，社群新媒体，如 SNS 和各种“群”；第六，知识新媒体，如 WI；第七，公共参与新媒体，如强国论坛等。

最常见的新媒体分类是依据使用终端的特性来进行的，大体可以分为如下几种。

（一）手机新媒体

手机新媒体是指公共信息通过手机终端提供给受众，受众通过手机阅读信息和收看视频的媒体。如今的手机已不再单单是通讯工具，它还担当起了第五媒体[①]的重任，“用一种 21 世纪的方式向渴望得到新闻又忙于行路的公众提供快乐阅读的享受”。

手机媒体不仅可以接收文字信息，也可以接收图片信息、动画信息、视频信息和音频信息，还可以玩网络游戏，是一个可以接收网上传输的任何信息的魔盒。其致命弱点是屏幕太小，因此难以取代一些需要通过大屏幕传输的信息工具。尽管人们坚信手机电视是新技术催生下的一颗金蛋，但手机电视受到受众心理、内容和媒介繁荣的制约，因此“技术的指挥棒为人类指向的下一站，有可能是‘技术的高地’，也有可能是‘技术的漩涡’”。

（二）IPTV

IPTV 即交互网络电视，一般是指通过互联网，特别是宽带互联网传播视频节目的服务形式。互动性是 IPTV 的重要特征之一，相对于传统电视用户而言，IPTV 用户不再是被动的信息接收者，而是完全可以自主地根据需要，有选择地收看节目内容。

交互网络电视是集合了电视传输影视节目的传统优势和网络交互传播优势的新型电视媒体，它“颠覆了电视观众的‘受众’定位与电视传媒的‘传者’定位”，使传播者与接收者之间的位置不再是固定的或先在规定的，而是不断地在“互相共享”和“不断移动”的。交互网络电视的发展还使得“大众传播研究的重心”转移到了“信息使用者”身上。

（三）数字电视

数字电视也是吸引人们眼球的新媒体之一，国家新闻出版总署曾将 2004 年定为“数字电视年”，虽然要实现市场意义上的盈利仍需要一段时间的培育，但作为政府作用的体现，传媒产业政策的放开、数字电视产业政策的推进为传媒企业指明了发展道路，提供了新的发展平台。数字电视潜在用户的经济承受能力是影响数字电视发展前景的决

---

① 传统的四种媒体形式是：第一媒体报刊、第二媒体广播、第三媒体电视、第四媒体网络。

定性因素，且需要做到“技术层面”和“内容层面”两者的高度合一，并应以后者为核心，否则就失去了存在的意义。

（四）移动电视

作为一种新兴媒体，“公交移动电视”“高铁移动电视”等移动电视发展迅速。移动电视具有覆盖广、传递信息迅速、移动性强的特点，除了拥有传统媒体的宣传和欣赏功能外，还具备城市应急信息发布的功能。

“强迫收视”是公交移动电视、高铁移动电视最大的特点。受众身在公交车和高铁上，没有选择电视频道的余地。这种“传播内容的强制性有利于拓展‘无聊经济’巨大利润空间”，使得消费者在别无选择时被它俘获，这对于某些预设好的内容（比如广告）来说，传播效果更佳。

（五）博客与微博

2002年，博客正式在中国兴起，实现了多重的传播效果，横跨人内传播、人际传播和大众传播三种类型，实现了个人性和公共性的结合。博客的即时性、自主性、开放性和互动性为人们提供了一定程度的话语自由，这种自由颠覆了“把关人”的概念。

博客（Blog）又译为网络日志、部落格或部落阁等，是一种通常由个人管理、不定期发布新的文章的网站。博客上的文章通常根据发布时间，以“倒序”方式由新到旧排列。博客结合了文字、图像、其他博客或网站的链接及其他与主题相关的媒体，能够让读者以互动的方式留下意见。大部分的博客内容以文字为主，也有一些博客专注于艺术、摄影、视频、音乐、播客等各种主题。博客是社会媒体网络的一部分。比较著名的有新浪博客、网易博客、搜狐博客等。

微博（Weibo）是微型博客（MicroBlog）的简称，即一句话博客，是一种通过关注机制分享简短实时信息的广播式的社交网络平台。它是一个基于用户关系的信息分享、传播以及获取的平台。用户可以通过WEB、WAP等各种客户端组建个人社区，以140字（包括标点符号）以内的文字更新信息，并实现即时分享。微博的关注机制分为可单向、可双向两种。

微博作为一种分享和交流平台，更注重时效性和随意性。微博更能表达出用户每时每刻的思想和最新动态，而博客用户则更偏重于梳理自己在一段时间内的所见、所闻、所感。微博还催生出微小说这种小说体裁。

（六）播客

同21世纪初低调诞生的博客相比，播客一经问世就受到了人们的特别关注，甚至有人将那些自我录制广播节目并通过网络发布的人也直呼为“播客”。

播客实现了从文字传播向音频、视频传播的转化，增加了娱乐成分，满足了人们自我表达、张扬个性的需求，加强了媒介汇流与互动。有人预测，播客将来会从业余走向专业，从免费走向收费，免费与收费播客将共存。

（七）APP/第三方应用程序

APP是英文application的简称，由于iPhone智能手机的流行，现在的APP多指智能手机的第三方应用程序。目前比较著名的APP商店有Apple的iTunes商店里面的App Store，Android的Google Play Store，诺基亚的ovi store，还有Blackberry用户的BlackBerry App World。

APP一开始只是作为一种第三方应用的合作形式参与到互联网商业活动中去的，随着互联网越来越开放化，APP作为一种盈利模式，开始被更多的互联网商业大亨看重，越来越多的互联网企业、电商平台将APP作为销售的主战场之一。如腾讯的微博开发平台、应用平台都是APP思想的具体表现。通过APP，一方面可以积聚各种不同类型的网络受众；另一方面，商家还可以借助APP平台获取流量，其中包括大众流量和定向流量。

APP营销是APP能否获得广大用户下载和注册使用，并最终成功的重要因素。APP营销的渠道包括应用商店、广告联盟、手机应用媒体、手机应用论坛等，最有效的营销手段包括刷榜、限免、ASO优化、换量、推出特定类型产品等。

应该说，APP营销更像是WAP营销发展到一定阶段的产物：首先，两者的营销都源于企业对移动营销的重视；其次，通过数据比对发现，率先进入APP的企业，正是当初在企业WAP兴起时便选择进入WAP的企业。因此不难得出结论，企业APP营销是WAP营销的新时代。

五、新媒体塑造新的生活

有关新媒体对人们的影响，早在十年前就有人做了预测，并为后来的社会事件所证实。这些影响被概括为十个方面：

（1）农业集约化。由于农业生产具有分散性和独立性的特点，因此农民对信息网络的依赖程度远远超过一般的产业工人，新媒体可以促成农业的集约化。

（2）工业柔性化。随着新媒体技术的发展，工人将退出直接生产制造过程，把许多复杂、繁重、危险乃至有毒的工作交给机器去完成，这种转变会引起人的素质、心理、文化和生活方式的改变。

（3）城建社区化。城市不断兴建的鳞次栉比的高楼大厦，使这里的土地寸土寸金，增值无限。就在西方各国拼命建造摩天大厦的时代，美国著名建筑学家芒福德呼吁城市设计师们给人们的生活留出充分的森林、绿地、河流和湖泊，甚至回到“简单生活”。而居住分散带来的一个直接后果，就是人们的交流必定会出现一定的障碍，有了新媒体，则可以帮助人们构建起新型的社区环境和平台。

（4）交通实时化。许多城市广泛采用一种呼叫式公共运输体系，客户只要拨通一个专用电话号码，呼叫中心就会通过卫星定位系统（GPS）通知离你最近的一位司机，保证5分钟之内来到你面前，为你提供服务。据调查计算，依靠完善的信息网络，可使城市车辆的空驶率下降20%。

（5）商业配送化。统计表明，利用电子商务的企业一般可节省10%的采购费用，增加30%的销售机会，还可减少库存，缩短生产周期，改善客户的满意程度和服务质量。

（6）金融信用化。现代化银行联网支付体系、自动化清算体系、储蓄通存通兑系统以及各类电子货币、电子金融卡、信用卡已经相当普及。

（7）教育远程化。远程教育将使处于交通不便地区的学生也能够接受高质量的教育，并节约大量用于交通、食宿的费用。远程教育终将促使教育制度朝着有利于普及化的方向变革，使愿意接受任何教育的人以更方便的方式和负担得起的费用享受先进的、高质量的教育服务。

（8）医疗会商化。远程会商式的医疗在贫穷落后的欠发达地区更有市场，从理论上讲，借此，患者不用长途奔波就可以享受到一流的诊断服务。

（9）公务透明化。通过新媒体可以迅速了解政府机构的组成、职能、办事章程和各种政策法规，提高办事效率和执法的透明度，可以与政府领导人直接对话，进行信息交流，反映大众呼声，促进政府职能转变和公共事务的民主化。

（10）劳动高级化。人类劳动按照表象可以分为纯粹力学式、位置移动式、机械反应式、信息操作式、智能创造式这五大方式，随着新媒体的发展，人类直接从事的力学式、移动式职业劳动已经很少，直接从事机械反应式劳动在发达国家也不超过20%，而从事信息操作和智能创造式的职业劳动已经超过50%。[①]

新媒体对人们生活的最大改变将在不久的未来发生，即人们当家做主的愿望可以得到最大限度的满足，社会公平正义可以得到最大限度的实现，贪污腐败、官商勾结、暗箱操作等非法行为将得到大大的遏制，社会生活将在新媒体的助力下变得更加和谐美满。

思考题

1. 什么是媒体，什么是社会？二者有何关系？
2. 什么是国际互联网？互联网与信息社会之间是什么关系？
3. 什么是新媒体？如今它怎样影响人们的生活与工作？

① 参见《信息网络化带来十大变化》，载《光明日报》，2001-05-07。

第二章　新媒体的技术平台

本章要点

第一节　数字语言和媒介形态变革

第二节　数字新媒体技术

第三节　新一代信息技术的发展

新媒体传播的先决条件是具备由科学家开发的物理层面的技术平台。

早在20世纪60年代，为了应对可能发生的来自苏联的核打击，美国军方暗中开发了一个只有军方高层才知晓的军用互联网络，它是将分别建在四所大学里的数据库用光缆连接起来，以保证在其中一个数据库被摧毁以后，其他数据库依然可以发挥作用，从而保证赢得战争的主动权，这个网络代号为Arpanet。80年代末苏联解体后，美国秘密建立的军网也就失去了固有的价值。于是美国军方决定将其移交给科研单位，之后又在科研教学的基础上开发其商业用途，国际互联网就此诞生。而所谓新媒体，就是在国际互联网的技术基础之上开发出来的各种发布信息、接收信息、搜索信息、表达意见、参与讨论、组建社区等的实际应用技术。

第一节　数字语言和媒介形态变革

媒介形态的变化，与其使用的语言密切相关。如书籍和报纸杂志使用的是文字语言，广播使用的是声音语言，电视使用的是镜头语言等，而国际互联网使用的则是一种全新语言——数字语言。数字语言是以编程方式设计的、机器可以识别的一系列专用符号，也叫计算机语言，如C语言、JAVA语言。

一、媒介形态的几次变革

如第一章第一节所述，人类社会获得的第一个系统化的传播体系是语言。但语言无法进行远距离的传播，也无法进行延时传播。同时，这个时期的传播所负载的信息内容是混杂的，既包括消息，也包括思想和态度，且大都处于一种原始的、本能的、自发的和无序的状态之中，还缺乏必要的自觉性。

文字使人们开始摆脱时空限制，从此获得了相对的自由。最早的文字传播活动主要是为了巩固政权，最主要的形式是官方公报和书信式的新闻信。

16世纪前后，西欧等地出现了不定期的印刷品，通过邮寄或出卖，使信息得到广泛的流传，也使这种媒体得到社会认知。进入17世纪，西方工业革命催生了近代报纸这一新生事物，人类从此进入了崭新的印刷媒介传播时期。

自从19世纪早期电报发明之后，媒介领域就一直在发生着空前的转变和扩张，特别是以电子技术为标志的广播、电视媒介的出现和以计算机技术为核心的网络传播的出现，使人类面临以往任何时候都无法比拟的传播革命。

最令人惊心动魄的是，数字语言作为一种强大的变革催化剂出现了。这是一种与其他任何语言都不相同的语言。它是用数字编码并处理信息的全新语言，是通过数字中介的转译程序，以用于人类之间进行沟通的全新技术。

二、从模拟技术到数字技术

数字语言的技术对媒介领域的影响远远超出人们的想象，如果对一些术语和基本概念没有最低限度的基本知识，就不可能理解当今和未来的变化。

要理解数字语言的重要性，必须首先理解数字与模拟之间的区别。在现代数字计算机发展之前，几乎所有的计算机和传播系统都是模拟的。模拟计算机本质上是测量装置。它们对持续变化的条件作出反应或进行测量。家用温度计、有时针和分针的钟、汽车计量器等是简单的模拟计算机的例子。数字技术得到应用之前，传播领域使用的照相机、摄像机和播出发射设备，也是模拟机器。从工业时代初开始，模拟计算机就被组装进机器，来提供自动反馈和控制。最复杂的模拟计算机是人的大脑，它具有同时处理不断变化的大量输入和“实时”协调等复杂反应的巨大能力。

尽管它们很有用，但所有的人造模拟计算机都有一个严重的缺陷——它们不能进行足够精确的测量，所有的度量总是有些含糊之处，在需要对结果精确协调的系统中，它们读取过程中的稍稍不精确都会被放大许多倍，并导致非常大的错误——如在航空航天领域的应用和在尖端武器的制造过程之中。

与之相对，数字计算机的测量结果就十分精确了，因为它们不能忍受任何模糊性。数字计算机不是持续记录它们接收到的从小到大的计算结果的信号，只是辨认不连续的精确数值。数字系统因而拥有相对于模拟机器的三个显著优势：

（1）可以有效地降低处理、存储、显示和传输信息所需要的数据量；

（2）可以无限地复制数据，而没有明显的质量损失；

（3）可以高精度地控制数据。

为了存储和处理数据，数字系统使用数量极大的微电子开关，它以 2 进制方式呈现两种状态或者说数值，可被理解为开或关、黑或白、1 或 0、y 或 n。

被一个开关记录的数据为 1 比特，它是机器读取信息的最小元素。1 比特只能代表一个 1（开）或 0（关）。数字语言依靠 2 进制的计算系统，而不是大多数现代社会普遍使用的 10 进位系统。在 2 进位系统里，10 进位的数字“2”以“10”表示，“4”以“100”表示，“8”以“1 000”表示。相关对应关系见表 2—1。

表 2—1　10 进制、2 进制、16 进制对应关系表

10 进位数字	2 进位数字	16 进位数字
0	0	0
1	1	1
2	10	2
3	11	3
4	100	4
5	101	5
6	110	6
7	111	7
8	1 000	8
9	1 001	9
10	1 010	A
11	1 011	B

续表

10 进位数字	2 进位数字	16 进位数字
12	1 100	C
13	1 101	D
14	1 110	E
15	1 111	F
16	10 000	10

计算机使用 2 进制。因为 2 进位制不仅可以进行数学运算，而且可以进行逻辑运算。在计算机内部，任何信息（数字、字母、符号、图形、色彩等）都只能用“0”或“1”的组合来表示。

2 进制数与各种计算机符号之间的对应关系称为计算机编码方案。常用的编码方案有：

（一）ASCII 码

ASCII 码（American Standard Code for Information Interchange），即美国标准信息交换代码，是国际标准化组织 ISO 采用的国际通用信息交换标准码方案。

ASCII 码规定需用 8 个 2 进制数字（即 8 个 1 或 0）来组成一个字节，代表一个字符，其中最高位约定为 0，用 7 位或 8 位二进制数组成 128 种组合形式，代表 128 个不同的字符。具体组成情况如表 2—2。

表 2—2　ASCII 码的对应关系

2 进制数	16 进制数	10 进制数	字符含义
0000 0000 ～ 0001 1111	0 ～ 1F	0 ～ 31	控制符
0010 0000 ～ 0010 1111	20 ～ 2F	32 ～ 47	常用符号
0011 0000 ～ 0011 1001	30 ～ 39	48 ～ 57	数字 0 ～ 9
0100 0001 ～ 0101 1010	41 ～ 5A	65 ～ 90	大写字母
0110 0001 ～ 0111 1010	61 ～ 7A	97 ～ 122	小写字母
0111 1111	7F	127	控制符
其他值			常用符号

在西文状态下，最高位为 1 时，表示是扩展 ASCII 码，扩展 ASCII 码定义了 128 种图形符号。

（二）汉字编码

汉字编码是以汉语为母语的计算机工作者为解决计算机处理汉字信息而设计的编码方案。在众多的汉字编码方案中，中国大陆、中国台湾和中国香港设计的汉字编码方案是汉字编码方案的主流，或称为事实上的汉字编码标准。其中，以国家标准汉字编码，即国家标准 GB2312-80（简称国标码）最为常用。

国家标准GB2312-80共收录了常用汉字6 763个。根据这些汉字的使用频率，又将它们分为两级。其中一级汉字3 755个，为最常用字。除此之外，GB2312-80还收录了一定数量的图形符号、外文字母等。具体分类如下：

（1）常用汉字6 763个（一级汉字3 755个，二级汉字3 008个）；

（2）间隔符、标点、运算符、制表符等各种符号202个；

（3）序号60个；

（4）数字22个；

（5）英文字母（大、小写）52个；

（6）日文假名169个（平假名83个，片假名86个）；

（7）希腊字母（大、小写）48个；

（8）俄文字母（大、小写）66个；

（9）汉语拼音字母37个；

（10）汉语拼音符号26个。

需要指出的是，GB2312-80规定一个汉字用两个字节来表示，且每个字节也只用7位，最高位未作定义。为了保证汉字系统的中西文兼容性，在汉字系统中必须既允许使用国标码，又容许ASCII码存在，这就可能带来理解上的“二义性”。例如，机内若有两个连续的字节，其内容分别为0011 0000和0010 0001，则它们既可表示汉字“啊”，又可表示数字“0”和符号“!”。为克服这类问题，科学家设计了多种解决方案，变形国标码就是其中的一种并得到了广泛的使用。它的规则是将国标码的每一个字节的高位置为“1”，如：

字节一　b7 b6 b5 b4 b3 b2 b1 b0

　　　　1　x x　x x　x x　x

字节二　b7 b6 b5 b4 b3 b2 b1 b0

　　　　1　x x　x x　x x　x

但这一方案也有不足之处：

其一，由于它实际上是一种扩展ASCII码，故它和ASCII码仍存在兼容性问题；

其二，西文字符可用字节的最高位作奇偶校验位，而这一方案不能。

无论采用何种方案编码，最后都须与计算机键盘连接，否则便无法提取。

在数字语言中，成串的比特根据限定的规则和标准集合，以组成名为字节、可被计算机轻易读取的“字词”。像“千字节”（1 000字节）、“兆字节”（100万字节）这样的术语，被用来定义计算机文件的大小或可获得的存储数量。

人类可识别的所有字词、影像和声音都可被转化为计算机比特，幻化后的比特之间基本上无法区分。用来描述一篇报纸报道的文本元素的比特相同于描述一个广播电视节目的声音或图像元素的比特。它们可以在任何一种数字传输系统内共存并混合。不过，描述一张照片的比特要比描述一篇典型的新闻报道文本的比特大得多。

三、数字技术的发展

电话系统通过铜线和机械开关提供模拟声音传播，人类语言的相对低速使得在一根线络上可以同时多重对话。当一两个字听不清楚，或是线路上有一点噪音时，影响都是无关紧要的。

冷战的需要和数字计算机的出现改变了这一切。美国电话电报公司（AT&T）的工程师们通过开发出调制解调器（调制器 / 解调器，Modem），解决了计算机和电话之间基本的兼容性问题。这些装置将数字语言翻译（调制）为电话系统可以处理的模拟信号。与之对应，再用同样的装置将这些信号译回（解调）二进位代码。

20 世纪 60 年代，军方资助的网络 Arpanet 诞生。Arpanet 开发出一种将计算机数据分割成小“信息包”的方法，给每个信息包附加一个域名，可识别分节，并包含与其他分节重新连接的指令。Arpanet 还采用了一种精确查证系统，以确保数据在传输过程中不被丢失或损坏。这种方法被称为“信息包开关”，它提供了使互联网和消费者在线服务成为可能的基本标准。

个人计算机和在线网络从 20 世纪 80 年代初日益盛行，创造了对更快、更可靠的数字传播稳步增长的需求。为了对付多媒体计算机系统的出现以及未来的增长，老的铜线被更新为光纤网络，同时开发出更先进的信息包开关标准，以及连接计算机和电话的不同装置。

在电信网络内，一个信息高速公路运载容量的量度标准是它的带宽，用比特 / 秒（bps）或周期 / 秒（赫兹）来衡量。对早期计算机用户来说，可获得的最大带宽一般在 2 400bps 至 28 800bps（这些数值是用一个特定的调制解调器在一个特定的电话线上所能取得的最大带宽的估算。实际容量由电话线的质量和调制解调器的类型决定）之间。这被称为窄带频道，被用于日常的声音传播，以及相对少量的数据，如传真（FAX）、电子邮件（Email）或文本文件（TXT）的传输。这些频道可被认为是信息高速公路系统的双向乡间小路。

如果想以更快速度传播或者获取信息的计算机用户，常常可以通过一个名为综合服务数字网络（ISDN：Integrated Service Digital Network，俗名“一线通”）的高容量数字频道，将信息转换到一个相当于八车道的快速公路。

但是，即使有了 ISDN 和更快的频道，计算机用户还是感到偶尔的慢速和交通堵塞。一个电信网络包含了许多通往高容量的中继线的电话线路支线。其他不同容量的线路将这些中继线与万维网（WWW）数据库、公告牌和消费者在线服务连接在一起。因此，一个网络只能有它最慢的连接那么快。解决慢速的办法有两个——增加带宽或者压缩传输的数据。高速公路中的压缩类似于消除汽车之间的空地。在数字传输系统内，使用复杂的数学格式，压缩程序可以辨认不重要的数据，将这些数据编辑出去而不会引起模糊不清，还可以找出重要的和多余的格式，并通过使用占用空间小的代码进行缩减。为了提高网速，科学家还开发出一种名为 ADSL 的上网技术。用 ADSL 上网，每个用户可独享的下行传输速率可达 8Mbps 以上。

ADSL 是 DSL（数字用户环路）家族中最常用、最成熟的技术，它是英文 Asymmetrical Digital Subscriber Line（非对称数字用户线路）的英文缩写，是运行在原有普通电话线上的一种新的高速、宽带技术。

不过，现在的网络接入技术早已淘汰了上述方法，变得更为先进、快捷、流畅，也更为安全。

四、接入网技术

目前，我国网络用户主要通过以下四种方式接入国际互联网。

（一）以太网接入方式

以太网最早是由 Xerox（施乐）公司创建的，在 1980 年由 DEC、Intel 和 Xerox 三家公司联合开发的一个标准。以太网主要有两种传输介质，那就是双绞线和同轴电缆。所有的以太网都遵循 IEEE 802.3 标准。基于以太网技术的宽带接入网，由局端设备和客户端设备组成，客户端设备提供与用户终端计算机相接的 10/100BASE-T 接口，局端设备具有汇聚客户端设备网管信息的功能。以太网中，通过机顶盒方式在用户端可实现三网融合。它的运行模型为：在互联网和以太网之间通过路由器连接，以太网可以直接接入家用电脑，经过 IP 电话网关可以连接电话座机，通过三网通机顶盒可以连接电视。

（二）ADSL 接入方式

ADSL 是一种非对称的数字用户线路，即用户线的上行速率和下行速率不同，根据用户使用各种多媒体业务的特点，上行速率较低，下行速率则比较高，特别适合传输多媒体信息业务。ADSL 在信号调制数字相位均衡、回波抑制等方面采用了先进的器件和动态控制技术，它采用正交调幅（QAM）、无载波幅度相位调制（CAP）、离散多音频调制（DMT）等调制技术，通过对不同的业务和上下行信号采用频分复用方式，实现了在一对普通电话线上同时传送一路高速下行单向数据、一路双向较低速率的数据以及一路模拟电话信号，可直接利用用户现有的电话线路，在线路两侧各安装一台 ADSL 调制解调器即可。

（三）HFC 接入方式

这是一种光缆与同轴电缆混合网（Hybrid Fiber/Coaxial Cable/），采用光纤作传输干线、同轴电缆作分配传输网的接入方式，即在有线电视前端将节目转换成光信号后，用光纤传输到服务小区（光节点）的光接收机，由光接收机将其转换成电信号后，再用同轴电缆传到用户家中。有线电视 HFC 网主要由光发射机、光接收机、光纤干线以及同轴电缆网等组成。HFC 网目前多采用树形拓扑结构，光纤干线以前端为起点，呈辐射状发射到各光节点，再以光节点为起点，经呈辐射状或树枝状结构的同轴电缆网传到用户的家中。目前 HFC 在一个 500 户左右的光节点覆盖区可以提供 60 路模拟广播电视，每户至少 2 路电话，速率至少高达 10Mbit/S 的数据业务。将来利用其 550 ～ 750MHz 频谱还可以提供至少 200 路 MPEG 的点播电视业务和其他双向电信业务。HFC 结构的有线电视网能够直接把 75OMHz 甚至 1GHz 的带宽送入用户家中，提供了开展多种业务的频道资源。通过 Cable Modem 技术实现基于 HFC 网络的三网融合。

（四）无线接入方式

无线接入方式包括微波传输技术、卫星通信技术、蜂窝移动通信技术、PHS 集群通信技术、无线局域网、无线异步转移模式等，尤其是 WLAN 以及刚刚兴起的 WATM 将成为未来宽带无线本地接入（WWLL）的主要方式。它以其特有的无须铺设线路、建设速度快、初期投资少、受环境制约小、安装灵活、维护方便等特点，将成为接入网领域的新生力量。无线宽带接入方式从目前的发展趋势来看，特别适用于用户分散地区。

无线接入由以下五个单元组成：

1. 控制器

控制器通过其提供的与交换机、基站和操作维护中心的接口与这些功能实体相连接。控制器的主要功能是处理用户的呼叫（包括呼叫建立、拆线等）、对基站进行管理，通过基站进行无线信道控制、基站监测和对固定用户单元及移动终端进行监视和管理。

2. 操作维护中心

操作维护中心负责整个无线接入系统的操作和维护，其主要功能是对整个系统进行配置管理，对各个网络单元的软件及各种配置数据进行操作，在系统运转过程中对系统的各个部分进行监测和数据采集，对系统运行中出现的故障进行记录并告警。除此之外，还可以对系统的性能进行测试。

3. 基站

基站通过无线收发信机提供与固定终接设备和移动终端之间的无线信道，并通过无线信道完成话音呼叫和数据传递。控制器通过基站对无线信道进行管理。基站与固定终接设备和移动终端之间的无线接口可以使用不同技术，并决定整个系统的特点，包括所使用的无线频率及其一定的适用范围。

4. 固定终接设备

固定终接设备为用户提供电话、传真、数据调制解调器等用户终端的标准接口——Z 接口。它与基站通过无线接口相接。并向终端用户透明地传送交换机所能提供的业务和功能。固定终接设备可以采用定向天线或无方向性天线，采用定向天线直接指向基站方向可以提高无线接口中信号的传输质量、增加基站的覆盖范围。根据所能连接的用户终端数量的多少，固定终接设备可分为单用户单元（SSU）和多用户单元。单用户单元只能连接一个用户终端，适用于用户密度低、用户之间距离较远的情况；多用户单元则可以支持多个用户终端，一般较常见的有支持 4 个、8 个、16 个和 32 个用户的多用户单元，多用户单元在用户之间距离很近的情况下（比如楼上、楼下的用户）比较经济。

5. 移动终端

移动终端从功能上可以看作是将固定终接设备和用户终端合并构成的一个物理实体。由于它具备一定的移动性，因此支持移动终端的无线接入系统除了应具备固定无线接入系统所具有的功能外，还要具备一定的移动性管理等蜂窝移动通信系统所具有的功能。如果在价格上有所突破，移动终端会更受用户及运营商的欢迎。

第二节　数字新媒体技术

一、数字新媒体技术的构成

数字新媒体的技术构成大体包括计算机技术、服务器技术、网络技术和管理技术四大部分，以及在此基础上开发出来的各种应用技术。其中计算机技术、服务器技术、网络技术和各种延伸技术与用户直接相关，管理技术则主要是由政府方面来使用。计算机技术由硬件和软件两部分组成，硬件包括录入、存储、计算、提取等组成部分；软件则提供运行环境，如苹果系、安卓系等，目前最大众化的运行平台软件为Windows系列，它具有兼容多种工作软件的强大功能，安装便捷，操作简便，维护容易，深受用户追捧。

（一）计算机技术

计算机技术（computer technology）是指计算机领域中所运用的技术方法和技术手段，包括计算机硬件、软件及其应用等诸多内容。

计算机技术的内容非常广泛，可粗分为计算机系统技术、计算机器件技术、计算机部件技术和计算机组装技术等几个方面。计算机技术包括：运算方法的基本原理与运算器设计、指令系统、中央处理器（CPU）设计、流水线原理及其在CPU设计中的应用、存储体系、总线与输入输出。计算机技术具有明显的综合特性，它与电子工程、应用物理、机械工程、现代通信技术和数学等紧密结合，发展很快。

第一台通用电子计算机ENIAC就是以当时的雷达脉冲技术、核物理电子计数技术、通信技术等为基础的。电子技术，特别是微电子技术的发展，对计算机技术产生重大影响，二者相互渗透，密切结合。应用物理方面的成就，为计算机技术的发展提供了条件：真空电子技术、磁记录技术、光学和激光技术、超导技术、光导纤维技术、热敏和光敏技术等，均在计算机中得到广泛应用。机械工程技术，尤其是精密机械及其工艺和计量技术，是计算机外部设备的技术支柱。随着计算机技术和通信技术各自的进步，以及社会对于将计算机结成网络以实现资源共享的要求日益增长，计算机技术与通信技术也已紧密地结合起来。离散数学、算法论、语言理论、控制论、信息论、自动机论等，为计算机技术的发展提供了重要的理论基础。计算机技术在许多学科和工业技术的基础上产生和发展，又在几乎所有科学技术和国民经济领域中得到广泛应用。

作为一个完整系统所运用的技术，计算机主要有系统结构技术、系统管理技术、系统维护技术和系统应用技术等。

1. 系统结构技术

系统结构技术是使计算机系统获得良好的解题效率和合理的性能价格比的技术保障。电子器件的进步、微程序设计和固体工程技术的进步、虚拟存储器技术以及操作系统和程序语言等方面的发展，均对计算机系统结构技术产生了重大影响，已经成为计算机硬件、固件、软件紧密结合，并涉及电气工程、微电子工程和计算机科学理论等多学科的技术。

2. 系统管理技术

系统管理技术是指计算机操作系统管理自动化的技术。操作系统的基本目的在于最有效地利用计算机的软件、硬件资源，以提高机器的吞吐能力、解题能力，便利操作使用，改善系统的可靠性，降低算题费用等。操作系统的基本功能是对计算机系统的各种资源以至用户程序施行有效的管理、调度和指挥，主要为作业管理、文件管理、数据管理、处理器管理、输入输出管理、存储空间管理、人—机通信管理、终端网络管理、系统故障管理、系统再组合以及对其他软件的管理等。此外还负责对诸用户的数据和程序实施保护和保密，以及收费计算等。

3. 系统维护技术

系统维护技术是指计算机系统实现自动维护和诊断的技术。实施维护诊断自动化的主要软件为功能检查程序和自动诊断程序。功能检查程序针对计算机系统各种部件各自的全部微观功能，以严格的数据图形或动作重试进行考查测试，并比较其结果的正误，确定部件工作是否正常。自动诊断根据部件的具体逻辑，以特定的算法生成大量的测试数据和故障字典，利用诊断机或其他特设硬件对故障部件有关的测试路径进行布数启动，并回收测试结果，对有故障者查询故障字典以确定故障部位。

4. 系统应用技术

系统应用技术包括计算机系统的应用领域及其技术。计算机系统的应用领域十分广泛，主要有程序设计自动化和软件工程技术两个方面。程序设计自动化，即用计算机自动设计程序，是使计算机得以推广的必要条件。20 世纪 50 年代中期高级程序设计语言的出现，大大提高了程序设计的劳动生产率。目前高级程序设计语言已多达数百种，主要有 BASIC、FORTRAN、ALGOL、COBOL、PASCAL 等。由于语言繁多又互不相通，程序移植困难，造成很大浪费。因此，人们对创造统一语言的问题相当重视，接近自然语言的算法语言也在探索之中。

由于计算机软件设计、修改、维护费用昂贵，产品错误率较高，以致发生所谓“软件危机”。因此，在 20 世纪 60 年代末提出了“软件工程”概念，即将软件生产视为一种工程或工业，使软件生产采取与硬件相类似的形式，创立软件设计、调试、维护、生产组织管理等的科学方法，制定软件标准，研制软件生产的工具等。软件工程的主要内容包括软件开发的方法论和软件开发的支援系统。方法论研究程序设计的原理、原则和技术，借以生产出价格合理、可靠和易读的程序。支援系统则主要对软件生产过程各阶段提出支持工具，以提高软件生产的效率与质量。软件工程已受到很大重视并获得较普遍的推广。

计算机的另一个重要技术系统是部件技术。计算机系统是由数量和品种繁多的部件组成的，各种部件技术内容十分丰富，主要有运算与控制技术、信息存储技术和信息输入输出技术等。

（1）运算与控制技术

计算机的运算和逻辑功能主要是由中央处理器、主存储器、通道或 I/O 处理器以及各种外部设备控制器部件实现的，而中央处理器处于核心地位。指令重叠、指令并行、流水线作业以及超高速缓冲存储器等技术的应用，大大提高了中央处理器的运算速度。微程序技术的应用，使原来比较杂乱和难以更动的随机控制逻辑变得灵活和规整。

（2）信息存储技术

存储技术能将大量数据和程序存放于计算机系统之中，以实现高速处理。由于存储手段在容量、速度、价格三者之间存在尖锐矛盾，存储器不得不采取分级的体系，形成存储器的层次结构，自上至下可分为超高速缓冲存储器、高速主存储器（又称内存储器）和大容量外存储器等。主存储器是存储体系的核心，直接参与处理器的内部操作，因此它应具有与处理器相适应的工作速度和足够大的容量。为充分发挥处理器潜力，出现了超高速缓冲存储器，通常以与处理器同类的双极型器件构成，使二者速度相匹配，但由于价格较高，容量一般只有主存储器的几百分之一，因此使用并不多。计算机巨量的数据，常常存储于速度较慢、价格较低的外存储器中。存储器的层次结构相对缓和了速度、容量、价格三者之间的矛盾，但给用户存储空间调度带来一定的困难。

（3）信息输入输出技术

输入输出设备是计算机输入数据和程序、输出处理结果的手段。输入的基本方法是以穿孔卡片或纸带为载体，经卡片或纸带输入机将数据和程序送入计算机。在输出方面，最普通的是建立在击打技术基础上的各类打印机，但速度受到机械运动的限制。非击打技术的输出设备能显著提高速度，主要有将电压直接加在电介质涂覆纸张上以取得静电潜像的静电式打印机；靠激光在光导鼓上扫描而形成静电潜像的激光静电式打印机；利用喷墨雾点带电荷后受电极偏转而形成文字的喷墨式打印机等。作为轻便的输出手段，则以利用热敏纸张遇热变色原理的热敏打印机比较流行。

（二）服务器技术

国际互联网是由一台一台单个的 PC 组成局域网，然后通过局域网再接入国际互联网的，其中服务器（server）就起着沟通内外、连接上下的枢纽和桥梁作用。所谓服务器，是指在局域网中，一种运行管理软件以控制对网络或网络资源（磁盘驱动器、打印机等）进行访问的计算机，并能够为在网络上的计算机提供资源使其犹如工作站那样进行操作。相对于普通 PC 来说，服务器在稳定性、安全性等方面都有更高要求，因此 CPU、芯片组、内存、磁盘系统、网络等硬件和普通 PC 有所不同，是网络环境中的高性能计算机，它侦听网络上的其他计算机（客户机）提交的服务请求，并提供相应的服务。为此，服务器必须具有承担服务并且保障服务的能力。它的高性能主要体现在高速度的运算能力、长时间的可靠运行、强大的外部数据吞吐能力等方面。

按照体系架构来区分，服务器主要分为两类：

第一类是非 x86 服务器。包括大型机、小型机和 UNIX 服务器，使用 RISC（精简指令集）或 EPIC（并行指令代码）处理器，主要采用 UNIX 等专用操作系统，精简指令集处理器主要有 IBM 公司的 Power 和 Power PC 处理器，SUN 与富士通公司合作研发的 SPARC 处理器。EPIC 处理器主要是 Intel 研发的安腾处理器等，这种服务器价格昂贵，体系封闭，但是稳定性好，功能性强，主要用在金融、电信等大型企业的核心系统中。

第二类是 x86 服务器。x86 服务器又称 CISC（复杂指令集）架构服务器，即通常所讲的 PC 服务器，它是基于 PC 机体系结构，使用 Intel 或其他兼容 x86 指令集的处理器芯片和 Windows 操作系统的服务器，如 IBM 的 System x 系列服务器、Dell 的 Power Edge 系列服务器、HP 的 Proliant 系列服务器等。这类服务器价格便宜、兼容性好，但稳定性差、不够安全，主要用在中小企业和非关键业务中。

按应用层次划分，服务器可分为入门级、工作组级、部门级、企业级、视频级五个级别。

1. 入门级服务器

入门级服务器是最基础的一类服务器，也是最低档的服务器。这类服务器主要采用 Windows 或者 Net Ware 网络操作系统，可以充分满足办公室的中小型网络用户的文件共享、数据处理、互联网接入及简单数据库应用的需求。这种服务器与一般的 PC 机很相似，有很多小型公司干脆就用一台高性能的品牌 PC 机作为服务器，所以这种服务器无论在性能上还是价格上，都与一台高性能 PC 品牌机相差无几。所连的终端比较有限，通常为 20 台左右，在稳定性、可扩展性以及容错和冗余性能较差，仅适用于没有大型数据库数据交换、日常工作网络流量不大，无须长期不间断开机的小型企业。

2. 工作组级服务器

工作组级服务器是比入门级高一个层次的服务器，但仍属于低档服务器。从名字即可以看出，它只能连接一个工作组约 50 台左右的 PC，网络规模依然较小，服务器的稳定性也不高。工作组级服务器较入门级服务器来说性能有所提高，功能有所增强，有一定的可扩展性，但容错和冗余性能仍不完善，也不能满足大型数据库系统的应用，价格一般相当于 2～3 台高性能的品牌 PC 机总价。

3. 部门级服务器

部门级服务器属于中档之列，一般都是支持双 CPU 以上的对称处理器结构，具备比较完全的硬件配置，如磁盘阵列、存储托架等。部门级服务器除了具有工作组服务器的全部特点外，还集成了大量的监测及管理电路，具有全面的服务器管理能力，可监测如温度、电压、风扇、机箱等状态参数，可结合标准服务器管理软件，使管理人员及时了解服务器的工作状况。同时，大多数部门级服务器具有优良的系统扩展性，在用户业务量迅速增大时能够及时在线升级系统，充分保护用户的投资。它是企业网络中分散的各基层数据采集单位与最高层的数据中心保持顺利连通的必要环节，一般为中型企业的首选，也可用于金融、邮电等行业。

部门级服务器一般采用 IBM、SUN 和 HP 各自开发的 CPU 芯片，这类芯片一般是 RISC 结构，所采用的操作系统一般是 UNIX 系列操作系统，现在的 LINUX 也在部门级服务器中得到了广泛应用。

部门级服务器可连接 100 个左右的计算机用户，适用于对处理速度和系统可靠性高一些的中小型企业网络，硬件配置相对较高，可靠性比工作组级服务器要高一些，价格通常为 5 台左右高性能 PC 机价格的总和。由于这类服务器需要安装比较多的部件，所以机箱通常较大，采用机柜式。

4. 企业级服务器

企业级服务器属于高档服务器行列，能生产这种服务器的企业也不是很多。企业级服务器最起码采用 4 个以上 CPU 的对称处理器结构，有的高达几十个。

企业级服务器具有独立的双 PCI 通道和内存扩展板设计，具有高内存带宽、大容量热插拔硬盘和热插拔电源、超强的数据处理能力和群集性能。这种服务器一般为机柜式的，有的还由几个机柜组成。企业级服务器产品除了具有部门级服务器的全部特性外，还具有高度的容错能力、优良的扩展性能、故障预报警功能、在线诊断和 RAM、PCI、CPU 等热插拔性能。这类服务器所采用的芯片是几大服务器开发、生产厂商自己开发的独有 CPU 芯片，所采用的操作系统一般也是 UNIX（Solaris）或 LINUX。

企业级服务器的硬件配置高，系统可靠性强，适合运行在需要处理大量数据、高处理速度和对可靠性要求极高的金融、证券、交通、邮电、通信或大型企业。企业级服务器用于联网计算机在数百台以上、对处理速度和数据安全要求非常高的大型网络。

5. 视频服务器

视频服务器是一种对视音频数据进行压缩、存储及处理的专用嵌入式设备，它在远程监控及视频等方面都有广泛的应用。视频服务器采用 MPEG4 或 MPEG2 等压缩格式，在符合技术指标的情况下对视频数据进行压缩编码，以满足海量数据存储和传输的要求。视频服务器是一种压缩、处理视音频数据的嵌入式设备，它由视音频压缩编码器、输入 / 输出通道、网络接口、视音频接口、RS485/RS232 串行接口、协议接口、软件接口等构成。

（三）网络技术

网络技术是从上个世纪 90 年代中期发展起来的新技术，它把互联网上分散的资源融汇为有机整体，实现了资源的全面共享和有机协作，使人们能够透明地使用资源的整体能力并按需获取信息。这些资源包括高性能计算机、存储资源、数据资源、信息资源、知识资源、专家资源、大型数据库、网络、传感器等，可以构造地区性的网络、企事业内部网络、局域网网络，甚至家庭网络和个人网络。网络的根本特征并不一定是它的规模，而是资源共享，消除资源孤岛。

互联网的应用范围由最早的军事、国防扩展到美国国内的学术机构，进而迅速覆盖了全球的各个领域，运营性质也由科研、教育为主逐渐转向商业化。20 世纪 90 年代初，中国作为第 71 个国家级网加入互联网，通过中国公用互联网络（CHINANET）或中国教育科研计算机网（CERNET）都可与互联网联通。只要有一台计算机、一部调制解调器和一部国内直拨电话，就能够很方便地享受到互联网的资源；友好的用户界面、丰富的信息资源、贴近生活的人情化感受，使非专业的家庭用户真正做到足不出户便知天下事。

网络的关键技术有网络结点、宽带网络系统、资源管理和任务调度工具、应用层的可视化工具。网络结点是网络计算资源的提供者，包括高端服务器、集群系统、MPP 系统大型存储设备、数据库等。宽带网络系统是在网络计算环境中提供高性能通信的必要手段。资源管理和任务调度工具用来解决资源的描述、组织和管理等关键问题。任务调度工具根据当前系统的负载情况，对系统内的任务进行动态调度，提高系统的运行效率。网络计算主要是科学计算，它往往伴随着海量数据。如果把计算结果转换成直观的图形信息，就能帮助研究人员摆脱理解数据的困难。这需要开发能在网络计算中传输和读取，并提供友好用户界面的可视化工具。

信息集成网络最初是以集成异构计算平台的身份出现的，接着进入分布式海量数据处理领域。信息网络通过统一的信息交换架构和大量的中间件，向用户提供“信息随手可得”式的服务。网络信息集成更多应用在商业上，分布在世界各地的应用程序和各种信息通过网络能进行无缝融合和沟通，从而形成崭新的商业机会。

计算机网络的类型有很多，而且有不同的分类依据。网络按交换技术可分为：线路交换网、分组交换网；按传输技术可分为：广播网、非广播多路访问网、点到点网；按拓扑结构可分为总线形、星形、环形、树形、全网状和部分网状网络；按传输介质又可分为同轴电缆、双绞线、光纤或卫星等所连成的网络。本书主要分析的是根据网络分布规模来划分的网络：局域网、城域网、广域网和网间网。

尽管互联网对人们生活影响甚巨，意义重大，但其在发展中面临的问题也不容忽视。

第一，带宽短缺。互联网已经开通到全世界大多数国家和地区，几乎每隔 30 分钟就有一个新的网络连入，已经达到以十亿计的用户；而对更远的将来，人们很难精确估计其数据。

第二，IP 地址资源的匮乏。现行的 IPv4 是一个 32 位二进制数，因此总地址容量为 232，也即有数亿个左右。而按照 TCP/IP 协议的规定，相互链接的网络中每一个节点都必须有自己独一无二的地址来作为标识，那么很显然。相对日益增长的用户数，现有 IP 地址资源已不堪重负，已经基本被用光。

作为对 IPv4 问题的解决，一种新的 IP 地址定义应运而生，它便是 IPv6。如同电话号码升位一样，IPv6 提供了 128 位的 IP 地址，使地址数量大幅增加，从而解决了现在的 IP 地址资源危机；它采用了“可聚集全球统一计算地址”的构造，从而使路由器能够高效率地决定路由；具有自动把 IP 地址分配给用户的功能，大大减少了网络管理费用。尽管 IPv6 比 IPv4 具有明显的优越性，但在全球范围内实现地址的升级有许多实际困难。为此，互联网研究组织 IETF 制定了一套 IPv4 向 IPv6 过渡的方案，其中包括三个机制：兼容 IPv4 的 IPv6 地址、双 IP 协议栈和基于 IPv4 隧道的 IPv6。

网络是一个相互联结的大群体，如要保证其行为规范，运行通畅，就需要制定一个大家都能接受都会遵守的“协议”。协议是对网络中设备以何种方式交换信息、代码结构、传输控制步骤、出错控制等许多参数作出定义，简称 TCP/IP 协议。TCP/IP 协议族包含了很多功能各异的子协议，可以分为应用层、传输层、网络层、数据链路层。

应用层是所有用户所面向的应用程序的统称，我们进行万维网（WWW）访问用到的 HTTP 协议、文件传输用 FTP 协议、电子邮件发送用 SMTP 协议、域名的解析用 DNS 协议、远程登录用 Telnet 协议等等，都是属于 TCP/IP 应用层协议。

传输层的功能主要是提供应用程序间的通信，TCP/IP 协议族在这一层的协议有 TCP 和 UDP。

网络层是 TCP/IP 协议族中非常关键的一层，主要定义了 IP 地址格式，从而能够使得不同应用类型的数据在互联网上通畅地传输，IP 协议就是一个网络层协议。

网络接口层是 TCP/IP 软件的最底层，负责接收 IP 数据包并通过网络发送，或者从网络上接收物理帧，抽出 IP 数据包，交给 IP 层。

（四）网络管理技术

随着网络技术和应用的不断发展，人们对网络的依赖程度越来越大，用户已不再满足于网络连通性的要求，他们希望以更快的速度、更高的质量、更好的安全性访问网络。随着网络用户数量的不断扩大，为网络的日常管理与维护带来巨大的挑战。为了维护日益庞大的网络系统的正常工作，保证所有网络资源处于良好的运行状态，必须有相应的网络管理系统进行支撑。网络管理系统中的技术革新就显得尤为重要。

目前使用较多的网络管理系统主要有 CORBA 分布式网络管理系统技术、XML 技术、B/S 网络管理结构模式和支持 SNMP v3 的网络管理协议。随着计算机技术的日新月异，网络管理技术也会随着各种新技术的运用而不断向前进步，从而为众多的网络提供方便、快捷和有效的管理。

网络用户管理制度，包括：各类用户登记制度；建立用户档案，了解用户基本信息；网络答疑人员和各级网络管理员培训制度；定期培训了解园区网最新发展和常见问题解决；工作日志记录制度；由网络答疑人员每日记录发生的问题和解决办法等。图 2—1

是管理系统示意图。

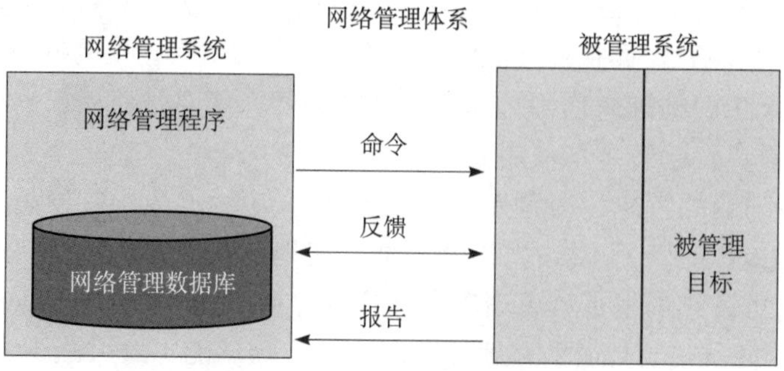

图 2—1 网络管理系统示意图①

二、网络技术的发展

（一）WiFi 上网技术

除了有线网络技术外，无线网络技术代表了未来的趋势。

“WiFi”是一款深受用户欢迎的无线上网技术，全称 Wireless Fidelity，又称 802.11b 标准，它是由 AP（Access Point）和无线网卡组成的无线网络，是当今使用最广的一种无线网络传输技术。AP 一般称为网络桥接器或接入点，它是当作传统的有线局域网络与无线局域网络之间的桥梁，因此任何一台装有无线网卡的 PC 均可透过 AP 去分享有线局域网络甚至广域网络的资源。它最大的优点是传输速度较高，可以达到 11Mbps，通讯距离为 76 米到 122 米，与已有的各种 802.11DSSS 设备兼容，只要用户拥有支持无线 LAN 的笔记本电脑或 PDA，即可高速接入互联网，不用耗费资金来进行网络布线接入，从而节省了大量的成本。

根据无线网卡使用的标准不同，“WiFi”的速度也有所不同。其中 IEEE802.11b 最高为 11Mbps（部分厂商在设备配套的情况下可以达到 22Mbps），IEEE802.11a、IEEE802.11g 为 54Mbps。

（二）地面（移动）数字电视

目前，国际公认的有三套地面传输系统标准，即美国 1996 年高级电视系统委员会（ATSC）研发的格形编码 8 电平残留边带（8-VSB），代号为 ATSC 8-VSB；欧洲 1997 年提出的数字视频地面广播（DVB-T），采用编码正交频分复用（COFDM）技术，代号为 DVB-T COFDM；日本 1999 年提出的地面综合业务数字广播（ISDB-T），采用正交频分复用（OFDM）技术，代号为 ISDB-T OFDM。另外，我国也于 2006 年 7 月 26 日公布了国家地面数字电视标准。

1. 美国 ATSC 8−VSB 系统

美国 ATSC 标准采用了当时单载波传输调制和纠错编码的一系列技术，使这一标准

① 张凌：《网络管理技术介绍》，西部大学校园网培训教材编写组，2002 年 12 月。

具有较高的频谱效率和较高的抗高斯白噪声能力。该标准于 1997 年被接受为国际电讯联盟（ITU）的第一个数字电视传输国际标准。但该标准抵抗宽带多径衰落（回波反射）和多普勒衰落（移动信道）的能力以及支持移动接收和单频网组网的能力尚待进一步改进。

2. 欧洲 DVB-T COFDM 系统

欧洲采用以编码正交频分复用 COFDM 为核心技术的地面数字电视广播传输标准 DVB-T。该标准抵抗宽带多径衰落和多普勒衰落的能力较强，并具有支持移动接收和单频网应用的能力。该标准于 1998 年被接受为 ITU 的第二个数字电视传输国际标准。但该系统在大单频网条件下的小型手持信息终端的信号存在不够稳定的问题。

3. 日本 ISDB-T OFDM 系统

为保护本国电视工业和相关产业，日本 1996 年启动数字电视传输标准研发，决定以 OFDM 多载波技术为基本技术路线，在欧洲 COFDM 技术的基础上，增加具有自主知识产权的分段 OFDM 技术，面向室内外固定接收 HDTV 和移动接收 SDTV 并支持单频网，还可以面向扩展的多媒体分层传输服务。1998 年日本将这一技术体制定为地面数字电视广播传输标准 ISDB-T，2001 年被正式接受为 ITU 的第三个数字电视传输国际标准。

4. 我国地面数字电视标准

技术标准之于我国数字电视产业发展的意义不言而喻。2001 年，国家标准化委员会向全社会征集具有我国自主知识产权的地面数字电视传输标准方案，上海交通大学标准和清华大学标准脱颖而出。清华的 DMB-T 采用的是多载波调制技术，上海交通大学的 ADTB-T 标准采用的是单载波调制技术。测试结果表明，两标准均符合应用条件，并优于国外现有标准。

2006 年 7 月 26 日，数字电视地面广播传输国家标准特别工作组对外公布了《数字电视地面广播传输系统帧结构信道编码和调制》的国家标准（GB20600-2006），标志着我国地面数字电视标准正式诞生。

（三）IPTV 标准的发展

IPTV 即网络电视，是一种利用宽带网，集互联网、多媒体、通讯等多种技术于一体，向家庭用户提供包括数字电视在内的多种交互式服务的崭新技术。

1. IPTV 相关的标准分类

国际上尚无 IPTV 统一标准，与 IPTV 相关的标准化组织和论坛主要包括国际电信联盟（ITU）、互联网流媒体联盟（ISMA）、开放移动联盟（OMA）、数字音 / 视频联盟（DAVIC）、国际标准化组织（ISO）、交互式电视联盟（ITV）、宽带业务联盟、Tvanytime、互联网过程任务组（IETF）以及早年的 ATM 论坛等。IPTV 相关的标准大致可划分为三类。

第一类，框架类标准。框架类标准的重点是根据技术、网络、政策、演进和商业等因素，制定如何将各种编码标准、通信协议、安全和控制技术等有机地集成在一起，为 IPTV 产业界（尤其是 IPTV 的业务运营商）提供一个完整的端到端的解决方案。

第二类，编解码类标准。编解码类标准重点在于解决音视频的编码与解码问题。尽管 IPTV 编解码标准有很多种，但在中国主要是采用 MPEG-4、H.264 技术以及中国提出的具有自主知识产权的标准 AVS。

第三类，协议接口类标准。主要是在 IETF 完成的，如：实时流控协议（SCTP）、编码封装协议（RTP/RTCP）、运营支撑协议（RADIUS/SNMP）等。

2. IPTV 编解码标准

IPTV 最重要的标准是编解码标准，编码直接关系到解码，解码又会影响到机顶盒。IPTV 编解码标准有很多种，在中国主要是采用 MPEG-4、H.264 技术以及具有自主知识产权的标准 AVS。

（1）MPEG-4 标准

运动图像专家组 MPEG 于 1999 年 2 月正式公布了 MPEG-4（ISO/IEC14496）标准第一版，同年年底形成 MPEG-4 第二版，2000 年初正式成为国际标准。

MPEG-4 尽管是 MPEG-1 和 MPEG-2 的升级版，但与它们有很大的不同。MPEG-4 不只是具体压缩算法，它是针对数字电视、交互式绘图应用、交互式多媒体等整合及压缩技术的需求而制定的国际标准。MPEG-4 标准将众多的多媒体应用集成于一个完整的框架内，旨在为多媒体通信及应用环境提供标准的算法及工具，从而建立起一种能被多媒体传输、存储、检索等应用领域普遍采用的统一数据格式。

（2）H.264 标准

2003 年，ITU-T 通过了一个新的数字视频编解码标准，即 H.264 标准，H.264 是由 ISO/IEC 与 ITU-T 组成的联合视频组（JVT）制定的新一代视频压缩编解码标准。国际电信联盟将该系统命名为 H.264/AVC，国际标准化组织和国际电工委员会将其称为 14496-10/MPEG-4 AVC。

（3）AVS 标准

AVS 是基于我国创新技术和部分公开技术的自主标准，AVS 标准包括系统、视频、音频、数字版权管理等四个主要技术标准和一致性测试等支撑标准。2006 年 1 月得到信息产业部批准，2 月国家标准化管理委员会正式颁布，3 月 1 日起实施。

上述三大编解码技术各有所长。MPEG-4 是新一代全球多媒体标准，能够在各种带宽范围内提供专业质量的音频和视频流服务，是目前商用化程度最高的标准，同时在节目源基础方面占有先天优势。H.264 由于采用了多项提高图像质量和增加压缩比的技术措施，比 MPEG-4 节约了 50% 的码率，具有较强的抗干扰性，容易获得稳定的图像，在编码技术上比 MPEG-4 更先进。AVS 是我国第一个具有自主知识产权、达到国际先进水平的数字音视频编解码标准，可用于高清晰度数字电视、高清晰度激光视盘机、网络电视、视频通信等领域。与 MPEG-4 相比，其压缩效率明显提高；而与 H.264 相比，又减少了 CABAC 等实现难度大的技术，从而增强了可实现性。

（四）手机电视标准的发展

所谓手机电视，就是利用具有操作系统和视频功能的智能手机观看电视。手机电视业务的出现，是移动通信与广播电视行业彼此融合的结果。手机电视业务有两种实现方式：一种是基于移动运营商的蜂窝无线网络，实现流媒体多点传送；另一种是利用数字多媒体广播（DMB），实现多点传送。其中，DMB 技术又分为地面波 DMB 和卫星 DMB，与 3G、4G 移动流媒体技术共同构成手机电视的三大技术。

1. 地面波 DMB

地面波 DMB 目前业内关注比较多的是欧洲标准 DVB-H 和韩国标准 T-DMB。

（1）DVB-H 标准

DVB-H 标准全称为 Digital Video Broadcasting Handheld，是欧洲 DVB 组织在推出数字电视传输的系列标准以后，为通过地面数字广播网络向便携 / 手持终端提供多媒体业务所制定的传输标准。

DVB-H 是 DVB-T 标准的扩展应用，系统前端由 DVB-H 封装机和 DVB-H 调制器构成，DVB-H 封装机负责将 IP 数据封装成 MPEG-2 系统传输流，DVB-H 调制器负责信道编码和调制；系统终端由 DVB-H 解调器和 DVB-H 终端构成，DVB-H 解调器负责信道解调、解码，DVB-H 终端负责相关业务显示、处理。

DVB-H 保有部分与 DVB-T 接收电路的兼容性，同时为了满足手持式装置接收的特性，如低功耗、高移动性、共通平台与网络切换服务不中断等要求，以保证在室内、户外、步行或行驶中的汽车上都能正常收看，做了不少技术改进。例如，为了降低功耗，DVB-H 在耗电上的目标是将天线、电视调谐器和 OFDM 译码电路等的总耗电量控制在 100mW 以内；为提高电池的使用时间，终端周期性地关掉一部分接收电路以节省功耗；为了满足便携的需求，DVB 终端的天线更小巧，移动更为灵活；传输系统能保证在各种移动速率下顺利接收 DVB-H 业务；系统具有很强的抗干扰能力，能提供足够的灵活性以满足不同传输带宽和信道带宽应用等。

（2）T-DMB 标准

T-DMB 是韩国推出的地面数字多媒体广播系统，该标准建立在欧洲开发的尤里卡 147 制式数字音频广播（DAB）系统的基础上，做了一些修改，以便向手机、PDA 和便携电视等手持设备播送空中数字电视节目。

T-DMB 系统包括 1 个 DMB 监视系统、2 个视频编码器、视频网关和多路复用器，可以提供灵活的服务，包括视频广播、音频广播、单独的交通 / 新闻 / 天气频道。T-DMB 利用 ITU-T H.264 对视频进行编码，利用 MPEG-4 BSAC 对音频进行编码。然后利用 MPEG-4 同步层和 MPEG-2 传输流对视频、音频及额外的数据进行处理，有些基本模块与 DVB-H 相似。

2. 卫星 DMB

卫星 DMB 业务是将数字视频或音频信息通过 DMB 卫星进行广播，由移动电话或其他专门的终端实现移动接收，是一种可以在很宽广的地区充分满足在移动环境中视听广播电视这一个性化要求的极具竞争力的解决方案。

卫星传输也属于无线传输方式，适合应用于手机电视业务。与地面微波传输和有线网络相比，卫星 DMB 可以适应更大范围的覆盖要求，具有传输节目量大，节目画质、音质更佳的特点，是一种高效的传输方式。卫星 DMB 的研发和试应用主要在韩国和日本展开。

3. 3G 流媒体

流媒体是指视频、声音等数据以实时传输协议承载，并以连续流的形式从源端向目的端传输，在目的端接收到一定缓存数据后就可以播放出来的多媒体应用。流媒体技术应用到移动网络和终端上，称之为移动流媒体技术。目前，美国的 Sprint、中国移动和中国联通采用这种方式。

3G是英文3rd-Generation的缩写，指第三代移动通信技术。3G的本质是将移动通信和多媒体通信这两种通信系统有机地结合起来，3G移动通信最高传输速率可达2Mbps，可用来传送MPEG-1/2/4压缩标准的图像和声音，能达到电视实时传输的效果，能在手机屏幕上展现很好的画质，手机电视作为移动视频通信较容易实现的一种应用，必定会借助于3G网络的普及进入一个新的阶段①。

三、上海世博会中的新媒体技术应用

上海世博会是新媒体应用的风向标和综合展示平台，观察上海世博会新媒体的应用有助于把握新媒体未来的发展走向。上海世博会的亮点之一，就是新媒体技术的广泛应用，以3D虚拟成像技术为代表的新媒体技术代替了大量的实物展示，实现并还原了许多无实物或实物不能实施的展示，大大节省了空间、材料、运输等人力、物力资源。世博会的众多科技成果通过虚拟成像、视频与互动感应装置呈现出来，使参观活动集沉浸感、互动体验和娱乐性于一身。

上海世博会首次采用“电视、电脑、手机三屏融合”的方式进行相关内容的视频传播，SMG新媒体在IPTV、互联网、手机、互动电视等新媒体平台上利用最新的互动电视技术制作、传播本届世博会的相关视听内容。各场馆通过各种3D、4D虚拟现实和互动技术的广泛应用，令观众“身在其中并生活于其中”的强烈体验尤为明显。如中国馆的镇馆之宝《清明上河图》利用数字化和多媒体技术将原画中400多个静止的人物动态化，而且还根据原有意境添加了众多新人物，整个画面光影流转，动静结合，相得益彰。观众似乎可以穿越时空，观赏中国古代盛世的繁荣。在西班牙馆内，在3D视频的投射和丰富的音效作用下，人们被带入到一个如梦如幻的场景中，时而耳闻涛声阵阵，海浪滔天，时而目睹城市街景斑驳陆离，而一位安卧在场地中间舞台上的女子则会随着音乐缓缓起身，开始跳起西班牙著名的舞蹈《弗拉明戈》。阿联酋展馆内则设有类似iMax的巨大球形屏幕，观众可以通过3个时长大约6分钟的3D和4D短片，追寻阿联酋的历史发展足迹，感受其奇迹般的成长与经济腾飞。沙特阿拉伯馆中的环绕式电影能让游客站在自动履带中移步换景，效果非同凡响，以至于让人发出“入园不观沙特馆，阅尽世博也枉然”的感慨。美国馆也通过3D声像效果打造出不同族裔的美国民众大家庭团结互助、和谐共荣的场面。

新媒体除了被广泛应用于场馆的展示之外，也被用来增加参展方与参观者的互动性。如瑞士馆的互动型智能外墙可以产生一种动态的闪光效果，当游客的照相机闪光

---

① 当前，我国的移动运营商主要通过2.5G或2.75G网络传输技术来播放手机电视节目，常规电视机每秒钟可以显示30帧画面，人的眼睛和大脑不会感觉到其中的停顿，但是受网络带宽的影响，中国手机电视视频质量有时会比较差，平均每秒只有3至5帧画面，手机电视在现有中国移动和中国联通的网络上都无法实现流畅的观看体验。另外，也由于CDMA2000-1X和GPRS技术的带宽有限，一旦使用手机电视业务的用户数量上升，网络就会发生拥塞。中国移动的GPRS能够提供的带宽只有30kbps～40kbps，联通的CDMA2000-1X也仅能达到60kbps～70kbps。而要在手机屏幕上展现较好的画质，需要128kbps以上的稳定带宽。

灯闪亮时，装饰单元便会即时回闪，好像在向游客眨眼睛。在意大利馆内的多媒体走廊里，两边屏幕上 1∶1 的人像会因为观众的拍手等动作而转身或面向观众说话。在芬兰馆内，参观者可以有 15 秒钟的时间对着一个与常人一样大小、上半部是屏幕的机器“自拍”视频，15 秒后视频便会出现在两侧的墙上，参观者还可以再为自己的视频拍张照。在广东馆内，随着观众掌声的高低，馆中的“小鸟天堂”榕树会长大或缩小，让游客体验到合力所产生的伟大力量。

新媒体的互动性特征尤其体现在浦西的各企业场馆中。如中国航空馆通过多媒体和声光电特效等生动有趣的互动体验，诠释飞行与城市、生活之间的关系，带领参观者登上令人兴奋的飞翔之旅。互动体验项目还包括未来城市飞行交通网模拟沙盘和全智能的无轨观光车。后者可以带人在声、光、电、雾、气组成的特效中进入太空中，如同真正的飞行员一样体验飞机起飞、降落、气流颠簸的全过程。另外，通过国内第一部 4D 影像展示系统，参观者还能体验如电影《阿凡达》中的原始鸟类在森林和高山上的高空盘旋等。

全息投影、TD-LTE 等新媒体技术共同把 5.28 平方公里的上海世博园变成了一个“造梦空间”。在世博园这个“造梦空间”中，梦也是分层的：

第一层是遍布上海每一个角落的公交移动电视、地铁移动电视、出租车车载媒体、手持电视、楼宇电视、水上巴士电视等终端，刚上路的人和在路上的人都被“强迫性观看”。

第二层是把世博会本身看成一种无可替代的全球性媒体，展示国家形象。

第三层是展馆的“皮肤”。比如北京馆的外墙是 80 块 LED 大屏幕，通过程控机械臂的调动，整个建筑物可变形为天坛、国家大剧院、鸟巢、水立方。台湾馆由 100 万片 LED 灯组成大球，向馆外的游客播放万千蝶舞、台湾花布等视频，是一块热媒介。整座世博园用于景观装饰、指示牌、信息显示屏上的 LED 芯片多达 10.3 亿片。

第四层是深入各场馆内部的浸入式新媒体体验，将受众吸引并包裹在信息中。这是新媒体造梦师最能植入个性的一层。国家电网馆的“魔盒”，是一个由 112 块 LED 屏幕包围的 720 度幻象空间，LED 屏幕的物理尺度在视觉上被无限扩展到更深的虚拟空间中，浸入者仿佛穿越了 3 000 公里。

还有一层是处在世博园实体边缘的网上世博会，这个镜像更像是一个可以浸入的虚拟空间。“网上世博会”呈现四大亮点：

（1）虚拟呈现。通过互联网平台，运用三维虚拟现实技术，把上海世博会 3.28 平方公里围栏区、150 多个展馆搬到互联网上，使全球新媒体用户足不出户，就能体验本届世博会的盛况。

（2）三维浏览。游客点击鼠标就可对线上展馆外观进行 360 度参观，并随时进行日夜景与中英文的切换。更可在馆内自由“行走”，与精彩展览进行“亲密接触”。

（3）在线互动。网上世博充分发挥网络互动优势，参观者可以在网上和某个馆长交流对话，或者和其他网上参观者进行交流，使千千万万不能到现场的人，也能够尽情地参与其中。

（4）未来之城。网上展馆是真实可寻的，还有一座网上的未来之城则是虚拟的，网友可以利用网络工具来搭建各自心目中的未来之城，共同探讨什么样的城市最美好。

第三节 新一代信息技术的发展

在新技术推动下，信息社会在演进发展的过程中出现了新的时代特征，互联网的发展使社会、经济和文化生活出现了巨大的变革。基于互联网各种业态的兴起，人们称之为E时代（electronic）[①]；随着传统传播方式的解构和重建，又出现了C时代（Connected Era 连接的时代）[②]，即大众的时代和沟通的时代。

在E时代和C时代，各种传播模式的形态虽然越来越让人眼花缭乱，但其核心仍然是围绕计算、云、信息交互、移动这几大领域来展开。数字技术对宇宙的三个基本维度（时间、空间和物质）的渗透，逐渐衍生出了三个新维度：非时间、非空间和非物质。智能终端和互联网进入了我们的口袋、客厅、汽车，即所谓的泛在计算、泛在网络和泛在社会，改变的不仅仅是计算和链接的方式，也不仅仅是技术的趋势和产业的形态。人与人之间、人与社会之间，乃至于人类精神表达层面的艺术形式，都发生了巨大的变化。我们从今天已经发生的事情和特征可以看到未来社会的踪影，有人称之为已经发生的未来。

2010年国务院在《关于加快培育和发展战略性新兴产业的决定》中提出“新一代信息技术产业”这一概念，强调要“加快建设宽带、泛在、融合、安全的信息网络基础设施，推动新一代移动通信、下一代互联网核心设备和智能终端的研发及产业化，加快推进三网融合，促进物联网、云计算的研发和示范应用。着力发展集成电路、新型显示、高端软件、高端服务器等核心基础产业。提升软件服务、网络增值服务等信息服务能力，加快重要基础设施智能化改造。大力发展数字虚拟等技术，促进文化创意产业发展”[③]。这就是为推进新技术革命铺设的一条通往未来之路。

一、网络技术的多方面发展

过去20年，网络技术的不断发展，已经和正在改变人们生活的方方面面，为人们的学习、交流带来了更大的便利。信息技术的变革随处可见，如今信息技术变革的重点在“T”（技术）上，从早期的基于Web的网页浏览，到博客、社交网络等交互的Web2.0，到之后微博的出现，现在微信的普遍应用更将网络技术推向了新的高潮，并且网络技术正在进一步向多个方面发展。

网络新媒体的快速发展使媒体从单向媒体变成双向交互新媒体，广大用户有了话语权，可以在博客上发表自己的文章、照片和视频。而微博使其有了社交网络的传播速度。互联网视频的快速发展演进成为互联网电视，互联网电视接入客厅和口袋。报纸、电台和电视台等传统媒体正在和网络新媒体融合，一场传媒变局正在展开。网络新媒体由单向向双向的发展，为社会信息传播由单向传播向双向传播提供了有利载体。

新媒体借助数字技术、网络技术，通过互联网、宽带局域网、无线通信网、卫星等

---

① E时代中的“E”是英文electronic（电子）的缩写，E时代指电子时代，就是网络普遍使用在办公、生活和各个领域的时代。

② 基于24小时连接在线这一直观特征，人们把这个时代叫做24小时在线时代（Connected 24 Hours Era），简称C时代。

③ 《国务院关于加快培育和发展战略性新兴产业的决定》，http://baike.so.com/doc/71407.html，2010年10月10日。

传播渠道，以及手机、计算机、数字电视等终端，向用户提供信息和娱乐服务。主要和热门的形态包括：网络媒体、手机媒体、网络电视、IPTV、虚拟社区、博客、搜索引擎、简易聚合（RSS）等等，多种新媒体形态在给人们带来方便的同时，也成为现代人主要的娱乐和传播方式。

物联网使互联网进入一个全新的领域，连接的对象从人扩大到物，将虚拟网络世界和现实物理世界连接起来。物联网将对今后社会发展产生巨大影响，是信息技术发展的重要一步，它体现了信息技术对其他新兴产业的支撑作用。在物联网的发展影响之下，信息化被演绎成为“感知世界”（“智慧地球”），从智慧电网、智慧交通、水资源管理、医疗保健、物流到智慧城市，及物联网在校园中的运用——智慧校园，可以看到物联网应用已深入人们生活的各个领域，物联网带来了新的信息传播主体和传播渠道，为信息传播带来新的机遇。当前信息的主体是人，传播渠道有信件、互联网、手机等；物联网把万事万物囊括在了其网络之中，信息活动的主体从人扩展到物，传播渠道也变成了人—人、人—物、物—物。

移动网络的兴起进一步提升了互联网的冲击力。移动网络把互联网放到人们的口袋中，让人们实现了 24 小时网络在线的生活。信息社会的理想化生活——随时查找资讯、处理工作、保持沟通、进行娱乐，不断由梦想变成现实。2013 年 12 月 4 日，工信部向中国移动发放 4G 牌照，预示着我国已进入 4G 时代。据预测，中国 4G 用户将从 2013 年的100万人猛增至2017年的4.40亿人，其中中国移动的4G用户将在2017年达到2.288 亿，约占总量的 52%。中国移动作为国内 TD-LTE 技术的主导者，在 2013 年底之前部署了 20 万个 TD-LTE 基站。预计到 2017 年，中国移动将部署 60 万个 TD-LTE 基站，而同期的中国电信和中国联通的基站总量将分别为 40 万个和 30 万个。目前，中国移动已在全国 13 个城市进行了 4G 规模试验，并于近期新增了杭州和温州两座城市。智能手机拥有功能强大的媒体播放能力，以其滑指触摸屏的交互模式深受用户欢迎，是重要的移动终端。智能手机已经普遍拥有计算机上网的功能，并且还设计了能够一键接入应用的便捷操作，使用门槛普遍降低。而目前智能手机和平板电脑也以消费者能够接受的价格受到消费者的青睐。移动网络将各种网络应用推到了一个新的高度，并且使其具有更为广阔的发展前景。现在，人们可以通过智能移动终端将其所见所闻以照片、影像、文字的方式随时随地发送到微博、微信、微视上以实现快速传播。

二、云计算推动传播思维变革

当前，全球正在经历着一场声势浩大的“云计算”浪潮，其目的在于以最低的能耗高效地向用户提供网络基础设施的服务。

云计算（cloud computing）是基于互联网相关服务的增加、使用和交付模式，通常涉及通过互联网来提供动态易扩展且经常是虚拟化的资源。云是网络、互联网的一种比喻说法。过去在图中往往用云来表示电信网，后来也用来表示互联网和底层基础设施的抽象。狭义云计算指 IT 基础设施的交付和使用模式，指通过网络以按需、易扩展的方式获得所需资源；广义云计算指服务的交付和使用模式，指通过网络以按需、易扩展的方式获得所需服务。这种服务可以是和软件、互联网相关，也可是其他服务。它意味着计算能力也可作为一种商品通过互联网进行流通。目前移动互联网上大量的“原生”应用模式、应用程序运行在手机终端上有一定局限性。而正在兴起的 Web 应用中应用程序运行在 Web 网站上，用户通过互联网从云端获取应用服务。云计算是分布计算、并行计算、网格计算、效用计算、虚拟化、网络存储、负载均衡以及互联网等传统计算机技术结合起来的新的 IT 资源提供模式，为满足不同用户对数据处理能力的要求不断提高的趋势而出现的。

云计算将传统的以桌面为核心的任务处理转变为以网络为核心的任务处理，人们可以利用互联网实现自己想完成的一切处理任务，使网络成为传递服务、计算力和信息的综合媒介，真正实现按需计算、网络协作。云计算和移动网络是当今信息技术的两大发展趋势。云计算为移动网络的发展注入了动力，而各种移动网络的应用都需要云计算的支持，这必将从根本上改变人们的思维习惯。

思考题

1. 你怎样理解数字语言和媒介形态变革?
2. 数字新媒体技术有哪些?
3. 为什么说云计算会改变人们的思维习惯?

第三章　新媒体的特征

本章要点

第一节　新媒体的传播特征
第二节　新媒体的产业特征
第三节　新媒体的舆论特征
第四节　新媒体的文化特征

新媒体这一概念1967年由美国人戈尔德马克率先提出。所谓新媒体，是相对于传统媒体而言的，是继报刊、广播、电视等传统媒体以后发展起来的新的媒体形态，是利用数字技术、网络技术，通过互联网、无线通信网、通讯卫星等渠道，以及电脑、手机、数字电视机等终端，向用户提供公共信息和娱乐服务的传播形态。严格地说，新媒体应该称为数字化新媒体。

第一节　新媒体的传播特征

从传播学角度来看，较之于传统媒体，新媒体有它自身的一些特征。

一、消解权威

学界比较一致的看法是，新媒体最大的特点是它具有巨大的消解力量——消解传统媒体（电视、广播、报纸、通信）之间的边界，消解国家与国家之间、社群之间、产业之间的边界，消解信息发送者与接收者之间的边界，消解社会权威，使整个社会处于去中心化状态。[①]

在消解媒介边界、消解国家、社群和产业边界的同时，新媒体建立起了与受众真正的联系；同时，新媒体具有的前所未有的交互性，突破了一切时空界限，新媒体给媒体行业带来了许多如“人人都是麦克风”“我的世界我做主”等新的理念和模式，促使专业媒体的节目、栏目对象化、专业化越来越强，卖方市场转向买方市场。

二、变线性传播为多人对多人的传播

新媒体与传统媒体最大的区别，在于传播状态的改变：由一点对多点变为多点对多点。从传播学的角度来分析，新媒体传播有四个特点，即（1）每个人都可以进行大众传播；（2）信息与意义无直接关联；（3）受众的主动性大大增强；（4）大众传播的小众化。传统媒体的传播方式是上对下、主对从、强对弱、社会精英对普罗大众的传播，是单向、线性、瀑布式、不可选择的。它集中表现为在特定的时间内由信息发布者向受众传播信息，受众只能被动接受，只能做所谓的“容器人”，很少能做出信息反馈。这种静态的传播方式使得信息不具流动性。而新媒体的传播方式是双向或多向的，传统的发布者和受众现在都成为了信息的发布者，而且可以进行互动，使得信息变得更有价值，受众也强烈地体会到一种参与感，主动性和积极性被空前调动起来。信息的互动性使得受众角色实现由被动到主动的根本性改变。

---

① 参见钱岳林：《新媒体与新兴媒体》，载《广播与电视技术》，2009年第8期。

三、传播成本大大降低

新媒体近乎于零费用的信息发布，对受众多为免费服务，这对传统媒体的新闻产品制作成本造成挑战。

对于传统媒体而言，无论是纸质媒体还是电子媒体，在采集信息、制作成品和推向市场的整个流水线生产过程中，每一步都是以大量资金投入为保障的，报纸杂志的纸张、印制报刊必不可少的印刷设备、发行和售卖，电台电视台的节目制作设备、信息采集和节目制作乃至特技、字幕音响等的生产过程，无不需要很大的人力成本和资金投入，因此，总体上来说，传统传媒本质上是“富人的事业”，普通老百姓基本上与传播事业无关。

但自从有了互联网，情况就发生了根本性变化。一条网线，一台电脑，一个路由器，就可以开办起一家信息传播媒体，甚至有可能产生巨大的社会影响，而不需要巨额资金做支撑。到了3G/4G时代，传播成本更是趋向于零，只要有一部3G或4G手机，就可以随时随地采集和发布信息，只需要付给电信运营商一定的信息流量费用，而不需要为信息的采集、制作和传播支付其他费用。

四、主要依赖于技术

新媒体技术具有后天性特征，新媒体技术是由人类开发出来的体外技术系统，不是人类先天自然拥有的技能。没有数字化等技术，新媒体完全不可能存在。

数字技术是新媒体的核心，它由硬件设备和软件技术两大部分组成，包括录入技术、存储技术、传输技术、接收技术、控制技术、管理技术等相关技术。因此，可以说，没有数字技术，就没有新媒体的产生。而要掌握和使用新媒体，懂得基本的数字技术就成了最为关键的一环。

五、传播行为更为个性化

博客、播客、微信等新的传播方式，使得每一个人都成为信息的发布者，可以便捷地个性化表达自己的观点，传播自己关注的信息。传播内容与传播形式完全是“我的地盘我做主”。个性化的传播方式一方面让众人体会着发布信息、影响他人的快感，同时也带来了个人隐私难以保障、信息内容良莠不齐的弊端，为信息管理带来困难，也对受众的信息选择能力提出了更高的要求。

六、接受方式从固定到移动

无线移动技术的发展使得新媒体具备移动性的特点，用手机上网、看电视、听广播，在公交车、出租车甚至飞机、火车上看电视越来越成为寻常的事情。随着3G/4G技术的发展，移动性将成为未来新媒体的主要特性。

七、传播实时化

技术的发展使得新媒体可以实现信息的实时传播，不再需要复杂的剪辑和烦琐的排版与后期制作，技术的简单便捷可以使得信息在全球实现实时传播。这一优势是任何传统媒体所无法比拟的。目前一些大的门户网站基本上都可以实现文字和视频音频的实时传播，时空的距离被缩小。

八、从单一传播到融合传播

与传统媒体相比，新媒体在传播内容方面更为丰富，文字、图像、声音等多媒体化成为一种趋势。与此同时，新媒体传播的交融性还表现在终端的使用方面，一部手机不仅仅可以用来通话、发短信，同时还可以用来听广播、看电视、上网，多种媒体的功能集合于一身，而这些功能的实现是以互联网、通信网、广播电视网等多种网络的融合为基础的。

当然，传统媒体的主流地位目前还难以被取代，新媒体发展必须建立在对传统媒体继承的基础上，内容优势、受众对传统媒体信息质量的信任是传统媒体受青睐的主要原因。为了发挥二者的优势，一些新的媒介形式就此诞生，如报纸与网络结合即出现手机报，电视与网络结合即出现网络电视，手机与电视结合即出现了手机电视。

传统媒体也会借助数字技术转变为新媒体，如模拟电视向数字电视的转变。借助新媒体技术，传统的印刷媒体也在进行着蜕变：在信息的生产和处理方式上由模拟流程转向数字流程，媒体呈现方式由物理媒体转向数字媒体，存储方式由仓库存储转向高密数字存储，传输方式由交通传输转向数字网络传输。

第二节　新媒体的产业特征

从产业角度看，新媒体有如下特征：

一、产业方式多元化

报纸基本上是编辑、记者等专业人员将经过选择后的公共信息单向传给读者，信息流动是单向的，这决定了其产业特征的垄断化，其生产过程具有某种神秘性。读者如果有点意见，通过报纸是无法反馈过去的，得通过打电话、写信等其他的手段。

虽然广播和电视有时候也可以互动，但那是后来新增加的功能，过去的广播和电视也是单向的。播音员在那儿播，大家听就是了。而现在的新媒体，有单向的，有多向的，有单发的，有群发的，有互动的，还有群体互动的，所以它的传播手段是多元的，这就决定了其产业方式也是多元的。[①]

现在已经实现了用手机看报。无论是走在大街上，还是坐在地铁里，只要打开手

① 参见石峰：《创新传播手段，引领期刊未来》，载《中国新闻出版报》，2007-12-04。

机，报纸上的重大新闻就可以一览无余了。没有与之相适应的产业，这种功能就无法实现。

二、产业技术兼容

新媒体实际上是“个人移动的数字技术加上无线数字通信技术”。新媒体不仅可以实现传统媒体的信息传输功能，还具有传统媒体所无法承担的崭新功能。比如现在出现的手机银行，要给谁寄钱，在公共汽车上、地铁里就能完成，不用去银行了，它这种技术的兼容非常好。再比如，青年人喜欢的手机影院实现了在手机上看电影的可能。新媒介事实上已经变成无围墙的电影院。

三、满足分众传播需求

信息传播虽然无所不在、无时不在，但都是有信息发布源头的。而信息发布产业选择发布对象，必定要考虑不同对象的实际要求，考虑不同群体的不同诉求，这就不可避免地要实现分众传播。特定信息发给谁，是以细分受众为依据的，是为满足消费者细分需求的一种分众传播。这样，传统的产业模板就无法适应全民多元化的信息需求了，必须从产业建构上来满足细分受众的信息传播需求。

四、适应扁平化需求

所谓扁平化，就是中间环节越来越简化，直接从源头到消费者。最典型的就是博客、微博和微信。博客、微博和微信上对一些产品的宣传，直接就到消费者了，中间没有经过一个层次再一个层次的分销商，而是直接推送到消费者的电脑和手机里。这种扁平化的传播极大地降低了公共信息传播的成本。扁平化管理是现代社会的重要特征，是民主政治追求的方向，是减少中间层次、强化民主管理的必要机制。

五、新旧媒体竞争和共赢

旧媒体比如报纸、电视的传输方式和使用客户大体相对固定，一般来说变化不大，即便如户外广告，也没多少变化，我们可以在高速公路的两边，看到鳞次栉比、高耸入云的广告牌。但是这个广告发布上去是什么样，以后很长时期就是什么样，除非发布新内容，制作新形式。

LED 新媒体发布就大不相同，它随时可以改变。它播出的内容，比传统户外广告牌发布的内容要多很多。不过，旧媒体依然具有一定的生命力，它还有存在价值。换句话说，LED 暂时取代不了耸立在高速公路边上的传统户外广告牌，传统媒体与新媒体二者依然是可以做到互利和双赢的。[①]

---

① 参见百度文库：《LED 技术革命对户外广告的影响》，http://wenku.baidu.com/link?url=3SVq4hjS_DO4d_AGN1pm069V4OteZ8X3w9DWVumiNO32P8yLId0MXb_7btJAosH_TjveF0lPsK738qle3cogZ26QuAQOfRFIDoXhc-W-WdO。

第三节 新媒体的舆论特征

新媒体的出现从根本上改变了舆论的形态，可以把它称之为新媒体舆论。新媒体舆论广义上泛指一切在新媒体中传播的社会舆论。由于新媒体大多以网络信息传播技术为基本构成要素，媒体形态的差异主要表现在信息接收终端的不同呈现方式上。因此，狭义的新媒体舆论即指网络舆论，即社会公众以网络为传播平台，对其所关注的某一现实问题所发表的一致性意见，是公众意见经由网络传播的结果。

新媒体所具有的开放、即时、互动传播等特性使新媒体舆论呈现出迥异于传统舆论的一些特征。

一、议题生成的自发性

“自发”和“自觉”是事物存在的两种不同状态。“自发”是事物未受规范或约束时的一种自然存在状态，是一种缺乏自觉和反思意识的存在状态；“自觉”则是事物在遵循客观规律基础上的，具有反思意识、能够预见和调节自身发展方向的一种存在状态。

在互联网产生以前，传统媒体所具有的信息把关和议程设置功能使舆论议题的生成更具自觉性特征，议题的类型和内容往往局限在一些重大的、显著的、反映社会主流思想价值观念的事件上，并对舆论的发展方向有着预期的定位。

新媒体舆论的议题更多是源于新媒体用户的个人议题。在新媒体时代，传播媒介的易得和传播环境的相对自由、开放，为公众设置个人议题、发表个人意见提供了便利。而网络传播所具有的高效、快捷特性和它产生的聚合、放大效应，则可以使单一的个人议题在短时间内迅速演化成为公众议题、社会议题。人民网舆情监测室发布的数据显示，有近三成的社会舆论因互联网兴起。①

二、传播空间的延展性

舆论具有空间范畴，由此构成不同规模、不同类型的舆论。舆论只有向更广阔的范围传播，覆盖更广大的社会空间，才可能使局部的群体舆论上升为地区性舆论、全国性舆论或世界性舆论，传播空间的广狭是衡量舆论社会影响力大小的重要指标。

互联网技术为社会舆论的传播提供了无限延展的可能。首先，互联网络覆盖全球，超越了地域和国家的界限，拥有地理空间上的无限延展性。其次，数字技术的进步突破了物理空间对网络媒体的限制。网络媒体拥有近乎无限的信息发布空间，不同的空间区隔（博客、微博、微信、论坛或新闻跟帖）之间还可以通过超文本和超链接实现有机的对接组合。这些使得依附于网络的新媒体舆论传播也具有了空间上无限延展的可能。新媒体用户在一定网络空间区隔中发表的意见，一旦得到大家的认同，就会引来其他人的反复转帖和跟帖。当帖子在不同的网络空间区隔之间进行流动、传播的时候，意见气候也在不断酝酿，舆论高潮即可来临。

---

① 参见人民舆情监测网：《社会蓝皮书》，2010-01-05。

三、意见汇聚的即时性

传统媒介议程对社会舆论的引发往往需要一段较长的时间。与之相比，新媒体舆论的形成周期则大大缩短。

信息的即时发布和实时更新，让新媒体成为人们获取信息的主要来源，而便捷、畅通、低成本的反馈和发布渠道也让新媒体成为公众意见聚合的便利平台。同步、动态的信息供给能吸引更多的目光和参与者，事件在网络上成为关注焦点的同时，也迅速成为舆论热点。新媒体发展出多点对多点的双向、多向传播模式，Web2.0 时代互联网在内容发布的过程中不仅实现了用户与网络服务器之间的交互，而且也轻松地实现了同一网站不同用户之间的交互和不同网站之间信息的交互。而有线载体（互联网）和无线终端（手机）的结合，让人们可以通过手机进行更加迅捷的信息传播和意见汇集与聚合。

四、价值观念的多元性

新媒体以其相对自由、开放的特性，使社会公众拥有平等表达意见的权利和渠道。由于参与到这个开放、平等的言论平台中的主体往往有着不同的身份地位和利益诉求，他们关注的焦点、议论的角度必然会有所不同，使得新媒体真正成为“意见的自由市场”，新媒体舆论表现出价值观念多元化的特性。

网络传播的匿名特点则在某种程度上强化了新媒体舆论的多元特性。在匿名的虚拟网络空间内，意见表达者害怕孤立、害怕伤害他人和被伤害的心理会有所减弱，“沉默的螺旋”作用的发挥也会受到一定的阻碍。传统观念认为，当人们发觉自己的意见属于“少数”或处于“劣势”时，出于对孤立的恐惧和害怕，会在“多数”或“优势”意见面前保持沉默，由此陷入优势意见越来越强而劣势意见越来越弱的螺旋过程。然而，匿名则让网上的意见表达者承受的现实压力大大减小，在某一网络空间区隔（微博、微信、博客、论坛或新闻跟帖）中遭受冷遇、反对甚至被压倒的意见，不但仍然会储存在网页上，而且还可以转移到网络的其他空间中继续表达或寻找同盟军。

五、价值取向的批判性

中国的社会目前具有两个特点：一个是利益群体相对固化，一个是社会正处于结构转型时期。在这个特殊的历史时期，不同的利益诉求造成了不同社会群体之间的矛盾和冲突，传统媒体不一定能给各方提供平等的表达机会，于是，开放度、自由度更高的新媒体成为宣泄不满情绪的最佳场所。特别是在面对一些私权利遭遇公权力伤害的事件时，人们认识中累积的有关官官相护、为富不仁、司法不公、权钱交易、体制不良、道德滑落等“固定成见”便会集体发作，舆论之声势必转向批判和讨伐。

批判性思维本是公共领域建设的必要条件，但新媒体舆论表现出的这种批判倾向距离真正意义上的批判性思维却往往相去甚远。批判性思维不但蕴涵着批判精神，即怀疑精神、否定精神，更蕴涵着对“理性思维”的强调，包括“思维开放，熟知多个选项的优劣”“力求多方查证”“善于判断信息来源”“能形成合理的立场”等许多方面的理性思维能力。综观新媒体舆论的表现，大多是只有“揭发”和“批判”，少见“理性”和“思维”，甚至为了否定而否定的偏激也成为常态。因此，新媒体舆论虽有批判，却鲜有理性，舆论质量不高。

六、意见表达的失范性

网络传播的匿名性特点降低了言论主体的责任感，一旦人们相信自己的行为不会被追责到个人头上，他们就会变得不那么受社会习俗和戒律的约束。与此同时，相对自由、宽松的传播环境，也在某种程度上加剧了这种责任感的流失。于是，新媒体用户间恶言相向、毁谤中伤等“谩骂”和“拍砖”现象成为网络言论的常态。

新媒体舆论对其意见表达的失范经常表现出一种“集体无意识”和“集体非理性”，当新媒体用户间的意见出现交锋时，更多的网友来不及思考便急于把自己编入“队形”，快速加入混战，出现“群体极化”倾向。“团体成员一开始即有某些偏向，在商议后，人们朝偏向的方向继续移动，最后形成极端的观点”，“在网络和新的传播技术领域里，志同道合的团体会彼此进行沟通讨论，到最后他们的想法和原先一样，只是形式上变得更极端了。”① 于是，当偏激的群体情绪遭遇争辩时，再配合上匿名和自由的怂恿，就更易走向暴力和失范。

第四节　新媒体的文化特征

新媒体具有交互性和跨时空的特点，可以与受众真正建立联系，这给媒体行业带来了许多新的理念和模式，并形成一种新的媒介文化和社会文化。总体上来说，新媒体的文化特征符合大众文化的基本要素，是大众文化的展示平台、集散中心和孕育之地。

我们知道，根据文化的品位，可以把文化大体分为精英文化和大众文化两大类。而新媒体文化的主流形态是大众文化，是一种快餐式的消费文化。

一、强大的包容性和融合性

新媒体具有强大的媒介融合特征，生动有力地证明了麦克卢汉的判断：任何媒介的“内容”都是另一种媒介。新媒体囊括了传统媒介所有的内容和信息发布方式，整合发展出手机报、移动博客、电子杂志、电子邮箱、网络电视、手机广播等多种新型的信息表达模式，充分展示了内容与形式完美统一的魅力。

新媒体的媒介形式是新的，而文化的内核却是古老的，②古老与全新的整合生长出了传统文化之外的一道文化景观，同时也实现了内容与形式的超越。如具有代表性的虚拟

---

① 〔美〕凯斯·桑斯坦：《网络共和国：网络社会中的民主问题》，黄维明译，上海人民出版社 2003 年版，第 46 页。
② 参见曾金胜：《北京民俗现状调查》，载《时代潮》，2005 年第三、四期。

社区、手机文学、网络文学、网络动画。

过去，我们习惯地认为媒体是党和政府的喉舌，是党和政府的忠实代言人。传统媒体在党的支持下创办和发展，承担着宣传党的路线方针政策的任务。不过，新媒体的出现使这一情况发生了一些看得见的变化，那就是媒体不仅可以作为政党与政府的喉舌和工具，也可以成为企业（及其他组织）与个人的喉舌和工具。

互联网等新媒体的发展，也是我国民主进程的必然产物。它的开放性和互动性决定了其作为“人民喉舌”的地位。从长远看，新媒体必将成为影响社会舆论的主要力量。

二、全球化扩张与不同文化的兼容

随着新媒介的兴起、普及和在全球的蔓延，利用媒介进行文化扩张也变得越来越轻松便利。新媒体作为其推行文化霸权主义畅通无阻的上佳利器，更为以美国为代表的西方国家推行新的文化霸权提供了有效的数字化平台。

作为一种文化形态，新媒体文化常常是以“兴趣”为旨归，兼收并蓄，博采众长，广泛吸纳各种文化元素，而不再像传统的精英文化那样强调“价值”的重要性，不再固守传统文化边界，因此更具有全球扩张的冲动与能力，能够做到最大限度地与外来文化的兼容与融合。

三、文化生态：现实与虚拟的交错

新媒体让现实走向虚拟。网络发言的匿名性带给许多人以安全的暗示，因而成了大家充分表达观点的所在。“在互联网上，没有人知道对方是一位美女还是一条狗”。在互联网上，没有人知道你的真实身份。因为对于多数使用网络的人来说，在虚拟世界里，匿名是件很平常的事情。

不管权力、财富、年龄还是学历，每个人在匿名网络上都只有同一个身份，那就是“网友”。身份差异的消失取消了等级差异，也取消了随身份等级而来的种种清规戒律与现实顾忌。特别是用户通过网络讨论涉及政治、性等敏感问题时，匿名不仅可以使用户畅所欲言，而且还可以有效地保护自己的隐私权。

匿名并不意味着新媒体用户不用为自己的言语和行为承担责任。而且，网络世界比现实世界具有更大的想象空间，更加剧了网友的猎奇心理。网络的信息量完全可以用无限来形容，任何人都可以在网上找到自己的“家园”。

但网上的信息最终还得回到现实社会落地，还会直接间接影响人们的现实生活，新媒体对现实世界的冲击可谓是空前绝后，几乎现实世界中可以找到的，在网络世界中都可以找到其对应物：社区、政务、游戏、邮件、论坛、购物……现代都市人的生活真的被新媒体“一网打尽”。然而，网络社会其实只不过是现实社会的精神延伸。

四、大众狂欢的娱乐特征

网络文化，充分体现了休闲娱乐与艺术鉴赏的特征。新媒体艺术集中体现了一个国家艺术与科学协同发展的最新成果，有着鲜明的信息经济和文化特点。如在2008年的北京奥运会开幕式上，巨幅“中国画卷”和李宁的“飞天点火”过程，都是结合了新媒体艺术的互动表演，给全球数十亿观众带来了前所未有的视觉体验和艺术景观。新媒体艺术使艺术超越了自身，转变为真正的大众精神。上海世博会中国馆的主题艺术品“清明上河图”，同样令人耳目一新，流连忘返。

然而，网上的大众狂欢又是非理性的，这种非理性催生了一系列网络文化形态，如“人肉”、围观、恶搞就是典型形态。

五、人际交往与情感交流

网络打破了以往除大众传播以外的面对面的交流模式，人们不再受空间限制，可以随心所欲地交流。最有代表性的是手机、QQ、MSN、BBS、贴吧等，一些在现实生活中遇到不顺和性格内向、不善交际的人，往往会通过网络寻找“知音”和同仁，不会再顾及现实社会中的一些清规戒律，于是，从网友到网恋，从网恋到见面，极大地改变了传统的人际交往关系与情感交流关系。

六、文化表达：个性张扬中颠覆传统

新媒介文化是文化表征的一种新的存在方式和呈现形态，它体现了人类文化发展对于表征效果透明化和完美化追求的历史夙愿。“透明化”，即表征活动力图使其效果达到客观真实、彻底透明，从而实现认识对于事物、主体对于客体的忠实一致。再现论和写实主义（如现实主义、自然主义等）即是这种文化旨趣的反映。这种“客观真实”影响到中西传统真理观的建构。

透明化与完美化的表征效果一直是人类文化所致力追求的目标。但在历史上，由于表征媒介（如语言）的天然限制，绝对透明和完美的表征效果更多的是一种想象。毕竟，语言在本质上是符号，它是编码后的产物，是原物的符号替代品而非实物。抛开编码的因素，我们看其表征的形象效果，它所呈现出来的也只是轮廓，且渗透着主观感觉，甚或虚构性成分，而不是对事物的精确客观再现，其细节构成也经不起显微镜式的推敲考察。

今天，随着电子传媒的广泛普及，媒介技术水平的实质性跨越与其高科技含量的加强，特别是数码技术的加盟，使媒介文化在表征现实时高度清晰、高度仿真，其效果比真实还要“真实”，即波德利亚①所谓的“超真实”（hyper reality），如数码相机和数码DV等的拍摄和制作效果。某种意义上，此时已经达到或接近达到表征活动所苦苦追求的透明化效果。当代数码技术可以对已经达到高度透明化的文本在技术上进行完美化制作和再加工。以照片为例，新技术可以对照片中人物的胖瘦、高矮、色彩、背景的明暗度以及脸上的雀斑等进行随心所欲的修改，从而最大限度地满足创作者对于文本表征完

① 让·波德里亚（Jean Baudrillard, 1929—2007），1929年7月29日出生于法国兰斯（Reims），西方著名哲学家、社会学家。

美化效果的主观想象，满足新媒介文化对于其表征文本完美化的制作诉求。

思考题

1. 新媒体有哪些传播特征?
2. 新媒体的产业特征是什么?
3. 新媒体的舆论有什么特征?
4. 新媒体的文化特征有哪些?

第四章　新媒体的分类

本章要点

第一节　自媒体新媒体

第二节　工具新媒体

第三节　知识新媒体

第四节　移动新媒体

第五节　社交新媒体与互动新媒体

第六节　社群新媒体与公共新媒体

1998 年 5 月，联合国新闻委员会把互联网正式确定为继报纸、广播、电视之后出现的“第四媒体”。2006 年底，网络新闻作品正式进入中国新闻奖的评选范畴，这是官方对经历十多年发展的网络媒体“主流”身份的认可。在互联网技术基础之上发展起来的各种媒体形式，被称之为新媒体。新媒体是一个内涵不断发生着变化的概念，也是一个包容性很强的概念，既指网络媒体，也包括在网络技术基础上的延伸；既包括有线网络，也包括无线移动，还有层出不穷的其他新媒体形态。只要是跟计算机和互联网相关的，比如数字电视、移动电视、手机媒体、IPTV 甚至博客、播客等都可被称为新媒体。

依据不同标准，可以将新媒体划分成各种不同的类别。

比如按其形式可分为：户外新媒体、楼宇新媒体、社区新媒体、公车视频新媒体、手机报、网络等。

按其关注度可分为：有强制性关注的，如楼宇、电梯、短信等；有选择性关注的，如网络博客、手机微信、网络互动、电视购物等。

本书按媒体功能来划分新媒体并进行介绍。依据媒体功能，新媒体可以分为：自媒体新媒体、工具新媒体、知识新媒体、移动新媒体、互动新媒体、交友新媒体、社群新媒体，以及公共新媒体。

第一节 自媒体新媒体

自媒体是普通大众经由数字科技强化、与全球知识体系相连之后，一种由普通大众自由提供与任意分享本身事实、本身新闻的途径，是私人化、平民化、普泛化、自主化的传播者，以现代化、电子化的手段，向不特定的大多数或者特定的单个自然人传递规范性及非规范性信息的新媒体的总称。

一、自媒体的定义与特征

自媒体是一种为个体提供信息生产、积累、共享、传播内容，兼具私密性和公开性的信息传播方式。自媒体发布的内容，既不期待被人阅读，也不拒绝广泛传播，但最基本的特征是“自娱自乐”“自己演给自己看”。网络自媒体的数量庞大，其拥有者也大多为草根平民，网络的隐匿性给了新媒体用户随心所欲的空间。自媒体可以包括个人微博、个人日志、个人主页，最有代表性的托管平台是美国的 Facebook 和 Twitter、中国的 Qzone 和 Weibo。

自媒体有别于由专业媒体机构主导的信息传播，它是由普通大众主导的信息传播活动，由传统的“点到面”的传播，转化为“点到点”的一种对等的传播。在自媒体时代，各种不同的声音来自四面八方，主流媒体的声音逐渐弱化，人们不再接受被一个“统一的声音”告知对或错，社会也不可能永续“天下定于一尊”的历史，每一个人都在从独立获得的资讯中对事物做出判断。

自媒体的特点可以归纳如下：

（一）平民化，个性化

2006年年终，一向以封面人物报道著称的美国《时代》周刊一反常态，在年度人物评选封面上没有摆放任何名人的照片，而是出现了一个大大的“You”字和一台PC电脑的图片。《时代》周刊对此解释说，社会正从机构向个人过渡，个人正在成为“新数字时代民主社会”的公民。从“旁观者”转变成为“当事人”，每个平民都可以拥有一份自己的“网络报纸”（博客）、“网络广播”或“网络电视”（播客），“媒体”仿佛一夜之间“飞入寻常百姓家”，从机构所有变成了个人拥有的东西。人们自主地在自己的“媒体”上“想写就写”，“想说就说”，每个“草根”都可以利用互联网来表达自己想要表达的观点，传递他们生活的喜怒哀乐，构建自己的社交网络。自媒体成了平民大众张扬个性、表现自我的最佳场所。

（二）门槛低，运作简单

广播、电视、报纸等传统媒体运作复杂，需要花费大量的人力和财力去维系。并且，一个媒介的成立，需要经过国家有关部门的层层审核和检验，比较困难。但是，在互联网文化高度发展的时代，我们坐在家中就可以看到世界上各个地方的美丽风景，就可以欣赏到最新的流行视听产品、可以品味到各大名家的激扬文字……互联网创造了“一切皆有可能”的时代背景，在像新浪博客、优酷播客等提供自媒体的网站上，用户只需要通过简单的注册申请，根据服务商提供的网络空间和可选的模板，就可以利用版面管理工具，在网络上发布文字、音乐、图片、视频等信息，创建属于自己的“媒体”，不需要投入多少成本，也不要求有任何专业技术知识。

（三）交互性强，传播迅速

自媒体虽然是为自己服务的媒体，但自从联网出现后，使个体在与他人、与世界之间交往时变得没有了空间和时间的限制。人们在任何时候、任何地点都可以经营自己的“媒体”，与世界亲密接触，信息能够迅速地传播，时效性大大地增强。作品从制作到发表，其“迅速”“高效”，是传统的电视、报纸媒介所无法企及的。为自己经营的自媒体同样能够迅速地将信息传播到受众中，受众也可以迅速地对信息传播的效果进行反馈，其交互性的强大也是任何传统媒介望尘莫及的。

（四）鱼龙混杂，良莠不齐

个人志趣千姿百态，个性表达千奇百怪，意味着个性化的自媒体所传播的信息也必然会泥沙俱下，鱼龙混杂，良莠不齐。这些信息有的是对生活琐事的流水账式记录，有的是对人生境遇的深刻感悟，有的是对时事政治的观察评论，有的是对专业学问的探索思考……在自媒体上发表信息十分随意，消解了传统媒体编辑的决定权，让各种信息“肆意”传播。优秀的自媒体可以让受众得到生活的启发，发现生活的意义与价值，助推事业的成功。但大部分的自媒体只是一些简单的“网络移植”，记录一些不痛不痒的见闻和鸡毛蒜皮的内容，甚至是一些不健康的东西，虽然可能会给博客带来一定的点击率，但其影响却是负面的。

（五）真假莫辨，可信度低

网络自媒体的数量庞大，其拥有者也大多为“草根”平民，网络的隐匿性给了新媒体用户“随心所欲”的空间。在平民话语权得到伸张的今天，“有话要说”的人越来越多。有的自媒体过分追求新闻发布速度或者说为了追求点击率而忽略了新闻的真实性，导致自媒体传播信息的可信度低。于是，“网络谣言”成了一种常态，“造谣”“传谣”和“辟谣”“澄清”成了网上常见的“表演”。

（六）法规不全，管理滞后

从宪法角度看，自媒体是个人言论自由权的延伸，应该受到法律的保护；从实践层面看，自媒体从一诞生就受到了诸多法律的限制；保护和限制的边界在哪里，尚未形成明确的法律规定。我国目前有很多法令管制网上活动，但是还只是停留在对网站的管理上。如何在法律上对自媒体进行规范与引导，迫切需要全社会来共谋良策，新媒体用户也应该学会在这个言论自由的地方负责任地作表达，行使权利的同时不忘义务，使我国自媒体朝着健康的方向发展。

二、自媒体的表现渠道

论坛、博客以及新兴的视频网站构成了自媒体现存的主要表达渠道，而博客、播客、维客则是自媒体的主要表现形式，被称为 Web2.0 时代自媒体三剑客。“博客”一词是从英文单词 blog 翻译而来，是三剑客中的大哥。“微博”是 Weblog 的简称，而 Weblog 则是由 web 和 log 两个英文单词组合而成。Weblog 就是在网络上发布和阅读的流水记录，通常称为“网络日志”，简称为“网志”。1994 年，美国人贾斯汀·霍尔用 HTML 语言手动编码网页“Justin Hall’s Link”（www.link.net），世界上最早的博客日志诞生。现在流行的微博是博客的一种简约形式。

从 2002 年博客正式在中国兴起以来，其快速发展超乎人们想象，无论是否走向商业道路，无论是否代表个人、机构或政府组织，博主们有望成为公众的网络信息代言人。博客（微博）实现了多重的传播效果，横跨人内传播、人际传播和大众传播三种类型，突破传统的网络传播，实现了个人性和公共性的结合。

同 21 世纪初低调诞生的博客相比，播客（podcast）一问世就受到了人们的特别关注。播客，即 iPod+broadcasting，这一概念最早出现在 2004 年 2 月 12 日英国《卫报》的一篇题为《听觉革命：在线广播遍地开花》的文章中。2004 年 8 月 13 日，iPod 的发明者美国人亚当·科利开通了世界第一个播客网站——www.daily sourcecode.com（每日源代码），他因此被称为“播客之父”。2004 年底播客进入中国，播客网站、频道开通，播客队伍日益壮大。维基百科（Wikipedia）把“播客现象”称作是“2006 年中国大陆网上的新焦点”。

Podcast 一词原是苹果电脑的“iPod”与“广播”（broadcasting）的合成，指的是一种在互联网上发布音频文件并允许用户订阅 feed 来自动接收新文件的方法，或用此方法来制作的音频节目。播客代表了便携式多媒体播放器和数字广播技术的结合。

美国学者戴维·舒舍尔提出播客应具备的三个条件：必须是独立的、可下载的媒体文件；文件的发布格式为 RSS2.0 enclosure feed；接收端能自动接收、下载并能将文件转移到便携式播放器等其他地方。基于以上三点，维基百科对播客作出了定义：“播客是一种向互联网发布文件的方法，允许用户使用 RSS 订阅并且自动接收文件。”通常那些自我录制广播节目并通过网络发布的人也被称为播客。

播客在美国有两次“井喷”式发展。第一次是由丹・吉尔墨（Dan Gillmor）、亚当・库利（Adam Curry）、戴维・温纳（Dave Winner）、托德・迈芬（Tod Muffin）等重量级播客率先发力，之后媒体迅速跟进，有关播客的报道和评论呈爆炸式增长，播客传播在美国、英国、加拿大、澳大利亚等国家蔓延开来。第二次井喷起始于 2005 年 6 月 28 日，苹果公司推出了 iTune4.9，用户下载达 100 多万次，导致播客网站的访问量暴增，甚至造成服务器瘫痪，美国的著名播客 The Dawn and Drew Show 的网站就出现了三天无法正常访问的情况。

播客催生了一大批“个人明星”：亚当・库利的《每日源代码》、戴维・温纳的《清晨咖啡笔记》、The Dawn and Drew Show: Dawn Miceli 和 Drew Domkus 夫妻俩的 30 分钟脱口秀均有极高的人气。著名的播客节目《IT 谈话》（*IT Conversations*）也在这时应运而生。这是一个科技类型的“播客”，节目拥有 3 位开发者。8 位音频工程师，16 名编辑。内容分为 9 个系列，非常专业和权威，被美国著名刊物《商业周刊》评选为播客之首，得票率高达 52.7%。

国内也先后出现了一批知名播客站点，土豆网、播客中国、播客天下等网站先后推出播客服务。反波、有一说二、聆听雨婷等一批富有个性的音视频节目在互联网上广泛传播，其影响甚至波及传统媒体。上海东方广播电台推出了《波歌播客秀》，北京文艺台推出了《播客风暴》等节目，“播客”概念一时间沸沸扬扬。2005 年 8 月，上海举办了中国首届播客大赛。2006 年 2 月，中央人民广播电台的网络电台和互动社区——银河台网站（www.radio.cn）全新改版上线，加入了大量播客元素。

播客实现了从文字传播向音频、视频传播的转化，增加了娱乐成分。播客满足了人们自我表达、张扬个性的需求，加强了媒介汇流与互动，有很好的用户基础和市场前景。

维客的原名为 Wiki（也译为维基），是一种新的信息汇聚技术和一种超文本共享系统，也包括一组支持这种写作的辅助工具和一种人类知识的网络管理系统。这种超文本系统支持面向社群的协作式写作，而参与创作的人也被称为维客。

维客的概念始于 1995 年，当时在 PUCC（Purdue University Computing Center，普渡大学计算机中心）工作的沃德・坎宁安（Ward Cunningham）建立了一个叫波特兰模式知识库（Portland Pattern Repository）的工具，以方便社群交流，他也因此提出了 Wiki 这一概念。

2011 年 1 月 21 日，腾讯公司推出了一个为智能手机提供即时通讯服务的免费应用程序——微信（英文名：WeChat），也是一款典型的自媒体服务。借助微信平台，用户可以通过手机、平板电脑、网页快速发送语音、视频、图片和文字等。微信支持跨通信运营商及跨操作系统平台通过网络快速发送免费（需消耗少量网络流量）语音短信、视频、图片和文字，同时，也可以使用通过共享流媒体内容的资料和基于位置的社交插件“摇一摇”“扫一扫”“漂流瓶”“朋友圈”“公众平台”“语音记事本”等服务插件。微信在支持跨通信运营商、跨操作系统平台通过网络快速发送信息的同时，所消耗的网络流量却相对较少。微信支持多种语言，如 WiFi 无线局域网、2G、3G 和 4G 移动数据网络、ios 版、Android 版、Windows Phone 版、Blackberry 版、诺基亚 S40 版、S60V3 版和 S60V5 版等。截至 2013 年 11 月，微信注册用户量已经突破 6 亿人，成为亚洲地区最大用户群体的移动即时通讯软件。微信的基本功能有聊天、添加好友和实时对讲。同时，微信还可以进行客户端支付，以适应中国当前蓬勃发展的网购市场。此外，微信的朋友圈、语音提醒、通讯录安全助手、QQ 邮箱提醒、私信助手、漂流瓶、查看附近的人、语音记事本、微信摇一摇、群发助手、微博阅读、流量查询、游戏中心、微信公众平台等功能则将微信从单纯的聊天交流扩展到了集个人生活助手、娱乐和网络社区于一体的综合式自媒体平台。

作为一款定位于移动端的移动通讯软件，微信主要有以下几个特点：（1）内存小，流量耗费少，功能多元化；（2）通讯的即时性、互动性；（3）交友社区具有广泛性，有益于扩大交友圈。微信的这些特性使其作为个性化人际传播的作用越来越普及化，并将不断为人们提供更加便捷的沟通服务与生活服务；甚至有些组织也将微信作为其组织传播的主要传播工具。在可预见的未来，微信极有可能组建一个新的通信平台和互联网平台来取代当前的很多网络平台和业务的功能。从短信、彩信，到网络游戏、网络购物，由于微信更加贴近和高效的基础服务以及可以更深层次地满足人类沟通的基本需求，它的发展值得重点关注。

国家政府机构已经注意到微信在中国的迅猛发展，并已经开通了很多政府微信公众账号。如“国务院公报室官方微信”。微信用户可以在这个平台上浏览、转发或下载国务院公布的行政法规和国务院及国务院办公厅印发的规范性文件。2014 年 7 月，腾讯发布消息：微信的月活跃用户数量已经达到 4.38 亿。微信的时代已经开始全面来临。

三、自媒体兴起的推动力

自媒体之所以爆发出如此之大的能量，之所以对传统媒体有如此之大的威慑与冲击，从根本上说取决于其传播主体的多样化、平民化和普泛化。

（1）多样化。自媒体的传播主体来自各行各业的从业者，这相对于传统媒体从业人员仅具单个行业的知识背景来说，可以说是覆盖面更广。在一定程度上，他们对于新闻事件的综合把握可以更具体、更清楚、更切合实际。在自媒体运作中，位于“底层”的草根们专业水准并不比位于“高端”的媒体从业人员差，甚至还更有优势。在华南虎事件中，位于传播结构底层的动物学、植物学专家以及非政府组织、摄影家以及图片处理专业人士等都发挥了不可替代的重要作用。他们或从老虎的体态出发，或从老虎周围的植被出发，利用各自专业知识，做出了详细的技术论证，最终使“周老虎”露出原形。

（2）平民化。自媒体的传播主体来自社会底层，自媒体的传播者因此被定义为“草根阶层”。这些业余的新闻爱好者相对于传统媒体的从业人员来说，体现出更强烈的无功利性。他们的参与带有更少的预设立场和偏见，他们对新闻事件的判断往往更客观、公正。

（3）普泛化。自媒体最重要的作用是：它授话语权给草根阶层，给普通民众，它张扬自我，助力个性成长，铸就个体价值，真正体现了民意。这种普泛化的特点使“自我声音”的表达越来越成为一种趋势。伴随着自媒体主体的普泛化程度的日益提高，这条

“尾巴”的力量越来越积聚成长。

四、自媒体的影响及其发展趋势

自媒体的出现，无疑向传统媒体提出了严峻的挑战。网上对于自媒体的力量有一个形象的比喻：粉丝数过一百，是本内刊；粉丝数过一千，是布告栏；粉丝数过一万，是本杂志；粉丝数过十万，是一份都市报；粉丝数过百万，是全国性报纸；粉丝数过千万，是电视台；粉丝数过一亿，是 CCTV。可见其对传统媒体甚至是社会价值观的影响已不可小觑。由于向公众发声是人最根本的属性之一，所以以博客、播客、维客和微信为代表的自媒体走出个人圈子，迈向大众传播就成为一种必然，使得原来处于新闻制造边缘的受众成为新闻信息传播的中坚力量，传统媒体受到自媒体的挑战。

（一）“共享媒体”挑战传统媒体“一对多”的传播模式

传统的新闻媒体将传播者与受众分得很清，它们是“自上而下”“点对面”的传播方式。而博客、播客式的自媒体打破了这种不公平的格局，新媒体不再有传者和受者的界限，每个人都是传者，每个人都能做新闻，“人人即媒体”。因此，在博客、播客网站上，不再提及“受众”一词，而更习惯说“用户”。

（二）“我的地盘我做主”，挑战传统媒体“把关人”

在 Web2.0 时代，网络传播成为“零门槛”的传播方式，任何网络用户都可以成为传播者。在技术层面，博客、播客具有非线性传播、零门槛、低成本等优势，正是这种互联网的特性决定了用户发布的信息内容不完全受网站的控制，传统媒体对信息的筛选及议程设置的特权将面临前所未有的挑战。

（三）不受时间地域局限，用户成为新闻源

传统媒体的专业新闻工作者利用集团优势以及技术支持，方便他们在世界各地收集信息进行报道。然而，博客、播客式自媒体的出现打破了时间、地域的局限，用户也能成为新闻的采集者和传播者。以 2009 年 2 月 9 日发生的“央视配楼失火”事件为例，央视大火发生半小时后，一位叫“加盐的手磨咖啡”的新媒体用户，随即用带照相功能的手机拍下火场照片，这些照片于 2 月 9 日 21∶04 上传到网上。之后 12 小时内，这批照片的访问量超过 37 万次，跟帖 1 700 多个。而另一位叫“msun msun msun”的新媒体用户于 2 月 9 日 22∶00 左右将一段现场视频上传到 YouTube 上。之后约 6 分钟，新华社才在主流媒体中第一个发出了有关火灾的快讯，自媒体传播远远地跑在了传统媒体的前面。即使在世界其他地方，自媒体发布这类突发性事件视频材料的速度也是主流媒体无法企及的，传统意义上的“受众”在自媒体时代成了“新闻源”。

（四）微内容对传统新闻理念的挑战

“微内容”是相对于“巨内容”而言的。巨内容就是传统媒体的主体内容，是体现新闻的重要性、接近性、时效性、显著性和趣味性等新闻价值的内容。而微内容是用来

描述一个网页上所显示的“超小文字段”（micro-content），比如页头与标题。面对复杂的互联网，微内容的范畴注定不会是简单的“导引文字”。互联网用户在网上的所有独立数据，比如博客中的每一则网志、BBS 中的每一个评论，甚至用户的每一次点击，都构成互联网的微内容。微内容的影响和效果不逊于传统的大众传媒的巨内容。而且，用户对视频音频的每一次点击、评论、收藏，都是一种微内容发挥作用的体现，在进行音频视频查询的时候，受点击、收藏、评论多的音频视频，会最先出现在首页上。因此，在 YouTube 首页上可以看到“观看最多的视频”“最热门的视频”，以及“精选视频”的链接。这种选择不是来自于 Google 搜索引擎的智能化，而是源于用户自身的判断，可信度更强。

第二节 工具新媒体

工具新媒体，是通过互联网为网友提供搜索信息、汇聚信息、使用信息甚至对信息进行证实证伪的工具，本身不具有决策依据的性质。

一、什么是工具新媒体

工具最初是指能够方便人们完成工作的器具，后引申为“为达到、完成或促进某一事物的手段”；它既可以是机械性的，也可以是智能性的。大部分工具都是简单机械；例如一根铁棍可以当作杠杆使用，力点离开支点越远，杠杆传递的力就越大。但现在人们更倾向于使用智能工具，亦即使用工具媒体来实现既定目标，工具新媒体即是众多工具中的一种。

工具新媒体主要包括聊天工具媒体、下载工具媒体、系统工具媒体、翻译工具媒体、网吧工具媒体、软件工具媒体等。

二、工具新媒体的种类

（一）聊天工具

聊天工具又称IM软件或者IM工具，主要提供基于互联网络的客户端进行实时语音、文字、图片和画面传输。从技术上讲，主要分为基于服务器的 IM 工具软件和基于 P2P 技术的 IM 工具软件。基于服务器的 IM 软件是第一代的 IM 软件，典型包括 ICQ、MSN 等。基于 P2P 技术的 IM 软件为第二代的 IM 工具软件。

常见的聊天工具有：QQ、MSN、UC、Skype、微信、YY 等。

（二）下载工具

下载工具是一种可以使顾客更快地从网上下载包括文档、图像、音频、视频、游戏等各种数据的软件。用下载工具下载文件之所以快，是因为它们采用了“多点连接（分段下载）”技术，充分利用了网络上的多余带宽；采用“断点续传”技术，随时接续上次中止部位继续下载，有效避免了重复劳动，大大节省了下载者的连线下载时间。

常见的下载工具有：迅雷、Flashget、emule、QQ 旋风等。

（三）系统工具

系统工具是指 Windows 自身程序之外的负责系统优化、管理等作用的工具，如系统维护工具、垃圾清理工具、桌面清理工具等。

常见的系统工具有：Windows 优化大师、鲁大师、超级兔子、CCleaner 等。

（四）网吧工具

网吧工具指网吧为了管理而用的一些专用工具，现在也指一些黑客软件，它们主要是为了破解网吧的一些限制，比如自由门、动向网、无界浏览等翻墙工具。

（五）软件工具

软件工具是指为支持计算机软件的开发、维护、模拟、移植或管理而研制的程序系统。它是为专门目的而开发的，在软件工程范围内而言，也就是为实现软件运行于其中的各种处理活动（包括管理、开发和维护）的自动化和半自动化而开发的程序系统。开发软件工具的最终目的是为了提高软件生产率和改善软件的质量。

软件工具大致分为六类：模拟工具、开发工具、测试和评估工具、运行和维护工具、性能质量工具和程序设计支持工具。

软件工具细化分类包括：扫描器、攻击程序、网络工具、后门程序、拒绝服务、嗅探器、木马、口令破解、代理程序、防火墙、入侵检测、完整检查、加密解密、加密隧道、编程相关、蠕虫、其他工具。

（六）翻译工具

无论是我们平时浏览网页还是阅读文献都会或多或少遇到几个难懂的英文词汇，这时我们就不免要翻翻词典了，而这正好为网络开发翻译工具提供了市场。网上的翻译工具大概可以分为两种：一种是离线词典，就是可以不用联网，只要下载安装并运行就可以方便取词翻译；另外一种是在线词典，它需要我们访问一个网站，而后输入要查找的词汇等。

常见的系统翻译工具有：有道词典、金山词霸、灵格斯词霸、微软必应词典等。

（七）搜索工具

搜索引擎（Search Engines）是对互联网上的信息资源进行搜集整理，然后供用户查询的系统，它包括信息搜集、信息整理和用户查询三部分。搜索引擎是一个为用户提供信息“检索”服务的网络工具，它使用某些程序把互联网上的所有信息归类，以帮助人们在茫茫网海中搜寻到所需要的信息。

全文搜索引擎是目前广泛应用的主流搜索引擎，国外代表有 Google，国内则有著名的 360 搜索。它们根据用户发出的关键词指令，从互联网提取各个网站的信息（以网页文字为主)，建立起数据库，并能检索与用户查询条件相匹配的记录，按一定的排列顺序返回结果。

选择搜索关键词的原则是，首先确定你所要达到的目标，在脑子里要形成一个比较清晰的概念，即我要找的到底是什么，是资料性的文档，还是某种产品或服务。然后再分析这些信息都有些什么共性，以及它们区别于其他同类信息的特性。最后从这些方向性的概念中提炼出此类信息最具代表性的关键词。如果这一步做好了，往往就能迅速地找出你要找的东西，而且多数时候根本不需要用到其他更复杂的搜索技巧。

三、工具新媒体对于人类劳动的意义

马克思指出，从自然过程通过人类劳动的耗费而创制财富的角度看，任何工具等文明物品，都是劳动耗费后的“物化”。从价值角度看，工具、机器等资本形态不过是人类劳动耗费的一种历史性的“异化”了的存在与运作方式。因此，如果机器等能够形成新价值的话，那也不过是人类劳动形成价值的一种方式。而从工具的使用价值来说，它则是人类劳动的一种手段上的帮助与延伸，是劳动借以更大地发挥自己，同时也节约自己的手段。比如人类创制出望远镜，它就可以使人的眼睛看到更远的地方，使人的知觉感知到更远的边际；创制出机械起重机，它就可以代替人类体力劳动吊起超重物品。因此工具从价值形成与效用上都不与人类劳动构成矛盾。劳动创造文明，所创造的文明物品反过来使劳动得到延伸和节约。

要特别指出的是，工具及一切文明物品的使用使人类劳动得到节约，因此在采用了工具后的劳动中，创制出来的物品所包含的代价耗费应该更小而不是更大，这样，物品的价值就变小了而不是相反。所以，认为“工具(作为资本等等形态出现)也形成新价值”的看法是不对的，它的作用不是形成一个更大的价值，而是节约价值、节约耗费。我们在今天的经济现实中已经看到，如果一个生产者花大笔金钱采用机器生产同一类产品，所生产出来的单位产品所具有的代价耗费必定要比过去完全采用人工生产更低，否则就没有理由采用机器生产。因此，我们经常看到，相同物品，采用机器制作与采用人工制作，售价十分不同，前者比后者便宜得多。

四、工具新媒体发展趋势

恩格斯说过，没有一只猿手曾经制造过一把即使是最粗笨的石刀。也就是说，是否会制造工具是人与动物的根本区别。在中国北京人生活的地方，科学家不仅发现了大量祖先的遗骸化石，还发现了他们赖以生存的劳动工具。石器和木棒是人类最早的劳动工具。

美国伊利诺伊大学考古学家安布罗斯的研究发现，从开始能够制造简单工具的250万年前到30万年前这段漫长的历史时期中，人类的进化速度相当缓慢。在距今30万年前左右，人类开始学会制造复杂工具。之后，人脑中专门负责复杂任务的大脑前叶部分同复杂工具和语法语言呈现同步发展的现象。安布罗斯指出，制造和使用多部件工具促进了大脑功能的发展，并为语言的进化提供了基础，因为制造复杂工具需要提高动作技能和具备解决问题及制订计划的能力。他总结说，是复杂工具令人类演进成今天这种样子。

未来的工具媒体开发将是加速度的，比如，“媒体中心 HD- 电子节目表”可轻易为用户展现影片、电视、音乐、图片、节目表；能将所有的媒体收藏到用户的手机之上，能够控制用户的媒体中心，管理用户的系列文档及附表；能够切换电视频道，在手机上观看电视；能够发给用户的 Media Center PC 上的媒体文件，下载图片到用户的手机之上；能够实时远程控制，处理记录冲突；能够配置启动画面，提供美妙的用户界面；还可以提供电影预告，播放 Deep Web 电影，实现节目系列和演员的信息源集成，提供背景音乐的下载 / 加工和 EPG 数据，实现一键连接到其他主机，直接从应用程序内访问网站的访问支持，满足各类功能要求和提供更多的信息等等。

第三节 知识新媒体

顾名思义，知识新媒体就是以提供知识为基本功能的新型媒体，是一种网络百科全书式的知识聚集方式，目前网上使用广泛的包括四个百科网站和一个信息聚合网站。四个百科网站是维基百科、百度百科、互动百科和 360 百科，一个聚合网站是 RSS。其中多数为共创共享的知识新媒体，可以随时对错误知识加以纠正，对新的知识加以补充。习惯上人们把这种媒体称之为维客。

一、维基百科

维基百科（Wikipedia）2001 年 1 月 15 日由吉米 · 威尔士（Jimmy Wales）正式创立并上线，是一个基于 Wiki 技术、用不同语言写成的网络百科全书，同时也是一种人人可参与编辑的自由百科全书，是一个动态的、可自由访问和编辑的全球知识体。它是一个强调 Copyleft 自由内容、协同编辑（collaborative editing）以及多语言版本的网络百科全书。维基百科网站是以互联网作为媒介而扩展成为一项基于 Wiki 技术进行发展起来的世界性百科全书协作计划，并由非营利性质的维基媒体基金会负责相关的发展事宜。维基百科由来自世界各地的志愿者合作编辑而成，整个计划总共收录了超过 2 200 万篇条目，而其中又以英语维基百科以超过 454 万（截至 2014 年 6 月 30 日）篇条目的数字排名第一。

因为维基百科用户广泛参与共建、共享，维基百科也被称为创新 2.0 时代的百科全书、人民的百科全书。这部全球各国人民参与编写，自由、开放的在线百科全书也是知识社会条件下用户参与、大众创新、开放创新、协同创新的生动诠释。英语维基百科的普及也促成了其他计划，例如维基新闻、维基教科书等计划的产生，虽然也造成对“所有人都可以编辑”的内容准确性的争议，但如果所列出的来源可以被审察及确认，则其内容也会受到一定的肯定。维基百科中的所有文本以及大多数的图像和其他内容都是在 GNU 自由文档许可证下发布的，以确保内容的自由度及开放度。所有人在这里所写的文章都将遵循 Copyleft 协议，所有内容都可以自由地分发和复制。

维基百科具有如下基本特点：

（一）开放共享

大部分页面都可以由任意用户使用浏览器进行阅览、修改、创建主题及条目等，且任何用户都可以免费下载、引用、收藏及分享它的内容。

（二）互动协作

来自世界各地的用户都可以基于该平台针对某一主题内容展开交流研讨，通过不断地编写和修订，最终完善相应的词条与内容。

（三）平等中立

任何用户在百科网站上享有同等的自由度，没有特权，并且被要求本着以客观事实为依据的原则进行信息发布、修改，尽量避免主观性的言语。维基百科不会倾向于某个观点，而是保持中立，相信“公道自在人心”“真理越辩越明”，让所有参与者去判断、思考。维基百科采用中立观点的原因是，维基百科的管理员和参与撰写者都认为维基百科是一个关于人类知识的综合性百科全书，并且由于维基百科的条目撰写是由集体来完成，因此在撰写过程中不可能不出现争论。避免无休止的“编辑战”的最好方式，就是相信自己所要编写的“人类的知识”囊括了关于一个话题的所有不同观点和不同事实，同时这些观点和事实还会随着人类认知能力的改变和知识积累程度的改变而在人的观念中发生变化。

（四）简单快捷

维基百科操作简单，参与者可以非常方便地创建、编辑页面。与传统的百科全书相比，维基百科会在第一时间补充社会科技文化的新概念、新动态，保证知识的时效性。

（五）信息全面、准确

维基百科是众人协作编写的百科全书，其内容涵盖地理、历史、社会、科学及教育等各个领域。而且大部分知识点都是经过不同的用户一次次编辑形成的，保证了内容的准确性。

因为任何人都能做出贡献，维基百科也在不断在更新，因此维基百科与传统的纸本百科全书有一些重要的不同。例如，较旧的条目应该会有更完整的内容、更平衡的观点；而较新的条目可能经常会包含明显的错误、非百科全书的内容，或是单纯的破坏性观点。使用者必须注意这一点，以取得有效的信息，并避开那些最近加入且尚未被删除的错误讯息。与纸质的参考资料不同，维基百科经常更新，许多重要事件的条目有时在几分钟之内就会被创建或更新，而传统的百科全书可能需要等待数月或数年来更新这些信息。

（六）使用自由

与传统百科全书相比，维基百科最主要的特点是其开放的精神。这意味着不论是拥有维基百科账户的用户或者是其他匿名的浏览者，在阅读条目的同时也可以把自己认为适合的内容添加于文章之中；不过对于一些特别敏感或者是容易受到破坏的内容则会赋予不同程度的“保护”，借此以暂时禁止浏览者对于一些文章编辑的权限。

在一般情况之下，所编辑过的文章都能够立刻得到检讨与修正。一些时候，维基百科的编辑者可能为条目加入内容不精确的字句、具意识形态的偏见或者是无意义的话语，而这些必须等待另一名编辑维基百科者发觉并加以纠正。面对这种情况，不同语言版本的维基百科都有各自负责管理的行政架构，同时也允许针对这一现象自由地修改相关政策。

除了参与维基百科的志愿者外，维基百科也广泛使用经过设计的电脑程序“机器人”来纠正常见的拼写错误或者语法问题，甚至有些“机器人”能够自动分析统计数据、并以相同格式来编写地理条目的基础内容。

维基百科借由 Media Wiki 所推出的编辑界面进行条目编辑。一开始出现的条目内容大多松散且未经过组织，不过通常在之后便会有志愿者对其进行修改，且根据内容扩展情况和条目题材给予分类。借由分类的方式，也可以帮助其他用户更加容易地依照内容和属性查阅每一篇文章。一篇新条目如果只有一些浅短的定义和条目链接的话，通常会将条目列为“小作品”并且要求他人协助修改。如果条目内容极为完善的话，则可能会另外提名为“特色条目”。

维基百科的开放性也会导致一些破坏行为的发生，最常见和明显的破坏类型包括插入虚假信息、广告言语、高度党派意见、自我观点的文句或者是其他类型的垃圾邮件等，面对这些破坏行为，大多数情况下维基百科社区能够借由编辑修改的方式删除错误信息，甚至能够完全消除特定页面的破坏纪录。

维基百科的内容基本上受到美国的著作权与相关法律限制，同时也要遵从以佛罗里达州为主的维基百科服务器所在州的当地法律规定。除了与现实生活相关的法律规定外，维基百科的编辑用户也被要求遵守依照“五大支柱”所制定的种种方针和指引，并希望能够在这些规范之下创造许多适宜的条目内容。

维基百科是个民主制、精英制、独裁制的混合。通常，大部分的内容由一般的维基人讨论、修改，通常为民主的形式。维基百科的系统里同时有资深的维基人担当管理员，负责清除破坏及封锁恶意破坏者的账户；非常敏感的议题，则由吉米·威尔士最后把关。

中文维基百科是维基百科协作计划的中文版本，2002 年 10 月 24 日正式成立，由非营利组织——维基媒体基金会负责维持。截至 2014 年 6 月底，中文维基百科已拥有 788 373 篇条目，累计编辑次数达 34 205 148 次。此外还设有其他独立运作的中文方言或版本，包括闽南语维基百科、粤语维基百科、文言文维基百科、吴语维基百科、闽东语维基百科、赣语维基百科及客家语维基百科等。

二、百度百科

百度百科是百度公司推出的一个为网友提供的信息存储空间，是一本内容开放、自由的网络百科全书，其测试版于2006年4月20日上线，正式版在2008年4月21日发布。百度百科旨在创造一个涵盖各领域知识的中文信息收集平台。百度百科强调用户的参与和奉献精神，充分调动互联网用户的力量，汇聚上亿用户的头脑智慧，积极进行交流和分享。同时，百度百科实现了与百度搜索、百度知道的结合，从不同的层次上满足用户对信息的需求。

百度百科本着平等、协作、分享、自由的互联网精神，提倡网络面前人人平等，所有人共同协作编写百科全书，让知识在一定的技术规则和文化脉络下得以不断组合和拓展。百度百科为用户提供一个创造性的网络平台，强调用户的参与和奉献精神，充分调动互联网所有用户的力量，汇聚上亿用户的头脑智慧，积极进行交流和分享，同时实现与搜索引擎的完美结合，从不同的层次上满足用户对信息的需求。2012 年，百度百科运行基本成熟。这年 4 月，百度百科举办了“所有的一切，都因为知识”为主题的六周年活动，陆续推出“记录你在百科里的故事”“百科网友相聚在北京”“收集知识彩蛋”“有模有样活动”“知识幸运抽奖”“名览天下活动”等。2013 年 4 月 20 日，百度百科举办“十全十美 百科七周年词条质量提升活动”“一目了然 百科七周年词条目录优化活动”，活动是为了提升词条质量，将词条整理得更加可读，更有逻辑性，提升词条目录质量。并先后建立了百度百科学术委员会和百度百科质量委员会。

百度百科收录的内容包括具体事物、知名人物、抽象概念、文学著作、热点事件、汉语字词或特定主题的组合，例如：“花”“中国”“百子论文”“唯物主义”“2008 年北京奥运会”。一般而言，词条需有一个单一的主题；若多个事物有相同的名称，重名事物需在以该名称命名的词条中分不同段落阐释。当事物存在标准中文名称时，百度百科不鼓励创建以外文单词或词组为名的词条。

与维基百科不同的是，百度百科设有专门的编审系统。用户提交的词条编辑或创建版本，根据百科规则，需要由百科编审系统给出处理意见。符合百科规则的版本，将会更新至词条页予以展示；不符合百科规则的版本，将由编审系统打回，并反馈违规所在。每日 23 时至次日 8点半为特殊编辑时段，此时段用户提交的版本将延时处理。

百度百科还设有用户投诉中心，负责受理关于百度百科的各种投诉。当用户发现某词条内容触犯法律，或词条被恶意修改时，可以向投诉中心申请删除相关词条的修改版本；当用户修改的词条未获通过，而用户对拒绝通过理由有疑义时，可向投诉中心申请复议；当用户认为两个词条构成同义词时，可以向投诉中心申请合并词条。此外，投诉中心也负责收集用户对百科提出的各种意见和建议。百科管理员每日定期集中处理各种投诉，并通过百度短消息及时告知用户投诉处理结果。

为了刺激用户的使用积极性，百度百科创建了用户积分体系，百度用户在百度百科上参与编辑即可获得奖励积分。积分分为经验值和财富值两部分。财富值可用于在商城兑换虚拟特权、徽章和实物礼品；经验值与等级头衔相关。

百度百科已成为媒体舆论、新媒体用户公众乃至整个社会最重视、最依赖的信息获取渠道之一。作为全球最大的中文百科，百度百科在历次引发公众危机的焦点事件中展现出了及时、全面、权威和深度的优势，成为时代精神的最佳注解。这种信息呈现的优势让百度百科不仅是知识平台，更是舆论利器。此外，百度百科官方也持续推动了打造平台权威性的战略，相继与多家权威部门机构合作，共同对全社会第一时间发布权威信息，且效果显著。

三、互动百科

互动百科集团创设于2005年，致力于为全球华人提供中文百科知识服务，通过维基技术、词媒体、按需媒体的多元拓展，目前已成为集互动百科、HDWiki、移动互联网三大业务于一体的综合型企业集团。旗下的互动百科网是全球最大的中文百科网站，创建于2005年7月18日，致力于为数亿中文用户免费提供海量、全面、及时的百科信息，并通过全新的维基平台不断改善用户对信息的创作、获取和共享方式。

互动百科原称互动维客，隶属于互动在线（北京）科技有限公司。互动百科号称是全球最大的中文百科。2014年6月底，互动百科已经成为拥有超过800万词条、5万个分类、1 100万张图片的百科网站。

创建互动百科词条比较简单，可以在编辑器中根据自己的理解，或根据从相关书籍、网络中查找到的资料，对所要创建的词条进行尽可能全面的定义阐述、解释和说明即可。也可以利用编辑器上方的功能键，对词条正文进行加粗、斜体、设为链接或段落标题，以及插入特殊符号等操作。词条的编辑过程中最多可输入2万个汉字。

编辑好词条正文内容之后，需要为创建的词条设置合理的开放分类。为词条设置正确、合理的开放分类，可以方便所创建的词条被更多网友浏览，体验与他人分享知识的快乐。一个创建者最多可以设置五个开放分类，彼此之间用逗号隔开。

互动百科可以上传与词条内容相关的图片，做到图文并茂，整体更直观、更具可读性。现阶段每个词条允许上传十张图片，其中编辑器中的第一张图片将作为词条“首图”出现在词条浏览页面的右上部。上传的图片的大小被限定在在2MB以内。具体操作可查看互动百科网页提供的“如何为词条上传多张图片”提示。

互动百科可以用填写参考资料的方式来规避知识侵权问题。如果词条参考了书籍、网页或他人文章，务必会在参考资料一项标明所引用内容的出处；一旦在百科中创建的词条出现知识产权等纠纷，需词条创建者本人承担相应的法律责任。

相对于百度百科来说，互动百科的劣势主要体现在几个方面：

1. 先天不足。

百度百科作为百度旗下产品之一，品牌大、域名存在明显优势。在百度平台上，百度自己的产品无疑在排名上优势更大。百度百科词条排名基本上都能进入前三，但互动百科的排名则很靠后。

2. 缺少核心人才

互动百科词条编辑人员的参与者多是站长或是推广人员，只是为了推广自己的产品或者是做网站外链，才来参加百科的编辑。

3. 用户体验度不佳

百度百科的审核力度极为严格，对词条的编辑内容要求也很是严格，这也令百度百科具备公平、公正以及内容的权威性，更容易受到用户的青睐和信任。而互动百科审核力度很低，垃圾内容、重复内容、灌水内容、广告内容等等都充斥其中，大大降低了互动百科词条的权威性和用户体验度。

四、360 百科

360 百科是专业的中文百科，秉承“让求知更简单”的理念，是 360 搜索的重要组成部分，其测试版于 2013 年 1 月 5 日上线，内容涵盖了所有领域的知识。其宗旨是帮助用户更加及时、便捷地获得最为准确、权威的信息，并且通过和 360 搜索的结合，以及同专业网站的合作，给予用户最全面的服务。

360 百科由奇虎 360 创建，为 360 搜索的重要组成部分，内容涵盖新闻、数码、财经、旅游、影视等知识领域，旨在帮助用户及时、便捷地获得准确而权威的信息。

360 百科首页以绿色为主色调，简洁大方，搜索框内为默认的热点词汇，如《泰囧》。每日精选十大热门词条，实现百科和新闻的整合。页面搜索框下方、词条正文右侧均有十大热门词条的链接，无需用户寻找，360 百科直接为您奉上热点信息。

360 百科设有词条名片，由图片和文字内容组成，不同类别词条的名片均有不同要求。名片图片按照能体现图片最好效果的尺寸来设定；文字内容控制在 400 字以内，是对该词条最简洁、精准的描述与阐释。

根据用户需求以及网络的发展，360 百科同各大专业网站合作，新增模块信息，例如人物词条中的最新相关新闻，旅游词条中的游记，汽车词条中的汽车大图，而且模板内容可以直接链接到专业网站。同时，根据词条类别不同，均有相关模块。如最新相关新闻、歌曲等。360 百科词条的图文混排区即正文内容，一般目录设定在七个以内，清晰明了。目录内容和顺序均是根据用户对此类信息的需求进行设定。如旅游类词条，七个目录分别为“概述、地理位置、自然气候、旅游景区、旅游指南、历史文化、政治经济”。

360 百科主要由专业人士负责编写词条，360 百科同国内最好的汽车网站爱卡、数码网站中关村在线、自助游网站蚂蜂窝、医学网站 39 健康网合作，其部分词条不仅由这些合作网站编辑编写，更在词条页面直接安放相关模块，用户在获取专业信息的同时，可以直接链接到这些专业网站，方便用户获取专业信息。

一般用户也可以参与到 360 百科词条的编辑过程中，只要经过严格的审核后，就可以将有关词条上传至网上，成为共享信息。同时，360 百科通过对专业网站模块的引进，从而创造出一个更加开放的发展氛围，以优质信息的整合来更好地满足客户需求。

五、RSS（简易资讯聚合）

除以上四个影响甚广的百科全书式的知识媒体外，RSS 也是值得特别注意的一种知识媒体形式。RSS 是一种消息来源格式规范，用以发布、更新资料的网站，例如博客文章、新闻、音讯或视讯的网摘，为网友提供各种知识信息。RSS 文件（或称摘要、网络摘要）包含了全文或是节录的文字，再加上用户所订阅之网摘资料和授权的元数据。网络摘要专业层面能够发布各种资料，同时也使读者能够定期更新他们喜欢的网站或是聚合不同网站的网摘。RSS 摘要可以借由 RSS 阅读器、feed reader 或是 aggregator 等网页或以桌面为架构的软件来阅读。标准的 XML 格式可允许资讯在一次发布后透过不同的程式阅览。使用者借由将网摘输入 RSS 阅读器或是用鼠标点取浏览器上指向订阅程序的 RSS 小图示之 URI（非通常称为 URL）来订阅网摘。RSS 阅读器可以定期检阅是否有更新，然后下载给监看使用者接口。

RSS 可以是以下三种解释中的任何一种的缩写，但这三者都是指同一种联合供稿（syndication）的技术：

Really Simple Syndication（RSS 2.0）

RDF（Resource Description Framework）Site Summary（RSS 0.91, RSS 1.0）

Rich Site Summary（RSS 0.9 and 1.0）

RSS有各种不同格式。目前RSS规范的主要版本有0.91、1.0和2.0等。0.91版和1.0版完全不同，风格不同，制定标准的人也不同。0.91 版和 2.0 版则一脉相承，1.0 版更接近 XML 标准。

RSS 0.90 原本属于美国网景公司的版本。这个 RSS 被称为 RDF Site Summary，但其基础构图建立在初期的 RDF 规格上，并和末版的 RDF 推荐标准不相容。

RSS 1.0 是一个开放式的版本，由 RSS-DEV 工作团队再次建立为 RDF Site Summary。RSS 1.0 是一个像 RSS 0.90 的 RDF 形式，但是并没有完全地和它相容，一般新闻网站都提供 RSS 订阅支持。

第四节　移动新媒体

由于新媒体同时满足了“低成本”“规模化”这两个经济学特性，因而能产生极大的投资回报率。新技术对媒体造成的影响，使得新媒体的发展、运作与商业模式取得了超常成功，所谓“TMT”（Telecom Media Technology）的概念也逐渐被业内人们所熟知。在此基础上迅速形成的移动新媒体家族，如移动搜索、手机报阅读、智能手机浏览、移动博客、微博和微信以及手机电视、移动多媒体广播电视等移动视听新媒体大量被开发出来，如雨后春笋，势不可挡。

一、移动新媒体的技术支持

移动新媒体必须借助于不断创新的技术支持。当前主要的技术力量表现在以下几个方面：

（一）WAP 技术

WAP（Wireless Application Protocol）即无线应用协议，是现今主流的手机上网信息媒介。基于 WAP 的新闻信息传播主要包括了三大类。第一，以移动运营商为主导的新闻信息服务。主要包括：A. 移动运营商（如中国移动、中国联通、中国电信等）自己采编、运营的新闻业务，内容趋向少而精，通常在运营商 WAP 门户首页以免费的形式向用户提供。B. 移动增值服务提供商（SP）运营的新闻业务，种类繁多但质量参差不齐，多为收费业务，并由移动运营商按照其制定的《移动梦网频道业务开发指南》等规定进行监管，如一些推送业务、定制业务和特别需求业务等。C. 移动运营商通过直接整合第三方的新闻资源提供的新闻业务，比如中国移动在收购凤凰卫视某些业务的基础上开展的各项分类服务的新闻资讯类业务。第二，基于 WAP 的延伸信息服务。主要包括新浪、网易、搜狐、腾讯等互联网门户网站，在其合法的互联网新闻业务基础上，于手机 WAP 平台开展的业务延伸。第三，以免费为主的第三方独立 WAP 网站提供的资讯信息服务。如 3G 门户、WAP 天下等第三方独立站点，都已经取得了一定的影响力。不过随着 3G、4G 等高速网络和智能移动终端的普及，WAP 网站的服务范围将逐渐缩小，并有可能在不久的将来退出历史舞台。

（二）MMS 技术

MMS（即彩信）是移动通信 2.5G 时代的主要增值业务之一，由于其相较于短信（SMS）业务具有更充分的多媒体功能，因而正逐渐成为一种崭新的媒体形式。信息提供方式主要包括：A. 移动运营商自主提供的彩信手机报业务。如中国移动提供的《全球通专刊》《动感地带专刊》等。B. 移动运营商通过整合传统媒体资源打造的彩信手机报业务。比如 2005 年初，杭州移动就与杭州日报报业集团合作开发的一系列包括《杭州日报》《每日商报》《都市快报》等传统报纸的手机版本。C. 移动运营商旗下各 SP 自行开发的各种彩信杂志，通常以包月形式提供，如 TOM 的《新闻空间站》《财经视野》等，遵循 SP 常规的商业模式。

（三）客户端软件信息媒体技术

随着 3G、4G 技术的推广和移动互联网的普及，手机端应用逐步走向大众生活。客户端软件信息媒体是指通过在手机上安装拥有联网功能的客户端软件，经由 GPRS、CDMA 等 2.5G 网络远程访问新闻信息服务，并进行充分互动的新媒体形式，主要包括：A. 手机软件应用程序。基于 IOS、Android、Symbian、Windows Mobile、Linux 等技术平台开发的客户端程序，包括 Pica、移动 QQ、中国移动“飞信”、微信等，可以让用户在手机应用程序中使用聊天室、博客、资讯阅读等多项功能，或者集成 RSS 阅读、手机论坛等信息互动服务。B. 基于移动 Flash 平台的信息服务。由互联网上高度普及的 Flash 技术移植到手机终端上的 Flash Life 平台，可以在免安装的前提下进行各种丰富的多媒体信息互动服务，包括资讯浏览、动画放映、休闲游戏等等。在 3G 发达的日本，已有 70% 的手机网站都采用了 Flash 技术。2012 年 Flash 退出 Android 平台，正式告别移动端。C. 基于流媒体播放软件的新闻信息服务。由部分独立 WAP 网站开发的手机流媒体播放软件，安装到手机后可以实现基于 2.5G 移动网络远程访问音频、视频内容，并实现在线播放，目前主要包括 3G 门户开发的“GGTV”、腾讯开发的“QQ 世纪风影院”等等。

（四）移动数字多媒体广播业务

中国移动数字多媒体广播简称 CMMB（China Mobile Multimedia Broadcasting）。它是国内自主研发的第一套面向手机、PDA、MP3、MP4、数码相机、笔记本电脑等多种移动终端的系统，利用 S 波段卫星信号实现“天地”一体覆盖、全国漫游，支持 25 套电视节目和 30 套广播节目。2006 年 10 月 24 日，国家新闻出版总署正式颁布了中国移动多媒体广播（俗称手机电视）行业标准，确定采用我国自主研发的移动多媒体广播行业标准。CMMB 由国家新闻出版总署管理，其负责的电影、电视、广播载体，具有丰富的电视内容资源，CMMB 也是 2008 年奥运会新媒体的直播载体。CMMB 行业标准，规定了在广播业务频率范围内，移动多媒体广播系统广播信道传输信号的帧结构、信道编码和调制，该标准适用于 30MHz 到 3 000MHz 频率范围内的广播业务频率，通过卫星和/或地面无线发射电视、广播、数据信息等多媒体信号的广播系统，可以实现全国漫游，传输技术采用 STiMi 技术。

（五）移动博客

移动博客是互联网博客业务在手持终端的延伸，旨在通过 WAP 和客户端软件等形式，让用户通过手机就可以完成对博客的内容生产、发布、阅览、管理等工作。移动博客服务主要包括三方面业务：A. 现今主流的互联网 BSP（Blog Service Provider）均已在 2.5G 移动网络上用不同形式提供了移动博客的服务，包括耳熟能详的新浪、BLOGCN、MSN Spaces 等等。B. 各个独立的无线服务提供商如 3G 和 4G 门户、Pica 等也早已提供了移动博客的业务，并取得了较好的市场效果。C. 移动运营商也开始参与到移动博客的市场中来。比如中国移动在大力推广其 IM 业务的同时，也逐步开展了移动博客的服务，并联合多家媒体举办了长达 5 个月的移动博客大赛等活动，塑造了极大的社会影响力。移动博客主要有以下两个特点：A. 灵活的社会关系网络。社会关系网络是移动博客业务的核心，移动博客为客户提供个人空间与关系管理，允许单向跟随（类似粉丝），同时提供互动功能，使松散关系更具凝聚力。B. 融合的通信交互方式。每个用户可以选择多种自己熟悉的发布与接收方式，消息的及时性强，很多新闻事件都是通过此方式发布出来的，例如 2008 年的孟买恐怖袭击事件。

（六）移动搜索引擎

随着移动网络上资讯内容的极大丰富，源于传统互联网的信息搜索引擎，也快速在手机平台上得到普及。目前国内应用的主要移动搜索引擎包括：A. 传统互联网搜索引擎的移动版本，包括 Google、百度、360 的手机版本等等，功能与体验基本上延续了原先的互联网版本。B. 移动运营商提供的官方搜索引擎，目前各移动运营商主要通过与传统搜索引擎公司深度合作来提供搜索业务，比如中国移动与搜索巨头 Google 在 2007 年就联合宣布，将在中国提供基于移动和互联网的搜索服务。中国联通和国内最大的搜索引擎百度开展了类似的合作。Apple 又和微软就使用 Bing 取代 Google 成为 iPhone 默认搜索引擎的问题进行了协商。在中国，搜索企业和移动运营商的合作看似有形成主流的趋势。C. 第三方专业手机搜索引擎，以 CGOGO 等公司为代表的专业手机搜索引擎，也已经在独立 WAP 领域产生了一定影响力。但从长远看来，实力弱小的第三方手机搜索引擎将被强势的主流品牌所淘汰。

二、移动新媒体的应用

2009 年 1 月 7 日，工业和信息化部将三张第三代移动通信 3G 牌照分别发放给了中国移动、中国电信和中国联通。其中，中国移动获得 TD-SCDMA 牌照，中国联通获得 WCDMA 牌照，中国电信获得 CDMA2000 牌照，这标志着电信重组完成，市场期待多时的移动新媒体终于获得准生证并正式诞生。3G 牌照的发放和移动互联网的组建，令手机电视和移动新媒体应用成为热点。时隔四年多，工信部又在 2013 年 12 月 4 日下午正式向三大运营商发布 4G 牌照，中国移动、中国电信和中国联通均获得 LTE 牌照。内地正式发放 4G 牌照，意味着在 3G 商用近五年之后，国内三大电信运营商终于获发 4G 牌照，拿到了启动 4G 商用的资格，内地三大运营商将可以名正言顺地实现 4G 业务的正式商用。手机电视项目有视频博客、视频短信、视频提醒、可视电话、视频新闻提示、视频点播、视频监视、视频会议、立即视频消息应用以及移动网络游戏等。

依据信息载体的不同，移动新媒体可以分为两类：

（一）手持移动新媒体

智能手机的出现，极大地改变了人们之间信息沟通和信息传播的方式，它不仅仅是一种通信工具，而且已成为继报纸、广播、电视、网络之后的“第五媒体”。目前中国已经无可非议地成为全球最大移动通信市场，中国手机用户已经超过全欧洲国家手机用户总和。受到手机使用方便等特征的启发，国家新闻出版总署组织开发了手持电视收视设备。

手机在语音信道之外有了专用的数据信道，使手机在数据通信速率上获得了较大幅度的提高，具有了能够流畅地接收图像信号和视频信号的能力，手机正在用一种 21 世纪的方式向渴望得到新闻又忙于行路的公众提供一种“日常生活的指南”和“快乐阅读的享受”，它以手机报、手机电视、手持电视等方式向用户提供资讯。

对于手持移动新媒体而言，它们有以下一些共有特性：

1. 便携性

手持终端小巧玲珑，方便携带，随时随地与人相伴，基本不受时间、空间等自然条件的限制，可以很方便地把受众从客厅、电脑桌前解放出来，实现真正的随时、随地、随身信息访问。

2. 互动性

无论是手持终端还是局端设备，都已经具备了相当的计算能力，在此基础上可以实现丰富的互动功能，手机游戏便是典型的例子。

3. 私密性

与传统大众媒体不同，手持媒体通常为私人独立使用，使用者在体验过程中可以很好地保护自己的隐私，不受他人的干扰，并在此基础上进行丰富的个性化定制。

4. 跨媒体性

凭借强大的移动网络支持，手机等手持媒体可以很方便地与报纸、广播、电视、互联网等其他媒体形成紧密的互动。

5. 增值性

手机平台可以实现灵活的计费，这是传统媒体一直无法企及的。在此基础上，移动新媒体可以创造固定收益之外的更多边际收益，甚至以后者为主体。

粗略地分，手持新媒体可以分为以下几种：

（1）手机报。

手机报是依托手机媒介，由报纸、移动通信商和网络运营商联手搭建的信息传播平台，用户可通过手机浏览当天发生的新闻，因而手机报被誉为“拇指媒体”和“影子媒体”。它的实质是电信增值业务与传统媒体相结合的产物。具体来说，手机报是将传统媒体的新闻内容通过无线技术平台发送到手机上，从而在手机上开发发送短信新闻、彩图、动漫和 WAP（上网浏览）等功能。

手机报传播有四种模式。一种以短信方式推送，将重要信息逐条发布，用户可以在任何时间、任何地点打开阅读，就像是阅读一条条短信一样，前提是需要事先订阅。二是彩信手机报模式。这种模式类似于传统纸媒，它是报纸通过电信运营商将新闻以彩信的方式发送到手机终端上，用户可以在线观看（通过特定网站），也可以离线观看（打开手机短信）。三是 WAP 网站浏览模式。这种模式是手机报订阅用户通过访问手机报的 WAP 网站，在线浏览信息，类似于上网浏览的方式。四是 APP 应用客户端模式，这种模式针对智能机用户，用户通过手机下载相应的 APP 应用客户端，可以第一时间进行新闻提醒和新闻推荐，使用起来较前两种模式更为便捷、直观。

2004 年 7 月，《中国妇女报》推出了全国第一家手机报——《中国妇女报 · 彩信版》，随后不少中央和地方报社也相继开通该项服务。在 WAP 网站方面，人民网于 2005 年“两会”期间开通了无线新闻网站。2005 年，报业经营出现疲软状态，为增大与新媒体抗衡的竞争砝码，弥补报纸的不足，各报业集团纷纷抢滩互联网，创办手机报出现了一个高峰。2007 年，手机报发行获得重大进展，《浙江日报》《广州日报》等报社手机报的付费用户突破 15 万，开始给报社带来经济收益。

不过，从手机报的发展前景来看，有以下三个方面值得关注：（1）内容上，从拷贝传统媒体到探索新的报道方式。手机报原创性的内容并不多，大多还是对所依靠的传统纸媒的内容拷贝。从长远看，手机报应结合自身媒介特点和受众定位，从文章结构、表达方式、语言风格等方面探索出适合自身的“个性化”的内容报道。（2）赢利模式上，从依靠用户订阅收费到依靠广告收费。由于市场运作手段不成熟，手机报基本上采取了依靠收取订阅费的模式来赢利。这样产生的弊端就是由于定费高而造成一些有意者望而却步。一些手机报开始探索依靠广告赢利的模式，也就是借鉴传统媒体的“双重售卖”模式。但需要注意的是，必须协调好新闻和广告的空间比例和时间比例，不然会引起手机报用户的心理排斥。（3）媒介生态上，从占领市场到互利共存。报纸、广播、电视和互联网经过竞争、协调和融合所形成的“和谐”的媒介生态，如今面临着被手机报打破的态势。手机报作为新生媒介，必然要有一个向传统媒介争夺吸引力和市场的过程。但是，正当的竞争是促进各种媒介共同发展的前提。正如在互联网冲击下，报纸走向了深度、广播强化了快捷、而电视强化视觉冲击一样。手机报的出现，也会促使各种媒介强化自身特点，走向互利共存。

（2）手机电视。

手机电视指以手机等便携式手持终端设备为载体，专门开发的一项传播视听内容，包括新闻视频、电影、动画等的新技术或新应用。手机电视具有电视媒体的直观性、广播媒体的便携性、报纸媒体的滞留性以及网络媒体的交互性，前景看好。

手机电视业务的实现方式主要有两种：第一种是通信方式，利用移动通信技术，通过无线通信网（如 3G、GPRS、CDMA 1X 等）向手机电视用户点对点地提供多媒体服务，如美国的 Sprint、我国的中国移动和中国联通公司已经利用这种方式推出了手机电视业务。这种手机电视互动性强，属于“一对一”传播，手机是唯一的接收终端。

第二种是广播方式，即移动数字多媒体广播（如中国移动数字多媒体广播，简称CMMB），它是利用数字广播电视技术，通过地面或卫星广播电视覆盖网（如地面的T-DMB、DVB-H、Media Flo，卫星的S-DMB等）向手机、PDA、MP3、MP4、数码相机、笔记本电脑以及在车船上的小型接收终端点对面地提供广播电视节目，其特点是“一对多”传播，传输带宽大、图像质量高、覆盖面广、经济实用、接收终端广泛，手机只是诸多接收终端中的一种。

早在2003年，美国Sprint公司就推出了手机电视服务。它在2.5G网络上提供服务，带宽为40kbps～45kbps。用户使用手机观看直播新闻、体育节目和其他短片。在国内，随着2005年3月上海文广新闻集团获得第一张手机电视运营牌照，手机电视作为一种新型视听媒介开始进入人们的视野。手机电视业务的未来发展应该是两种方式相融合，利用移动网络实现手机电视的多种互动增值业务，利用数字广播电视网络实现高清晰电视节目的传送。移动通信可靠的计费/认证/用户管理系统、大量的用户基础、点到点回传信道；电视广播经济有效的点到面的分发能力、丰富的节目内容、大容量的传输和覆盖能力，都是对方所稀缺的资源。两者取长补短、相互融合符合发展的趋势。

（3）智能手机。

智能手机有时也被称为移动APP，实际上就是一部小型手持电脑，几乎具有电脑的全部上网功能，能够自如地随时随地实现网上冲浪、信息搜索、新闻浏览、观看视频、网络购物和信息发布。数据显示，2014年上半年我国微博用户已超过8亿，微博以43.8%的使用率成为增幅最大的移动应用。伴随中国成为全球智能手机出货量最大的国家，移动APP的应用呈现爆炸式增长。2013年是移动新媒体元年，中国的移动互联网用户规模已经超过8亿。个人电脑用户加速向移动互联网环境下的“智能移动终端APP”的移动新媒体模式迁移，几大门户纷纷发力，布局移动互联，其中搜狐、网易、腾讯三家新闻客户端先后宣布用户数破亿。2014年，各家移动新闻客户端将进入全面深度整合期，与自有微博、微信和视频平台等打通互联，构建全媒体发展战略；同时，深度挖掘用户个性化需求，打造自身特色，实现差异化竞争。跨过元年，移动新媒体的商业化闸门必将打开并全面加速。

随着4G网络的规模化发展和智能移动终端的普及，PC用户正加速向移动互联网环境下的“智能移动终端+APP”的移动新媒体模式迁移。APP泛指第三方智能手机客户端的应用程序，微博、微信和APP将成为企业新媒体营销的三驾马车。2014年，依托当今中国智能手机用户的两大杀手级应用，微博营销与微信营销将依然火热。超过七成的活跃用户正在使用移动终端登录新浪微博，而完全基于移动端的微信已经站在了6亿用户的门槛。微博“粉丝”服务平台的上线和微信公众平台的不断优化，正使客户价值挖掘与大数据营销逐步落地。

（二）机载移动新媒体

机载移动新媒体主要是指机载移动电视。移动电视是以数字技术为支撑，通过无线数字信号发射、地面数字接收的方式播放和接收电视节目的一种电视传播媒介。机载移动电视主要指公交移动电视、列车移动电视、轮船移动电视和航空移动电视。作为一种新兴媒体，移动电视发展迅速是人们始料未及的，它具有覆盖广、反应迅速、移动性强的特点，除了具备传统媒体的宣传和欣赏功能外，还具备城市应急信息发布的功能。

对于公交等移动电视来说，收视人群流动性大，观看节目时间比较短，注意力也容易分散，“强迫收视”成为其最大的特点。公交移动电视的强制性传播是指受众身在公交车上没有选择其他电视频道和电视节目的余地。这种受众被动接收信息的状态，无疑会降低公交移动电视的美誉度，然而目前尚无良策改变这种状态。这就决定了移动电视播出的节目在内容和编排方式上都与传统电视有较大不同。如果移动电视仍然沿袭传统电视频道的运作理念和节目编排，移动电视与传统电视的差异性就无法得到体现，其市场占有率也就无法提高。不过，传播内容的强制也有利于拓展“无聊经济”的巨大利润空间，移动电视正是抓住了受众在乘车、等候电梯等短暂的无聊时间进行强制性传播，使得消费者在别无选择时被它俘获，这对于某些预设好的内容（比如广告）来说，效果更佳。

由于移动新媒体可以伴随人们出行，并在旅途中为公众提供各种信息服务，因此功能独特，备受追捧。铁路（高铁和动车已成必有服务项目）、航空、水运等部门也积极利用移动新媒体，或传播企业形象，或提供公共信息服务，或做产品营销广告，不做新媒体的企业已经被视为缺乏竞争力的一种表现。

三、移动新媒体发展趋势

（一）个性化订阅内容服务

个性化订阅的概念，主要来自近年来风靡于互联网的 RSS 技术，旨在通过建立网际通行的内容数据规格标准，来促进站点与站点之间的内容共享，并方便用户对来自不同内容源的内容信息进行统一订阅。

由于 RSS 技术的开放特性，已经有越来越多的移动应用开始对其提供良好的支持。国内最佳的互联网 RSS 阅读器“抓虾”已经在 2007 年初公开发表了其 RSS 定制阅览服务的 WAP 版，受到众多网友的青睐。而“拇指天空”等第三方的客户端软件，也已经率先提供了基于客户端丰富体验的 RSS 订阅服务。从五花八门的世界新闻到个性十足的徐静蕾博客，统统可以通过 RSS 实现完美而灵活的定制化阅读，这不能不说是媒介史上的一场革命。

在 2.5G 时代，移动媒体上的内容主要依赖于用户终端的主动访问（Pull）和运营商/服务商局端的主动推送（Push）。前者的随机性和后者的强制性均会给相应的商业模式带来极大的不稳定性，并产生脆弱的泡沫。而以 RSS 为代表的个性化订阅内容服务，则很好地解决了这个两难的问题，既可以满足用户的个性化需求，又不会产生多余的强制推送的垃圾信息，可谓两全其美。

（二）在线直播（Live）

移动新媒体作为人们在移动状态下的唯一可用互动媒介，如果能巧妙地用于各种直播内容的传递，将能够创造诸多新颖的业务亮点与可观的客户价值。在重大新闻事件、体育赛事等领域，直播内容有着广阔的市场空间。比如 NBA 的赛事直播，可以通过采用不断刷新 WAP 文本页面的方式，来达到文字直播的积极效果。对于出门在外的用户来说，能够不受空间限制地实时接收到其所关注的赛事最新动态，是极好的互动经历。随着 3G、4G 时代的到来，基于音频、视频的现场直播也将在手机上成为现实，并带来更好的用户体验。

（三）用户创造内容（UGC）

在移动新媒体的时代，用户既是数字内容的消费者，也是数字内容的生产者。目前，200 万像素的摄像头已经成为主流多媒体手机的标准配置。在韩国，新款的拍照手机已经达到 1 000 万像素，手机拍摄效果已经开始接近并赶超低端的数码相机和 DV，这大大增强了用户创造内容的信心。与此同时，各大手机终端厂商也正不断地往手机中加入诸如乐曲编辑、图像加工、视频后期处理等丰富功能。平日里小巧玲珑的手机，正在成长为重要的数字内容生产工具。这个由量变走向质变的过程最终将导致移动新媒体产业的巨大变革，用户创造的内容将会走上前台，并占据无比重要的地位。

（四）互动视频业务

对于 3G 时代而言，视频服务无疑是旗舰业务。但是，单纯的视频下载业务或简单的 VOD（Video on Demand，视频点播服务）业务无法满足用户日益增长的个性化互动需求。如何在传统的视频内容中加入互动元素，最大限度地提升用户的参与感，将是移动运营商为了塑造业务黏性而需要面对的主要挑战。传统电视的选秀投票类娱乐节目受到播出时间、节目容量和人数限制等多方面因素的制约，而手机平台由于其倚靠的是强大的移动网络和数据服务支撑，故不会受到这些因素的制约，反而大有超越现有节目形式的机会和更多新鲜创意的想象空间。

（五）内容与社区结合

新媒体的互动特征不仅在于人与终端机器界面的互动，更在于通过数据传输网络进行的人与人之间的有益互动。一个比较知名的例子就是“豆瓣网”。“豆瓣网”最吸引人的地方，在于任何注册用户都可以在这里登记自己看过或听过的任何书籍、音乐和电影，并展示给别人看，而“豆瓣网”后台的数据挖掘系统会对每一名用户的兴趣爱好进行智能分析，并依据分析结果向用户有针对性地推荐其他的内容和更多的朋友。这种智能社区化的商业模式，使得“豆瓣网”在短短几年时间内就积累了超过 35 万的用户，并形成了一个以高等学历人群为主的专门社区和利基市场，成功实现了盈利。

4G 移动通信技术正以前所未有的规模和速度冲击着当今社会，给包括媒体行业在内的各个行业带来了巨大的影响；而媒体作为技术的产物，一向随技术的变化而适时改变自己的形态；因此，4G 对媒体生态环境的冲击和影响是显而易见的。不断创新的信息技术已深刻影响了媒体的传播方式、传播理念和传播规律，而对包括 4G 技术在内的移动新媒体的研究，已经成为当代新闻传播学科的一个前沿的、热门的领域。4G 移动通信技术将给当代媒体生态环境带来突出的变化：

（一）视频业务是主流应用

从技术上看，4G 的一个独特优势就是网络频谱宽、通信速度快。尽管 3G 移动通信技术也可以实现多种类型的多媒体通信，但其本身存在的带宽能力不足、通信质量较差、造价成本较高等问题，使得视频内容的发展仍然存在难以突破的瓶颈。4G 技术上网速度快、延迟时间短，能够提供 4 到 10 倍于 3G 网络的吞吐量。4G 移动网络完全可以超过目前有线宽带的服务质量，使视频通话、高清电视、电影下载等对网络运行速度要求很高的服务将不再困扰移动用户，这将明显改善视频消费的现状。随着 4G 技术的普及和发展，视频内容的生产和传播将进入一个爆发式增长时期。

（二）技术内容是双轮驱动

从传播角度看，能够便捷快速地接触到传播内容是用户的一个基本需求。而传播渠道和传播内容一直是一对矛盾，每一次传播渠道的拓展和改进，都会对传播内容的传播产生巨大的促进作用。

在 4G 时代，移动终端上不仅能够快速地传输文字、图片和音频内容，深受用户欢迎的视频内容，也同样能够便捷快速地传输给用户。这一技术上的进步，使得 4G 时代媒体的传播内容和传播渠道之间建立了更为紧密的关系。

媒体要想获得竞争力和影响力，要么不断创新内容，要么不断改进传播渠道，而在当今用户为王的时代，在 4G 的背景下，那些能够将媒体优质的服务内容和便捷快速的传播渠道结合在一起的媒体，无疑是最具竞争力的媒体。

（三）即采即播是重要流程

4G 技术带来了媒体内容采集及生产加工手段的深刻变革。4G 信号具有传输速率高、时延短、网络质量稳定的特点，在高速运行中依然信号平稳、业务流畅，适合用于广播电视直播。

借助 4G 移动终端，新闻可以更多地在现场完成，从而提升了新闻采编效率。在 4G 技术条件下，原本需要借助卫星传输的传播行为，也可以随时随地进行，极大地降低了媒体的采编成本。可以预见，未来基于 4G 的即拍即传将得到普及，电视直播可以摆脱卫星传输或有线电缆的限制，记者可以最快捷、最自由的方式将现场画面传回机房，实时播出。

此外，4G 技术还可以打造多种多样的“自媒体”平台，鼓励用户直接创造内容，从而进一步丰富新闻线索和原始素材来源，这将促使专业的新闻策划团队从单一的传媒单位中解放出来，使传统媒体实现“采编分离”“制播分离”。在 4G 技术下，记者采集回来的文字、图片、音视频素材，将通过统一的数字平台进行存储、管理、分发，并呈现在传统媒体、网站、APP 客户端、户外屏幕等媒介上，实现真正意义上的“全媒体滚动播报”。因此，4G 技术有利于实现采编流程管理的数字化，打造全媒体的数字内容管理平台。

（四）移动互动是基本特征

依据中国互联网信息中心（CNNIC）统计，截至 2014 年 6 月，中国新媒体用户规模为 6.32 亿人，互联网普及率达 46.9%。手机新媒体用户继续保持增长态势，达 5.27 亿人。该中心在《中国手机新媒体用户娱乐行为报告》中提出：从使用率来看，手机游戏、手机视频、手机阅读和手机音乐在手机新媒体用户中的占比分别为 44.9%、37.6%、56.5%、61.4%。国内有影响的媒体单位都在微博、微信上开通了账号和服务号进行内容的推介和发布，一些媒体还在 Twitter、Facebook 等社交媒体上开设自己的媒体账号进行内容的推广和发布。随着 4G 移动通信网络的普及和发展，以手机为主要载体的移动互联网在满足用户碎片化信息、碎片化娱乐的需求方面具有广阔的商业前景。4G 将催生更多的微阅读、微应用、微博、微信、微视频、微电影等"微"模式的新的业务形态。在 4G 时代，移动化、社交化、碎片化将进一步成为信息发布和消费的潮流。

（五）个性传播是主要趋势

随着社会经济的进一步发展，人们的生活水平不断提高，消费选择的范围不断扩大，生活方式及意识形态也呈现更加多样化的趋向。在 4G 时代，移动通信的便携性、移动性、时效性、私密性等特点，为媒体的个性化传播提供了更加便利的条件，而个性化传播也成为媒体优化信息、规避信息同质化、实现传播效果最大化的重要手段。在这一背景下，媒体的内容制作流程、标准和盈利模式都将发生变化。

个性化传播是从传统的以传播者为中心的大众传播，向现代的以用户为中心的分众传播转折的标志，它的基本特征是满足用户选择和定制信息与服务的需求。在 4G 时代，媒体不仅要向用户提供独特的个性内容和推送渠道，更重要的是要生产能够满足用户选择和定制需求的信息与服务。因为，在 4G 移动通信环境下，面对用户手中的移动终端，大众传播的信息和内容将越来越没有"落脚"之地，只有被用户选择或由用户定制的信息与服务，才是有效的和有价值的信息与服务，才能真正在用户的移动终端上"落脚"。

（六）用户价值是运营核心

进入 4G 时代，报刊、广播、电视、互联网等媒体的疆界日渐模糊，新闻资讯内容不再稀缺，而用户的"注意力资源"成为最具价值的因素。媒体运营模式将从传统的广告模式向用户模式转型。

在 4G 技术条件下，移动新媒体以用户为中心，广告成为一个与用户实时互动的信息流。一方面，媒体要注重对广告主信息资源及隐藏在其后的产品资源、社会资源等进行开发与利用；另一方面，要注重对用户、潜在用户的信息资源以及隐藏于其后的社交网络、人脉圈子资源进行开发与利用。在这种模式下，移动新媒体将构建起一种新的社会化的媒体营销模式。

第五节 社交新媒体与互动新媒体

如果说前四种新媒体的共同特点是由社会成员单个使用它们的话，那么社交新媒体和互动新媒体则主要是公民对新媒体的共同使用；如果说前四种媒体的使用主要是以增进知识和方便生活为目的的话，社交新媒体和互动新媒体则主要是为了建立网络社区，甚至是为了形成舆论或者达成行动意向。因此，社交新媒体和互动新媒体就成了社会管理者高度关注的媒体形式。

一、社交新媒体

社交新媒体是人们用来进行信息交流活动和从事社会交往活动的一种网络工具，社交新媒体（特别是那些专门的社交网站）的强大互动功能，使新媒体用户可随时获得任何与他们息息相关的最新信息，并进行即时反馈，如讨论、留言、资料上传及分享给他人等。手机与互联网的无线连接，解决了信息到达“最后一公里”的问题，网络社交新媒体已经成为人们进行社交活动的“独门绝技”。

2012 年初，全球知名新媒体研究专家布莱恩·索利斯（Brian Solis）发表了《社交媒体 2011 年状况》的分析性文章，认为社交媒体在 2011 年取得高速发展，社会影响力与日俱增。毫无疑问，社交媒体已经覆盖人们日常生活的各个方面，并正改变人们寻找和分享信息的方式与相互交往的手段。

当社交媒体成为我们文化生活的一部分时，任何社会化的活动都不能忽略其影响，哪怕是商业、政府以及体育组织。社交媒体正在影响着人们的行为，而这种影响力往往能左右人们最终做出的决定。

（一）社交媒体对公众生活的深刻影响

世界著名的市场调查公司尼尔森（Nielsen）2012 年底发布的针对社交媒体的报告显示：

社交网站和博客占据美国新媒体用户时间的比例接近 25%。

活跃新媒体用户（每天上网）有五分之四会访问社交网站。

全球十大互联网市场上，超过 83% 的活跃新媒体用户使用社交网络和博客。

使用三种或三种以上数字方式搜索产品信息的用户中，有 60% 是从社交网站上获得品牌或零售商信息的，而这些用户中又有 48% 会关注零售商发布在 Facebook 或 Twitter 上的信息。

70% 的活跃成年社交新媒体用户会网上购物，53% 的活跃成年社交新媒体用户会关注一个品牌，美国轻博客运营商 Tumblr 的受众在过去一年内翻了三倍。

这些数字说明，社交媒体已然进入公民日常生活，我们不能回避社交网络。

（二）女性是社交网络的主体

尼尔森报告显示，18 ～ 34 岁的女性是社交网络的主要活跃群体。在美国，35 岁至 49 岁的女性也是社交网络活跃用户，他们访问社交网络和博客网站的次数要比访问其他网站的次数多 4%。数据表明，50 岁以上人群也热衷于社交网络，该人群使用 Facebook 等社交网站的比例在 2012 年激增了 88%。她们上网除了获得音乐、浏览网站以及实现 GPS 功能外，最主要的就是访问社交网络。这意味着了解社交网络显得非常重要，如果商业运作不重视相应的社交网络体验的话，那么将错过接触巨大客户源的良机。

（三）社交网络对用户线下行为的影响

社交网络的影响力在线下的作用超过了其他媒体，消费者相信同辈人所作出的推荐。NM Incite 的研究显示，有六成社交媒体用户对产品和服务发表评论，而其他新媒体用户的评论则是消费者选择商品的重要考量依据。33% 的用户愿意分享他们对电视节目的看法；75% 的用户愿意在音乐产品上多花钱；50% 的用户愿意在衣服、鞋子以及其他饰品上消费。

（四）社交化已成新媒体发展趋势

尼尔森调查表明，社交媒体已覆盖生活的方方面面，社交网站火爆已成全球现象。该调查显示，社交网络和博客是新媒体用户访问最多的网站，在以下 10 个国家里有至少 60% 的互联网活跃用户使用社交网络和博客，使用强度顺序依次为：澳大利亚、巴西、法国、德国、意大利、日本、西班牙、瑞士、美国、英国。当下新一轮社交化浪潮呈现明显的双向化发展趋势。一方面，从事其他品类的互联网企业纷纷进军或拓展社交产品，尝试将 SNS 的基因置入现有产品中，实现产品的“社交化”。另一方面，社交网站开始向其他相关业务品类拓展，相向而行，电子商务、搜索、音乐、视频等等各项互联网应用逐渐与社交全面融合，甚至乐于在社交网络分享见闻、分享观点。

二、互动新媒体

互动新媒体最主要的特征是互动，社交媒体、网络游戏成为互动媒体的主要代表。由于社交媒体的出现，人们又回到了社会化、可以互动的媒体时代。微博、微信不仅仅是一个媒体平台，因为内容的聚合、分享和沟通，产生了一个非常有价值的用户平台，形成更多有价值的互动舆论，微博、微信已经变成了信息的来源和新闻事件的原点。

平台如果让参与者任意发布，并且得到实时的传播，会给人以很大的方便性，但同时必然会带来很多负面的影响。微博可以让正面的信息传播得非常快，也可以让谣言传播得非常快。事实上，谣言的传播速度可能更快，并且事件往往会被放大。因此，在认识社交网络对人们的生活和工作起正面作用的同时，也要防范社交网络可能对社会稳定产生的消极影响。特别是刚刚兴起的微信公众平台可以实现一对多传播，信息到达率高，深受用户追捧。微信公众平台于 2012 年 8 月 18 日正式上线，通过这一平台，个人和企业都可以打造一个微信公众号，并实现和特定群体的文字、图片、语音的全方位沟通与互动。微信公众平台是企业进行业务推广的一种有力途径。微信公众平台的传播方式是一对多的传播，直接将消息推送到手机，因此到达率和被观看率几乎是 100%。已有许多个人或企业微信公众号因其优质的推送内容而拥有数量庞大的粉丝群体。借助于微信公众号进行植入式的广告推广，由于粉丝和用户对微信公众号的高度认可，不易引起用户的抵触，加上其高到达率和高观看度能达到十分理想的效果。

信息技术的普遍扩散，推动了知识、信息流动模式与分配结构的变化，这种变化必然引发政治权力结构的变化，进而对国家治理能力提出全新挑战。自 2009 年伊朗总统选举引发政治动荡开始，突尼斯、埃及、利比亚、巴林、叙利亚等西亚北非诸国，乃至挪威、英国等不同发展水平、不同文化背景、不同政治体制的国家，都出现过政治或社会层面的动荡，新媒体的动员、放大和催化在影响事态发展的过程中发挥了毋庸置疑的推波助澜作用。

面对力量强大的社交网络，各国的第一反应是强化制度规范；对自身国家安全状况比较自信的国家，则偏好采取以开放乃至放任为特征的政策，并与掌握信息技术优势的跨国组织一道，从政治、技术和社会三个层面，向相对处于弱势地位的国家和地区施加压力，防止其干预网上信息的自由流动。一些发展中国家则希望通过强化技术力量，完善制度建设等方式，以保卫国家核心利益，维持正常的政治秩序。主要措施包括，推动研发具有自主知识产权的搜索引擎，完善实施网络实名制，制定并强化网络活动管理的法律规范，严防持不同政见者借助网络推动从事颠覆活动，避免极端分子借助加密通讯组织策划恐怖袭击。①

社交新媒体是指通过互联网寻找、结交和强化朋友关系、同人关系的媒体，互动新媒体则主要是通过即时通讯工具提供技术支撑，为互动双方提供即时通信息交换功能的一种媒体形态，借助的主要技术是即时通讯工具。

即时通讯（Instant Messenger，简称 IM），是一种终端连往即时通讯网络的服务。即时通讯与 Email 的不同之处在于它的交谈是即时的。大部分的即时通讯服务提供了状态信息的特性——显示联络人名单、联络人是否在线与能否与联络人交谈。目前在互联网上受欢迎的即时通讯软件包括 QQ、MSN Messenger、AOL Instant Messenger、Yahoo! Messenger、NET Messenger Service、Jabber、ICQ 等。

目前应用较理想的互动新媒体有以下几个领域：

（一）网络会议程序

网络会议是一种常见的网络互动方式。网络会议具有对内的开放性和对外的保密性的双重属性，因此它是在系统内部的互动媒体。为了满足上述要求，近年来，许多即时通讯服务商专门开发网络会议程序，系统地提供视讯会议、网络电话（VoIP）与网络会议服务功能，使用即时讯息工具将网络资源整合为兼有影像会议和讨论互动功能的即时通，各方对会议主题的反应一清二楚，与现场会议并无二致。

（二）聊天工具

如果说有组织机构、研究主题、特定目的和相应程序的网络交流即是网络会议，那么，无须组织出面、也不事先设定话题和不必遵守固定程序的网络交流，就可以称为网络聊天。网络聊天必须借助于聊天工具，在互联网上受欢迎的具有聊天功能的实时通讯服务包括 Windows Live Messenger、AOL Instant Messenger、Skype、Yahoo! Messenger、NET Messenger Service、Jabber、ICQ 与 QQ 等。这些服务的许多想法都来源于历史更久的在线聊天协议——IRC。腾讯公司推出的腾讯 QQ 迅速成为中国最大的网络聊天工具。

腾讯 QQ 作为当前中国普及度最高的即时通讯软件，随着时代的发展，已经逐渐成为集电子邮件、博客、音乐、电视、游戏和搜索等多种功能，集交流、信息、娱乐、搜索、电子商务、办公协作和企业客户服务等为一体的综合化信息平台。

通过与同类具备聊天功能的即时通讯工具的对比，能够发现腾讯 QQ 依靠母语优势、安装申请流程简易、界面友好三大特质而得以脱颖而出。在早期的发展过程中，腾讯 QQ 依靠其明晰的受众定位在年轻人中拥有绝对多的用户数，占据了市场 90% 的份额。其通过分析广大用户的心理和需求，明确产品内容和功能的定位，认定有明显差异化的产品才可能长期吸引用户群体，从而形成固定的用户群。腾讯 QQ 对于产品内容和功能的定位做到“细致的简单”，完全迎合了用户的需求和习惯，通过这些无形因素给用户

---

① 参见《探索以社交网络为代表的新媒体管理刻不容缓》，载《人民日报》，2011-08-25。

带来最好的体验，从而发展即时通讯业务的无盈利模式，随着其用户数量的迅速扩张逐渐很自然地“带来”适合其特点的盈利模式，最后成功在港上市，成为即时通讯领域的领头羊。分析腾讯QQ成功的原因，与其自身的媒介特点密不可分：致力于为用户提供最好用、最愿意用的平台，不断扩大用户数量，体现网络传播效果。在拥有了大量用户后，能够在适当的时候推出适合我国国情的盈利模式也是非常重要的因素。

（三）网络游戏

网络游戏是最具互动性的网络互动媒体。无论是偷菜、植物大战僵尸还是斗地主、打麻将，即时互动都是最基本的要求。

网络游戏（Online Game）也称“网游”或“在线游戏”，是指以互联网为传输媒介，以游戏运营商服务器和用户计算机为处理终端，以游戏客户端软件为信息交互窗口的，旨在实现娱乐、休闲、交流和取得虚拟成就的具有可持续性的个体性多人在线游戏，玩家必须通过互联网连接来进行游戏。

网络游戏品种繁多，有战略游戏、动作游戏、体育游戏、格斗游戏、音乐游戏、竞速游戏、网页游戏和角色扮演游戏等多种类型。依据技术来划分，网络游戏目前的使用形式可以分为以下两种：

第一种叫做“浏览器形式”，是基于浏览器的游戏，也就是我们通常说到的网页游戏，又称Web游戏，简称页游。这是一种基于Web浏览器的网络在线多人互动游戏，无须下载客户端，只须打开IE网页，10秒钟即可进入游戏，不存在机器配置不够的问题，关闭或者切换极其方便，尤其适合上班族。其类型及题材非常丰富，典型的类型有角色扮演（功夫派）、战争策略（七雄争霸）、社区养成（洛克王国）、模拟经营（范特西篮球经理）、休闲竞技（弹弹堂）等。

第二种叫做“客户端形式”，是一种由公司所架设的服务器来提供游戏，玩家们通过公司所提供的客户端来连上公司服务器进行游戏，现在称之为网络游戏的大都属于此类型。此类游戏的特征是大多数玩家都会有一个专属于自己的角色（虚拟身份），而一切角色资料以及游戏资讯均记录在服务端。此类游戏大部分来自欧美以及亚洲地区，这类型游戏有魔兽世界（*World of Warcraft*，美国）、穿越火线（韩国）、EVE（冰岛）、战地（*Battlefield*，瑞典）、最终幻想14（日本）、天堂2（韩国）、梦幻西游（中国）、英雄联盟（*LOL*，美国）等等。

根据游戏的种类可以将其分为以下几类：

（1）休闲网络游戏。即登录网络服务商提供的游戏平台后（网页或程序），进行双人或多人对弈的网络游戏。A. 传统棋牌类：如象棋、桌上游戏、皇家德州扑克、电动扑克、连环夺宝、彩金轮盘等。提供此类游戏的公司主要有腾讯、联众、新浪等。B. 新形态（非棋牌类）：即根据各种桌游改编的网游如三国杀、UNO牌等。

（2）网络对战类游戏。即玩家通过安装市场上销售的支持局域网对战功能游戏，通过网络中间服务器实现对战，如CS、星际争霸、魔兽争霸等。主要的网络平台有盛大、腾讯、浩方等。

（3）角色扮演类大型网上游戏，即RPG类。用户扮演某一角色，通过任务的执行，使其提升等级得到宝物等，如大话西游、倩女幽魂、月光宝盒等。提供此类平台的主要有盛大等。

（4）功能性网游。即非网游类公司发起借由网游的形式来实现特定功能的功能性网游：如光荣使命（南京军区开发用于军事训练用途）、由简股市气象台（基金与投资机构开发用于收集股市趋势与动态）、清廉战士（用于反腐保先教育）、学雷锋（盛大出品的教育网游）等。

第六节　社群新媒体与公共新媒体

这是一个一日千里、变化无穷的时代。一方面，随着现代生活节奏的日益加快，公民个人空间、移动范围日益扩大，人们可支配的整段整段的时间变得越来越稀缺，人与人之间见面的机会大大减少，现实社会中人际交往变得越来越困难，这被称为“碎片化”；而另一方面，互联网和新媒体的大量涌现和迅速普及，使得人们可以通过现代数字技术更为便捷地进行信息交流，能够有选择地与志同道合、志趣相同的人结成紧密关系，形成网络社群，并就他们共同关心的话题展开讨论，这又出现了人际关系的重新社群化。于是，网络社群新媒体和公共系媒体应运而生。

一、社群新媒体

社群新媒体有时也被称为社区新媒体。人们上网，很多情况下是由于在现实世界找不到情投意合的同辈群体，于是就改到网上寻觅知音，从而形成了网上社区。能够帮助新媒体用户建立网上社群的媒体，就是社群新媒体。社群，即社会群体，是指由两个或两个以上的具有共同认同和团结感的人所组成的集合，群体内的成员相互作用和影响，共享着特定的目标和期望。社群既包括广义的关系松散的群体，也包括狭义的高度组织化的群体。社群媒体就是为了方便人们结成网络社群而开发的一种媒体工具，它为人们提供了全新的互动领域与交往空间，当人们接入互联网并开展互动活动时，网络社群便诞生了。

网络社群的出现，是现代社会条件下的一种“自我赋权”。赋权一般被定义成“给予权力或权威；给予能力；使能，给机会”。哈佛大学著名管理学家奎因·米勒指出：赋权是描述一种管理风格，其含义非常接近于授权，但是如果要进行严格的定义，赋权是指下属获得决策和行动的权力，它意味着被赋权的人有很大程度的自主权和独立性。赋权是指发展积极的自我能力意识，对周围的社会政治环境有一个批判性的、分析性的理解和认识，同时可以增强个人和集体的资源。网络社群正是借助新媒体的力量从而实现了自我赋权。

在信息社会，规定权力和财富性质的游戏规则已经改变，传统权力形态正在转化为信息与知识的形态，呈现出知识化倾向，在一定程度上，拥有信息即拥有权力。运用知识权力的一个重要方面就是努力控制信息的生产与流通，知识和信息的分配必然影响权力的分配。美国未来学家阿尔文·托夫勒指出，知识重新分配后，建立在知识上的权力也将重新分配。因此，新媒体用户在网络空间结成社群并获得相应的信息传播权必然导致传统权力的分散化，网络社群的自我赋权过程也是政府权力转移 / 下移的过程，是政府分权的过程。

二、公共新媒体

与网络社群新媒体紧密相连的是公共新媒体。如果说社群新媒体为是社会人提供网络集合通道，那么，公共新媒体则是为社会意见的网络集合提供可能。人们结成网络群体，最基本的凝聚力量就是他们所持有的意见大体相同；从这个意义上说，网络社群新媒体往往也就是网络公共新媒体。

为了赢得信息时代的执政主动权，西方民主政府十分重视社群新媒体和公共新媒体的建设，并努力使政府的信息传播真正成为一个即时的、交互的、集市式的公共新媒体。美国白宫于 2009 年 5 月先后入驻 Twitter 和 Facebook 等社交媒体，同年 12 月即拥有"追随者"近 200 万人，并获得了上万个不同群组的关注。白宫发布的 Tweet 结构主要为"标题 + 链接"，通过随时的通知更新并引导新媒体用户点击链接，使新媒体用户方便地阅读白宫网上包括文字、图片、视频等更详细的信息，参与公共话题的讨论。白宫通过 Twitter 发布总统行程、医疗热点解读、突发事件的政府应对措施等，使美国公民对美国政府的行踪和政策了如指掌，并从始至终拥有发言权与批评权。

近年来，我国公共新媒体蓬勃发展，各种新的公共新媒体形式纷纷出现。发展最为迅速的是新媒体电视，由于有广告商和传统媒体的推动。全国共有若干家新媒体电视运营商在运营推广。以地区为例，北京地区有北广传媒、世通华纳、巴士在线、DMG 四大运营商瓜分北京市场，独立运行；而武汉地区则主要是世通华纳和巴士在线平分武汉市场。

三、SNS

SNS 是应用最广、影响最大的社群新媒体，对 SNS 的分析有助于我们深刻了解社群新媒体的内在规律。

（一）什么是 SNS

SNS 有两种解释：（1）SNS（Social Networking Services）即社会性网络服务，专指旨在帮助人们建立社会性网络的互联网应用服务。也应加上目前社会现有已成熟普及的信息载体，如短信 SMS 服务。（2）SNS（Social Network Site）即"社交网站"或"社交网"。

SNS 是根据六度分割理论[①]创立的面向社会性网络的互联网服务，通过"熟人的熟人"来进行网络社交拓展，比如 ArtComb、Friendster、Wallop、adoreme 等。但"熟人的熟人"，只是社交拓展的一种方式，并非社交拓展的全部。因此，现在一般所谓的 SNS，其含义已经远不止"熟人的熟人"这个层面。比如根据相同话题进行凝聚（如贴

---

① 1967 年，哈佛大学的心理学教授斯坦利・米尔格兰姆（Stanley Milgram，1934—1984）创立了六度分割理论。该理论认为："任何两个陌生人之间所间隔的人不会超过六个，也就是说，最多通过六个人你就能够认识任何一个陌生人。"按照六度分割理论，每个个体的社交圈都不断放大，最后成为一个大型网络。

吧）、根据学习经历进行凝聚（如 Facebook）、根据周末出游的相同地点进行凝聚等，都被纳入“SNS”的范畴。

SNS 是采用 P2P 技术构建的基于个人的网络基础软件。在互联网中，PC 机、智能手机自身都没有强大的计算及带宽资源，它们要依赖网站服务器才能浏览、发布信息。如果将每个设备的计算及带宽资源进行重新分配与共享，这些设备就有可能具备比那些服务器更为强大的能力。这就是分布计算理论诞生的根源，是 SNS 技术诞生的理论基础。通过分布式软件编程，将现在分散在个人设备上的 CPU、硬盘、带宽进行统筹安排，并赋予这些相对服务器来说很渺小的设备强大的能力。这些能力包括：计算速度、通信速度、存储空间。

（二）SNS 的技术服务

SNS 是构筑网络基础的软件，经营它不需要购买投入硬件资源和其他软件资源，它以 P2P 方式传输信息和建立社区，不需要任何服务器，可以广泛应用于 SNSP2P 网络电视、SNSP2P 内容收费化、SNSP2P 个人信息中心、SNSP2P 企业工作流中心、SNSP2P 基础硬件市场等各个领域。

中国有关 SNS 的应用主要包括：平台类：如腾讯，qq.com，（以即时通讯为基础的 SNS 平台）；百度，baidu.com（以搜索为基础的 SNS 平台）；阿里巴巴，alibaba.com，（以商务应用为基础的 SNS 平台）；一起网，yiqi.com，（以开放式社会化网络结构为基础的 SNS 平台）。应用类：如工具化 SNS、IT 专业人士 SNS、文化类 SNS 等。

（三）SNS 的缺陷与不足

SNS 的缺陷主要有三方面。

第一个缺陷是在内容分类与筛选方面。由于 SNS 是以人为中心来组织信息的，而人的需求爱好是多种多样的，因此信息不可避免是五花八门的。即使是一些垂直的 SNS，经过一段时间的运营之后，里面的话题也会变得五花八门，偏离创立初衷。

第二个缺陷是内容的沉淀与积累。SNS 社区的信息常常被“好友关系”分割成了一个一个的孤岛，即使是非常大的 SNS 的社区，用户也只能接触到其中很小一部分，很多信息，如果朋友没有推介，根本看不到。

第三个缺陷是和搜索引擎的互动。由于用户产生内容的门槛很低，SNS 社区每天都产生大量的页面内容，搜索引擎虽然在收录 SNS 社区页面方面没困难，但在判定页面主题、决定页面权重方面有很大的难度。

思考题

1. 什么是自媒体新媒体？
2. 什么是工具新媒体？
3. 什么是知识新媒体？
4. 什么是移动新媒体？
5. 什么是社交新媒体？什么是互动新媒体？
6. 什么是社群新媒体？什么是公共新媒体？

第五章　网络媒体

本章要点

第一节　网络与网络媒体

第二节　网络媒体的特点

第三节　网络促成新的政民关系

第四节　网络媒体对传统媒体的影响

第五节　网络媒体的监管与自律

此前四章，我们分别从“信息社会与新媒体”“新媒体的技术平台”“新媒体的特征”“新媒体的分类”等几个方面介绍了新媒体的基本知识，从本章起，我们开始详细讨论各类新媒体的内涵及其应用。本章首先介绍网络媒体。

网络媒体既指一种媒体形式，也是对所有新媒体的总称，还是孕育一切新媒体的母体。与传统的文字、音频、视频设备采用的工作方式不同，网络媒体依赖IT设备开发商们提供的技术及设备来传输、存储和处理、调用文字与音视频信号。

第一节　网络与网络媒体

一、网络

网络是英文Network的中文翻译。从技术层面讲，网络就是用物理链路将各个孤立的工作站或主机相连在一起，组成数据链路，从而达到资源共享和相互通信的目的。凡将地理位置不同，并具有独立功能的多个计算机系统通过通信设备和线路而连接起来，且以功能完善的网络软件（网络协议、信息交换方式及网络操作系统等）实现网络资源共享的系统，就可称为计算机网络。计算机网络中常用的通信设备包括：集线器、中继器、网桥、交换器、路由器、网关等。

网络发展经过了四代发展时期。

第一代：远程终端连接——这是指20世纪60年代早期面向终端的计算机网络。主机是网络的中心和控制者，终端（键盘和显示器）分布在各处并与主机相连，用户通过本地的终端使用远程的主机。这种网络只提供终端和主机之间的通信，子网之间无法通信。

第二代：计算机网络阶段（局域网）——20世纪60年代中期，多个主机互联，实现了计算机和计算机之间的通信。包括：通信子网、用户资源子网。终端用户可以访问本地主机和通信子网上所有主机的软硬件资源。

第三代：计算机网络互联阶段（广域网、互联网）——1981年，国际标准化组织（ISO）制订了开放体系互联基本参考模型（OSI/RM），实现了不同厂家生产的计算机之间的互联互通，TCP/IP协议诞生。

第四代：信息高速公路（高速，多业务，大数据量）——宽带综合业务数字网形成，信息高速公路产生，主要有ATM技术、ISDN、千兆以太网，实现了网上电视点播、电视会议、可视电话、网上购物、网上银行、网络图书馆等信息的高速、可视化。其中B-ISDN（Broad Band Integrated Services Digital Network，宽带综合业务服务网）技术使用最为广泛。B-ISDN强调ISDN的宽带和多媒体通信，它是一个可提供高于1.544Mbit/s或2.048Mbit/s的宽带业务和其他ISDN业务，并具有适应各种业务逻辑、维护和网管等智能的通信网，是一个更广泛的ISDN概念。其业务综合的关键是使用统一的信息单位和单一结构连接实现多媒体通信，并用多用途的用户—网络接口提供多种服务。

根据工作的需要和安全的需要，网络采取分类方式组建，主要组网方式包括：

- 按覆盖范围分类，可分为局域网LAN（作用范围一般为几米到几十公里）、城域网MAN（界于WAN与LAN之间）、广域网WAN（作用范围一般为几十到几千公里乃至全球)。

- 按拓扑结构分类可以分为总分线形、环形、星形、网状。
- 按信息的交换方式来分可以分为电路交换、报文交换、报文分组交换。

一个网络可以由两台计算机组成,也可以拥有在同一大楼里面的上千台计算机和使用者。我们通常称这样的网络为局域网(LAN,Local Area Network)。由LAN再延伸至更大的范围,比如整个城市甚至整个国家,这样的网络我们称为广域网(WAN,Wide Area Network)。如果再仔细划分的话,还可以有MAN(Metropolitan Area Network)和CAN(Citywide Area Network),这些网络都需要有专门的管理人员进行维护。

人们通常接触的互联网是由无数LAN和WAN共同组成的。互联网仅为它们之间提供连接,但却不需要专门的人进行管理(除了维护连接和制定使用标准外),可以说互联网是最自由的地方了。在互联网上没有国界种族之分。只要连上去,在地球另一边的计算机和您室友的计算机其实没有什么两样。

二、网络媒体

网络媒体和传统的电视、报纸、广播等媒体一样,都是传播信息的渠道,是交流、传播信息的工具,是信息载体。

互联网本质上就是网络媒体,是世界各地的电脑相互间通信的方法和手段,是信息的载体和传输系统,是连接全世界计算机的纽带,同时也是一个功能强大的工具,是当今世界上最大的计算机网络。互联网几乎覆盖了整个世界范围,它集新闻、通信、娱乐、资源于一体,是现代社会进行信息交流的高速公路。企业不仅可以从网上获取大量的商业信息,更可以通过互联网向国际社会展现自己。

互联网作为一种媒体形态,其信息容量非常庞大,我们不仅可以把它当作一个计算机网络,而且要把它视为一个庞大的、实惠的、可享用的信息源和信息库,世界各地的人可以用互联网通信和共享信息源:可以送出或接收电子邮件实现通信;可以与别人建立联系并互相索取信息;可以在网上发布公告,宣传你的信息;可以参加各种专题小组讨论;可以免费享用大量的信息源和软件资源。

如前所述,最早的互联网是由美国国防部高级研究计划局(ARPA)建立的。现代计算机网络的许多概念和方法,如分组交换技术等,都来自ARPAnet。ARPAnet不仅进行了租用线互联的分组交换技术研究,而且做了无线网、卫星网的分组交换技术研究,并导致了TCP/IP问世。

1977到1979年,ARPAnet推出了TCP/IP体系结构和协议。1980年前后,ARPAnet上的所有计算机开始了TCP/IP协议的转换工作,并以ARPAnet为主干网建立了初期的互联网。1983年,ARPAnet的全部计算机完成了向TCP/IP的转换,并在UNIX(BSD4.1)上实现了TCP/IP,这是ARPAnet对人类的一项重要贡献。之后,两个著名的科学教育网——CSNET和BITNET先后建立。1984年,美国国家科学基金会(NSF)规划建立了13个国家超级计算中心及国家教育科技网,不久便替代了ARPAnet的骨干地位。1988年互联网开始对外开放。1991年6月,在连通互联网的计算机中,商业用户首次超过了学术界用户,这是互联网发展史上的一个里程碑,从此互联网的成长突飞猛进，不可阻挡。

网络媒体需要通过 IT/IP 技术才能进行有效的信息传播。IT（Information Technology）信息技术是对计算机软硬件、互联网、通信等领域技术的通称，IP 地址则是基于 TCP/IP 的理论所规定的网络地址。TCP/IP（Transmission Control Protocol/Internet Protocol 的简写，中文译名为传输控制协议 / 互联网络协议）是互联网最基本的协议，是国际上通用的网络协议，也是用于互联网的第一套协议。也正因为有了 TCP/IP 标准，世界各地的电脑等设备才能够链接到互联网上，并互相访问及共享资源。TCP/IP 协议是互联网上的“世界语”，而 IP 地址就是 TCP/IP 协议所规定的“门牌号码”。

三、中国互联网

我国互联网的发展以 1987 年中科院通过中国学术网 CANET 向世界发出第一封 Email 为起始，以 1994 年 4 月与美国签署互联网接入协议为标志。经过几十年的发展，现形成了四大主流网络体系和六大门户网站格局。四大主流网络体系为：中国科学技术网 CSTNET；中国教育和科研计算机网 CERNET；中国公用计算机互联网 Chinanet 和中国金桥信息网 ChinaGBN。六大门户网站格局为：新浪网、搜狐网、网易网、腾讯网、凤凰网、新华网。

中国公用计算机互联网（Chinanet）

又称邮电部互联网、中国公用互联网，是原邮电部经营管理的基于互联网网络技术的电子信息网，1995 年初与国际互联网连通，并于当年 5 月向社会提供服务。Chinanet 由骨干网、接入网组成，骨干网是其主要信息通路，由直辖市和各省会城市的网络节点构成；接入网是各省（区）建设的网络接点形成的网络。Chinanet 的灵活接入方式和遍布全国各城市的接入点，令其可以方便地接入国际互联网，享用互联网上的丰富信息资源和各种服务，并可为国内的计算机互联，为国内的信息资源共享提供方便的网络环境。Chinanet 现归口工信部管理。

中国教育和科研计算机网（CERNET）

该网 1994 年启动，1995 年底完成首期工程，网络覆盖北京（网络中心）、上海、南京、广州、武汉、西安、成都和沈阳等高等学校集中的大城市，有连接美国的国际专线。全国主干网（共 11 条 64Kbps DDN 专线）于 1995 年 10 月开通。二期工程完成后，全国主干网和国际联网逐步升级，主干网达到 2Kbps 以上，国际联网达到 8Kbps 以上。CERnet 由教育部主管。

中国科学技术网（CSTNET）

由中国科学院主持，联合清华、北大共同建设。1994 年 4 月开通了与互联网的专线连接。1994 年 5 月 21 日完成了我国最高域名 CN 主服务器的设置，实现了与互联网的 TCP/IP 连接。1995 年底基本完成“百所联网”工程。至 1997 年底，已连接 100 多个以太网、3 000 多台计算机工作站、1 万多名用户，成为中国地域广、用量大、性能好、通信量大、服务设施齐全的全国性科研教育网络。

中国金桥信息网（ChinaGBN）

即国家公用经济信息通信网，由原电子工业部管理，面向政府，企业、事业单位和社会公众提供数据通信和信息服务。现为工信部主管。

在中国，互联网的发展历程可以大体划分为三个阶段：第一阶段为 1987 至 1993 年，是我国互联网的研究试验阶段。在此期间，中国一些科研部门和高等院校开始研究互联网技术，并开展了科研课题和科技合作工作，但这个阶段的网络应用仅限于小范围内的电子邮件服务。

第二阶段为 1994 至 1996 年，是我国互联网的起步阶段。1994 年 4 月，中国派出一个文化代表团访美，与美国有关方面签署了接入互联网的协议，中关村地区教育与科研示范网络工程正式接入互联网，从此中国被国际上正式承认为有互联网的国家。之后，Chinanet、CERnet、CSTnet、Chinagbn 等多个互联网网络项目在全国范围相继启动，互联网开始进入公众生活，并在中国得到了迅速的发展。至 1996 年底，中国互联网用户数即已达 20 万，利用互联网开展的业务与应用逐步增多。

第三阶段为 1997 年至今，是互联网在我国发展最为快速的阶段。国内互联网用户数在 1997 年以后的许多年份里，基本保持每半年翻一番的增长速度。截至 2014 年 6 月，我国上网用户已近 14 亿人，每年增长都超过数千万。不仅有新浪、网易、搜狐等具有独立国际出入口线路的商用性互联网骨干单位，还有面向教育、科技、经贸等领域的非营利性互联网骨干单位共 600 多家网络接入服务提供商（ISP），其中跨省经营的有 140 家。

四、网络媒体的两面性

互联网给全世界带来了非同寻常的机遇。人类经历了狩猎社会、农业社会、工业社会，当前正在迈进信息社会。信息作为继材料、能源之后的又一重要战略资源，它的有效开发和充分利用，已经成为我国社会和经济发展的重要推动力和生产要素，正在改变着人们的生产方式、工作方式、生活方式和学习方式。首先，网络缩短了时空距离，大大加快了信息传递，使得社会各种资源得以共享。其次，网络创造出更多机会，可以有效地提高传统产业的生产效率，有力地拉动消费需求，从而促进经济增长，推动生产力进步。同时，网络也为各个层次的文化交流提供了良好的平台。

互联网的确创造了一个个奇迹，但在奇迹背后，存在着日益突出的问题，向人们提出了极大的挑战。比如，信息贫富差距开始扩大，财富分配不平等；网络的开放性和全球化，促进了人类知识的共享和经济的全球化。但也使得网络安全和信息安全成为非常严峻的问题；网络的竞争已成为国家间、企业间高技术的竞争和人才的竞争；网络带来信息的全球性流通，也加剧了文化渗透，各国都在为捍卫自己的网络文化而努力。中国拥有悠久的文化，如何使得这种厚重的文化在网络上得以延伸，这个问题显得尤为突出。

第二节　网络媒体的特点

互联网被称为继报纸、广播、电视三大传统媒体之后的“第四媒体”。基于互联网的网络媒体集三大传统媒体的诸多优势于一身，是跨媒体的数字化媒体。网络媒体新闻传播除具有三大传统媒体新闻传播的“共性”特点之外，还具有以下鲜明的“个性”特点。

一、即时性

即时性是网络传播时效性强的形象表述。20 世纪末，网络媒体对突发事件的报道，就不断创造了发稿时效第一的纪录。如：1999 年 5 月 8 日清晨 5 点 50 分（北京时间），中国驻南斯拉夫大使馆遭到以美国为首的北约的导弹袭击。国内新闻网站中第一个对此作出反应的是人民网。该网站 9 点 25 分发布了使馆被炸的第一篇报道；11 点 55 分发布电话采访《人民日报》驻南斯拉夫记者吕岩松的现场目击，报道《光明日报》记者许杏虎、朱颖已殉职。中央电视台在 12 点的《新闻 30 分》中加以报道，新华社在午后才向新闻媒体发稿。近几年来，滚动快讯让网络新闻传播的时效性进一步体现。随着网络图文、音频和视频直播的出现，网络新闻的即时性日臻完美。网络媒体为凸显新闻时效性，对突发事件的报道有时甚至将新闻电头的时间精确到分钟。即使是日常新闻报道，新闻内容页面一般也都标注了精确到秒的发布时间，一些新闻列表的每个标题后也会标注发布时间。

二、海量性

网络媒体可实行全天 24 小时发稿，人民网、新华网等新闻网站和新浪网、搜狐网等门户网站实行全天候发稿已成常态。网络媒体的每日发稿量（包括条数和篇幅）远远大于传统媒体，如新浪网仅新闻频道首页的新闻链接总量就高达 800 多条，各栏目还源源不断地滚动播出新闻，发稿量之大由此可见一斑。点击打开任何一条网络新闻网页，呈现给读者的除该新闻的内容之外，还有关键词、相关新闻和新闻专题等链接，广为集纳追踪报道和相关信息，全面报道事件始末，极大地丰富了新闻外延和背景资料，让读者充分享受新闻盛筵。除非人为清理或服务器在没有备份的情况下遭到破坏，理论上网络媒体所发稿件将以数字形式长期保存在存储容量巨大的服务器上，网络媒体简直就是一个浩瀚的新闻数据库。网络媒体新闻传播的海量性，还体现在具有强大的检索功能及易复制、易存储、易调用等特点。谷歌、百度等专业搜索引擎及一些网站自有的检索工具，使网上查找新闻变得十分便捷，读者可以通过复制、粘贴、下载、收藏、打印网页等方式获得、存储所需资料。

三、全球性

“网络传播无国界”，网络媒体的传播范围是全球性的，理论上没有国家和地区的限制。任何一个国家或地区，如果不采取特别的技术措施对境内外网站实施封锁（事实上通过代理服务器可突破封锁），世界上任何一个网站登载的内容，都有可能供全球新媒体用户访问、浏览和下载。同样，世界上任何一个具备上网条件的地方，均可轻松浏览全球网站。1998 年，美国独立检察官斯塔尔的“克林顿性丑闻”调查报告首先通过互联网公之于世，著名网站“Yahoo！”“AOL”等以最快时间转载，长达 4 个多小时的克林顿供证录像视频在互联网上随后播出，斯塔尔报告的主要内容通过电子邮件在全世界广为传播，这一案例开创了世界新闻传播史上多个“第一次”。

四、互动性

网络新闻传播是媒体与受众、受众与受众之间的多向性、互动性传播。互动性又称交互性，包含“一对一”“一对多”“多对一”“多对多”等多种传播方式，是大众传播和人际传播的有机结合。网络论坛、讨论区、留言板、聊天室、电子邮件、ICQ及MSN等即时通讯软件等，吸引着大量新媒体用户积极参与传播信息、评论新闻、讨论话题等活动，极大地提高了网络新闻传播的社会影响力。近年来，网络论坛在刘涌案、孙志刚事件、宝马撞人案、虐猫女事件与近来的360与腾讯大战、马航事件、影星文章出轨事件、王菲谢霆锋事件等社会新闻事件上，发出了强大的声音，产生了巨大影响。

五、多媒体性

网络所拥有的一大特性是多媒体性，它使网络媒体有能力在技术上实现多媒体传播。网络传播的多媒体性是指互联网络运用数字技术，兼容报纸、广播和电视等多种媒体的传播手段，全面刺激受众的多种感官。网络传播采取文字、图片、音频、视频、FLASH动画等多种形式，丰富了报道手段，使新闻更为直观、形象、生动，增加了新闻的现场感和冲击力。网络媒体集文本、声音、图像等传播形式于一体，打破了传统媒体之间的界限，使网络媒体作为一个整体的概念，不再有现实生活中传统媒体三足鼎立的势力划分。

第三节　网络促成新的政民关系

网络媒体除了高效便捷地提供各种信息外，最大的亮点是促成了新的政民关系的形成。我们的目标是要按照建设“民主法治、公平正义、诚信友爱、充满活力、安定有序、人与自然和谐相处”的社会主义和谐社会的要求，正确处理人民内部矛盾，认真解决群众最关心、最直接、最现实的利益问题。网络媒体作为增进社会方方面面沟通的一个很好的渠道，作为思想文化领域的一个重要阵地，不仅具有传播学意义，更具有政治意义，可以更好地为人民服务，为党和政府的中心工作服务，为构建和谐社会发挥积极作用。

社会发展过程中会产生许多新情况、新问题、新矛盾，特别是在当前，改革开放和现代化建设已进入关键时期，社会利益关系更趋复杂，各种深层次矛盾日益凸现，这不仅需要新闻媒体的正确引导，更需要新闻媒体探索新的宣传方式去应对，网络媒体能够依托先进的传播技术，实现公众的广泛参与，自主地发表意见，形成无障碍沟通。

在这个“意见”时代，公众有太多的话要说。政府需要有容许公众说话的胸襟与勇气，媒体也要为公众提供一个自由言论的场所。传统媒体不可能为公众提供容量巨大、全时性的话语空间。公众的许多意见只能由少数代表代为表达，他们的话语权得不到充分的行使。而“网上对话”恰恰能够满足公众这种“说话”的需求。在主流新闻媒体上表达个人的声音，再也不是可望而不可即的梦想，更不是个别人的特权。

一、政府与公民关系的历史模型

在人类漫长的历史长河中，君主及其官僚机构组成的“政府”是统治关系主体，平民百姓组成的“社会”是统治关系客体，这种主体与客体的关系是君主与百姓之间的命令与服从的关系，百姓没有相应的法律地位和私人权利。政民关系实质是统治主体与统治客体之间由上而下的垂直统御的关系和从无变更的固定范式。

进入工业社会，管理行政逐渐取代了统治行政。管理型政府的行政行为以管理的科学化、效率化为原则，以官僚制度为基础，以效率优先为导向，形成基于行政政府的管理主义。然而，在管理行政时期，政府与公民的关系仍然是单向维度的。实质上，管理型政府依然是“政府本位”“权力本位”的政府，是以自身为中心，以官僚制组织结构为特征，奉行集权主义的权力运行机制。在这种行政机制下，权力自下而上地集中，上层发布命令，下级执行。政府与公民的关系定位，仍然只能在管理主体与管理客体的思维框架下进行调整与整合，从本质上仍然无法摆脱主客体关系单向维度的思维困境。

宪政主义的出现，改变了管理主义的主流理论地位。宪政主义的最新理论成果——新公共服务，为反思管理主客体单向度的政府与公民关系提供了新的思维路径。其对政府和公民角色的重塑，为探索政府与公民之间良性互动关系提供了反思和走出的路径。新公共服务理论，一方面认为政府的职能是服务而非掌舵，服务的对象是公民而非顾客，体现了政府不应作为公共部门的代言人，而应代表公民扮演“主权者”的代理人这一新角色的要求；另一方面又重视人而非效率，强调公正、社会平等及回应性。在它看来，公民成为价值上的行政关系主体而政府为客体。又因为政府是实践上行政关系的主体而公民是客体，二者交织，新公共服务理论使政府与公民的关系由单向维度到双向互动成为可能。

二、信息化时代政府与公民关系的嬗变

信息化时代，新公共服务理论使得以权力为中心的政府价值观转变为以公众为中心、以需求为导向。信息网络技术的出现则为这种转变和政府公民间的良性互动提供了“工具”和“手段”。

随着网络技术的深度发展，人类社会已经由一个传统等级社会逐步转变成一个网络社会，政民关系的路径突破转向诉求于新兴的技术理性。网络拓宽了公民民主参与的渠道，深化了人们对政府与公民关系的认识。网络的民主参与作为一个新生事物，对政府与公民关系产生了积极的深远影响。

信息化背景下的政府与公民关系，在新公共服务理论的基础上也引入了一些现代企业概念，由“客户关系管理”引申为“用户关系管理”与“公民关系管理”，由“以客户为中心”引申为“以公民为中心”，由“以客户需求为导向”引申为“以公民需求为导向”，等等。这些具体的操作理念的出现，推动与促进了良性政民关系的产生。

网络民主参与，为公民提供了民主参与的新渠道，弥补了现实政府与公民关系中公民民主参与渠道狭窄的不足，提高了公民政治表达的自由程度，开创了信息多元化和言论自由的新局面。网络民主参与这种便捷的参政工具，使人们能够更加平等地享有知情

权、参与权、表达权、监督权，充分行使作为一个公民的政治权利。

网络也可以为政府调控舆论提供平台。网络民主参与的出现，对舆论控制产生了深远的影响。网络对文字、图像、视频的实时传播与传播手段的多样性，提高了政治传播的实效性和公众对政治舆论的关注。同时网络也为民意表达提供了平台，这使得网络上聚集了强大真实的民意，这克服并改变了传统时代虚假民意或者民意不足的舆情监控结果，为政府了解民意和政策制定民主化进程起到了促进作用。

网络参政的便捷与低成本激发了公民参与政治的热情，网络参政平等性与互动性强化了公民的民主意识，网络参政所提供的便利的利益表达方式，使得网络参政主体对民主参与表现出更加积极的参政心理。这些都大大地推进了公民政治社会化的进程。公民与政府形成良性互动，有效地参与政治决策。政府管理得到优化，从而形成良性稳固的政治秩序。

三、转型期政府与公民关系的重构与匡正

民主参与是政府与公众之间关系的调整，调整的方向是两者形成互动交融信任的关系。一方面，民主参与的内容和技术为调整政府与公民关系服务；另一方面，这种关系的调整改变了行政决策执行监督运行模式。

从公众参与的角度看，民主参与是公众参与公共政策制定、执行和评估的核心内容之一。从政府与公民关系的角度看，“互动”包括三个层次递进的含义：政府信息告知、政府与公众互动、政府与公众合作。政府与公众的互动关注政务信息双向流动，政府需要公众提供公共事务的信息，如采取民意调查、听证会、建议等形式；公众也能够从政府那里获得需要的信息。由公众与政府合作来主导公共政策制定、执行和监督，公民的参与能够弥补政府知识不全面、能力不足和闭门造车等困境。

政民互动包括告知、互动和回应三个层次。目前的民主参与事实上还仅仅停留在告知层次。比如“价格听证会”演变成“涨价听证会”，因为价格听证会其实只起到了一种形式上的作用。听证会中公民所表达的利益诉求及其证据和理由，对于最终做出决定并没有法定的约束力，也就被政府理所当然地漠视，对行政权力运行没有产生实质性的影响。因此，需要更深层次地推进民主参与。

四、政府权力与公民权利良性互动的新范式

长期以来，我国公民民主参与面临一个“制度供应短缺”的问题，主要表现为：制度化参与渠道狭窄，民意表达机构功能弱化，许多原本是法律规定的公民参与权利由于种种原因而得不到落实。在今天的信息化时代，网络扩展了公民民主参与的渠道，但也使得政府在面对这一新型参与方式时显得有些力不从心。

公众参与公共政策制定，是公民充分行使其知情权、表达权、参与权和监督权的过程。通过听证会、研讨会和网上征集市民意见等各种各样的方式，直接参与国家公共政策的制定，有利于公共决策的科学化和民主化，保证制定出来的政策更切合实际，更符合民意。政府应该提高行政透明度，使公众充分享有知情权。同时，拓宽公众直接参与公共政策制定的渠道，重视民意所表达的利益诉求，积极鼓励并引导公众参与公共政策

的制定，保障政府权力和公民权利的民主行使和实现。

实现政府与公众的良性互动和共同治理，建设规范化服务型政府已是大势所趋，而公民参与是对政府权力的监督和制约。一方面，公民积极参与国家公共事务的管理是实现自身权利的过程；另一方面，也能更好地监督政府权力的行使。只有更广泛的监督，才能促使政府充分利用公众赋予的权力去为公众谋福利，保障公民权利的实现。

五、建设以公众为中心的网上政府

建设政府门户网站，推行电子政务，是政府应对信息化社会发展的重要变革。因此，政府门户网站已经成为电子政府的前台，承载着电子政务应用服务的总集成。

从功能上讲，政府门户网站就是以公众为中心、以服务为导向的一个总的服务平台，承载着政府信息公开、公共服务和民主参与的重要功能。第一，它改变了公众和政府信息不对称，具备权威性、真实性和可靠性；第二，它能为公众提供一站式的公共服务，有效降低政府和公众的办事成本；第三，它为政府与公众之间提供了一个开放式的互动参与渠道，能够方便公众更好地参与公众事务，监督政府运行。

当前，政府部门开始进驻社会化媒体平台，如微博、微信等，“微政务”的说法随即产生。政府相关部门利用政务微博、微信等平台，根据相关规定将各类政务信息以权威身份进行发布，在当前社会公共事件频发的背景下，以官方身份说明真相，以维护社会和谐稳定，极为重要。同时，通过微博、微信等平台的互动功能，政府部门可以与社会机构、社会公众之间实现有效沟通和交流。这些利用新媒体进行治理、公关和提供服务的做法，对政府来讲可以提高政府工作透明度和办事效率、降低政府运行成本；对政府与公民关系来讲还可以促进公民对政治信息的获取和对社会事务的有效参与，推动政府与公众之间的良性互动。

六、发挥网上政府的长处，力避局限性

网络政府较之于传统政务效率具有明显的优越性。新千年以来，政府利用网络新媒体使政务形式发生了巨大的变化。政府公文电子化是向社会进行政务信息公开的便捷渠道，网络新闻发布会和网络在线交流则更进一步增进了政府和公众之间的沟通，让政府和公众之间的联系更加紧密。网络政务形式的多样化也在不断丰富和发展着政务公开的内容。随着经济的快速发展和社会利益群体的不断多元化，社会公众对公共服务信息需求的种类和层次也出现多样性。这要求政府必须不断适应社会发展的新情况，针对不同社会群体进行有针对性的有效信息互动，公开的内容需要扩展，分类需要更加精细。政府的公务网络化还加速了政府内部组织传播形式的转变。原来的科层化模式逐渐开始转向扁平化模式，这意味着政府机构中间层的减少，而横向的管理机构一体化、跨部门、甚至跨地域的组织管理模式有可能成为现实。“国家、非政府以及地方政府都在与成千上万的公民、其他的公共机构、私人以及非营利组织一道从事治理。”[①] 政府将真正成为

---

① 〔美〕登哈特著，丁煌译：《新公共服务：服务而不是掌舵》，北京：中国人民大学出版社2004年版，第87页。

名副其实的服务型政府。

同时也要看到，网络政务在实施过程中的局限性也不断显露。首先，“数字鸿沟”使得那些在经济地位上处于低端、未能熟练掌握网络新媒体使用技术、文化水平相对有限的社会群体难以有效参与网络互动，信息贫困者被排斥到了政府沟通的渠道之外，成为信息社会的边缘人群。其次，网络民意的真实性、全面性有待甄别。网络上充斥着很多虚假信息，流言传播的畸变和受控于基于不同目的利益集团的“网络推手”都会影响网络舆论的走向，新媒体用户的集体非理性容易导致网络空间中的不良情绪宣泄。此外，网络政务的有效性也常常受到质疑，比如网络政府的道德与人性基础问题，网络政务的实施能否真正节约公共开支，甚至怀疑网络政务产生的结果能否像当初预想的那样。面对初创阶段的网络政务，我们应当以乐观的态度，充分利用网络传播的各项新技术，促进新型民众关系的建构。

第四节　网络媒体对传统媒体的影响

网络媒体的横空出世，对传统媒体带来深刻影响。1993 年 12 月 6 日，我国首家进行电子化尝试的报纸《杭州日报》通过联机服务网络进行传输，揭开了我国报纸网络化的序幕。1996 年 1 月 2 日，《广州日报》电子版通过新加坡报业控购的服务主站“亚洲一号站”进入互联网，成为我国第一份上网的地方报纸。2000 年 11 月 8 日,《拉萨晚报》以独立域名上网；至此，我国内地所有省、直辖市、自治区都有了新闻媒体网站。正是在这一时期，中央到地方各级新闻网站陆续建立，初步建构起中国互联网新闻传播的基本格局。经历了 2001 年的“网络寒潮”后，2005 年，中国互联网热潮再度归来，互联网业变得较为理性，逐渐有了清晰的盈利模式。如新浪以内容吸引广告，开展增值业务；盛大和网易把重点放在网络游戏上；百度以搜索和竞价广告为核心，等等。与此同时，以人民网、新华网为代表的中央媒体网站以信息丰富、独家、权威等特色，一举在网络新闻界奠定了不可动摇的强势地位，传统媒体深感“危机四伏”“日子艰难”，不得不奋起应对。

网络媒体对传统媒体最大的影响是催生了传统媒体的网络新闻业务。网络新闻业务是传统新闻业务的一种延伸，经过十年发展，它在不断吸取传统新闻业务养分的同时，也在逐渐形成自己的崭新面貌，有些甚至是革命性的，并有可能对整个媒体的新闻业务发展产生影响。这些影响主要表现在以下六个方面：

一、时间观

中国网络新闻业务对于传统新闻业务的改革，一个重要的方面是时间观。在早期，中国网络媒体发布新闻的方式是“定时”。这表明网站仍然受到传统媒体业务观念的限制，但是很快，“及时”就成为了网站追求的目标。2003 年 3 月 20 日 10 时 30 分左右，美国向伊拉克开战。这个早已在预期中的“突发事件”成为了时效性竞赛的一个重要机会。10 时 34 分，新华网依靠新华社巴格达报道员贾迈勒向全世界发出第一条英文快讯和中文快讯。多家网站也在极力争夺新闻发布的“第一”。网络已经将“实时”的追求推到了极致。

在追求“及时”“实时”的同时，网络新闻的“全时”化观念也逐渐建立起来。网络新闻不仅要最大限度地保障对个别新闻报道的时效性，同时还要作为一个“全天候”的媒体，在一切新闻报道中争取最强的时效性。

网络媒体时效性的不断提高，并非简单地取决于网络技术的支持，更重要的，还在于观念、体制上的改进。网络新闻时效性上的进步，也并非只是简单地提高了新闻报道的水平，它带来的另外一些冲击也许更意味深长。例如，在冲破某些人为的报道障碍方面、在更好地满足受众知情权方面，网络媒体以时效性优势来突围，便有着一种实验性的意义；在某些时候，它会成为一种压力与动力，带动其他媒体的革新。

二、组织方式

网络技术的发展，使网络新闻的组织方式发生了革命性的变化。网站发布新闻时，常常不是一次性地和盘托出，而是在不同的层次中逐渐展示出完整的内容。层次化与网络化是网络媒体新闻发布的状态，也是新闻资源循环再生的形态。

层次化、网络化，这些新闻组织的特点，最终是通过层次化的新闻作品、专题和新闻网页等几个层面的手段来实现的，但目前国内新闻网站在网页的设计上已经表现出一种趋同的倾向，即“平面主导式”，更多强调的是内容的广泛。在导读页上推荐的新闻数量较多，有些甚至可以达到几百条。导读页往往采用多重方式进行新闻推荐，同时在此过程中，又可以通过标题获知一些主要新闻，因此获取主要新闻的效率较高。但页面过于繁杂会造成阅读的负担较重；此外，它可能导致受众点击进入各栏目的几率下降。

三、利用方式

随着网络新闻编辑手段的丰富，网络新闻资源可以通过数据库长期保存，并可以被无限制地反复利用。因此，在网络新闻发布的业务系统中，数据库技术就成了关键。在网络新闻记者与编辑那里，意味着在现有的新闻中利用既有的新闻资源已成为一种日常工作；如何寻找与当前新闻相关的资源，又如何合理地加以利用，也成为新闻发布的一个重要环节。

搜索技术对于提高网络新闻的循环利用效率起着重要作用。2004 年 9 月，著名的搜索引擎 Google 推出了以 1 000 多个新闻源做支持，利用搜索技术和自动页面生成技术制作的 Google 中文新闻，对国内新闻网站特别是以整合新闻为主的商业网站形成了强大的冲击。

网络新闻的发布方式也在不断得到丰富。从总体看，网络新闻的发布可以有“拉”与“推”两种方式。“拉”方式是网络新闻的主要发布方式，即将新闻发布于网站，由受众登录网站后自主进行选择性阅读；“推”方式是指利用相应手段，直接将新闻传送给网络受众，无需受众登录网站进行新闻的选择。常见的“推”方式是电子邮件——用户订阅网站的新闻后，网站定期将编辑筛选的新闻以邮件的方式传送给用户。手机短信等新技术为网站新闻的“推送”式发布提供了新渠道。

四、表现手段

1999年以后，一些网站开始意识到多媒体化是网络新闻的一个发展方向。《人民日报》网络版便在这一年全面开通了多媒体服务，这些服务包括音频、视频和360度照片等。除了探索图片、音频、视频等传统手段在网络中的运用之外，新闻网站还在探索新的技术手段在新闻传播中的运用。其中最具有代表性的是Flash技术在网络中的运用——要么利用Flash动漫讲述新闻，要么将Flash作为整合各种媒体要素的手段。

Flash动漫新闻可以摆脱对现场新闻素材的依赖，因而是一种便捷的模拟或再现新闻现场的手段。对于突发性新闻报道来说，Flash可以在很大程度上弥补第一手素材无法获得的缺憾。但是制作Flash动漫新闻需要制作者既有深厚的美术功底，可以从容地进行动画的创作，又有扎实的创作能力，可以自如地进行制作思想的表达。同时，还要求制作者具有良好的新闻敏感性，善于表现新闻中最有价值的要素。

五、编辑观

1995年以来，网络新闻的编辑观经历了四个层次的发展：黏贴—加工—组织—解读。“黏贴新闻”，靠“快”和“全”来赢得眼球；“加工新闻”，即对新闻进行加工整理，使其具有高质量与可读性；“组织新闻”，包括形式上的组织与内容上的组织，一方面对现成的新闻资源进行整合，一方面争取独创性；“解读新闻”，即对新闻事件或其中某些环节的来龙去脉、前因后果进行深度的剖析，释疑解惑。

近年来，由于网络新闻竞争的加剧，各个新闻网站都在组织新闻与解读新闻方面加大了力度。从总体来看，网络新闻编辑观的发展，是与网络新闻的发展模式的探求相吻合的，体现了中国网络媒体从“文摘式”模式向“原创型”模式的发展。

六、受众观

网络技术使传播者与受众之间的关系从主从变为互动，促成了受众观念的一次深刻变革。网络媒体正是在逐渐认识到网络媒介的技术特性的同时，逐步提高了与受众互动的能力，开发出新的互动形式，包括：媒体与受众之间的沟通交流、受众意见调查、特约来宾与网友的交流、受众互动等。

然而，互动只能说明传播双方交流通道的畅通。在互动过程中，传播者仍然是占主导地位的，而受众仍然是接收者与相对被动的反馈者。从网络新闻发展的实践来看，在一定的场合下，新媒体用户不仅是信息的接收者与反馈者，同时也可能在一定程度上影响到网络新闻传播者的传播意向与行为。因此，将互动的关系进一步演化为“共动”的关系，将是未来网络新闻发展的一个趋势。虽然受众参与网络新闻的手段仍然是依靠论坛、邮件等基本方式，但是，他们处于更为积极的地位。他们可以通过新闻的转发，提升某些新闻的价值，增加某些事件的关注度；也可以通过热烈的讨论，将个人意见汇流为公共意见。

第五节 网络媒体的监管与自律

我国实行对网络的多重管制和分层管理。在内容管理方面，分别由国务院新闻办网络局、国家广播电视总局、文化部、国家新闻出版总署（2013 年机构改革中，国家新闻出版署与国家广电总局合并）负责，最后归口中宣部。在技术管理方面，则以工业和信息化产业部管理为主，国家广电总局为辅。

我国的网络法规包括三个层次：全国人大及常委会颁布的法律（宪法相关条款和部门法）；国务院颁布的行政法规；行业最高部门，也是拥有规则权的法规机构颁布的行政规章。目前在中国的网络传播领域，在最高层次，宪法规定了我国公民基本的言论出版自由权利，尚没有国家颁布的部门法——网络新闻传播法。在第二层次，只有数量极少的国务院颁发的行政法规。在最低的层次，是部颁布行政规章及部下属机构颁布的大量法规性文件（严格地说它们不属于法律）。可见，我国网络传播法制事实上是以行政规章及法规性文件为主要依据进行的，采用的是以律（约束）为特征的立法措施。管理是当前网络立法的主要特征，规定和通知是当前我国网络立法的主要内容和表现方式。整体上看，我国网络立法的力度还不够。

2012 年 6 月，中国国家互联网信息办公室、工业和信息化部公布了《互联网信息服务管理办法（修订草案）》，并公开向社会征求意见。作为当前最新的互联网管理文件，此次的修订版草案主要有以下特点：

（1）强调了互联网的重要性和加强管理的必要性。将规范互联网活动从原本的单纯作为行业管理的规范活动，上升到作为维护国家安全和公共利益、保护公众和互联网信息服务提供者的合法权益的高度。

（2）互联网监管部门发生变化。互联网监督工作在 2000 年的《互联网信息服务管理办法》中是以国务院信息产业主管部门为主导的，现在改由国家互联网信息内容主管部门，即国家互联网信息办公室主管。该机构成立于 2011 年，主要职责为：落实互联网信息传播方针政策和推动互联网信息传播法制建设，指导、协调、督促有关部门加强互联网信息内容管理，负责网络新闻业务及其他相关业务的审批和日常监管，以及其他各项网络文化领域的规划、协调等工作。

（3）细化互联网信息服务项目。从事互联网新闻信息服务，提供由互联网用户向公众发布信息的服务，及提供互联网信息搜索服务，须经互联网信息内容主管部门许可。可见，只要在网上开办允许用户公开发布信息或互动服务的一切平台，如网上论坛及文章跟帖，网络个人空间、博客、微博，或者像淘宝、京东、亚马逊等网上市场，都属于规定中的“向公众提供发布信息的服务”条款，均须获得相应主管部门的许可。

（4）推行实名制。提供由互联网用户向公众发布信息服务的互联网信息服务提供者，应当要求用户以真实身份信息注册。互联网接入服务提供者应当记录其所接入的互联网信息服务提供者的真实身份信息、网站名称、互联网地址等信息。

（5）加大互联网信息服务提供者和互联网接入服务提供者的监管责任，明确违反规定的处罚细则，处罚条款由2000年《互联网信息服务管理办法》的7条，增至2012年的《互联网信息服务管理办法（修订草案）》的12条。其中最显著的特点是加大了互联网接入服务提供者（下称接入商）的责任。2000年《互联网信息服务管理办法》规定，接入商应当记录用户上网信息并保存60日。但在2012年的《互联网信息服务管理办法（修订草案）》中，接入商的监管责任被大大加强，共有4条惩罚条款涉及接入商。其中一条规定，如果违反“要求用户用真实身份信息注册”，“由电信主管部门给予警告，责令限期改正，并处10万元以上100万元以下罚款；情节严重的，吊销其电信业务经营许可证件”。

可见，当下政府对网络监管的力度逐渐加大，尤其是以网络实名制为主的新规对网上个人言行的管控明显严格有效起来。同时，通过行政立法，信息内容的管理责任已经下放给互联网信息服务提供者和互联网接入商，这迫使网络商加强对其用户的审查，进而逐渐达到网站的自审自查，从而达到政府对互联网的有效管理。

除了国家行政部门依法对互联网进行管理以外，行业协会也负有一定的管理职能，主要包括制定行业自律规则，对违规网站实行行业通报批评等。而最具约束力的是2011年11月15日由中国互联网协会发出的网络媒体倡议书:《为构建和谐社会作出共同努力》。倡议共10条：

（1）围绕构建民主法治、公平正义、诚信友爱、充满活力、安定有序、人与自然和谐相处的社会，网络媒体应积极努力，为营造良好的网络舆论环境作出自己的贡献。

（2）遵守宪法、法律和法规，坚持为人民服务、为社会主义服务的方向，坚持正确的舆论导向，维护国家利益和公共利益。

（3）宣传科学理论，传播先进文化，弘扬民族精神，塑造美好心灵，为网络用户提供高品位、高格调、高质量的信息和服务。

（4）宣传科学发展观，倡导节约型社会，努力使全面、协调、可持续的发展观深入人心。

（5）积极传播有益于提高民族素质、推动经济发展、促进社会进步的健康、文明的信息，自觉抵制危害国家安全和社会稳定、违反法律法规以及与中华民族优秀文化传统和道德规范相违背的信息内容。

（6）担负起网络媒体应有的社会责任，引导网络用户正确理解党和国家的方针政策，正确对待利益关系的调整，以理性合法的形式表达利益诉求。

（7）坚持新闻信息的真实性、准确性，自觉维护人民群众的根本利益，维护改革发展稳定的大局，维护我国良好的国际形象。

（8）大力推动行业道德建设，切实履行行业自律的承诺，自觉接受公众监督，共同维护网络媒体的良好形象和公信力。

（9）加强对网络信息服务的管理，自觉维护广大用户的合法权益，大力倡导网络用户文明使用网络，增强网络道德意识，自觉抵制有害信息的传播。

（10）尊重和保护知识产权，倡导团结协作，加强网络媒体间的交流与合作，实现共同发展。

这一协议事实上是在政府有关部门指导下形成的，因此就有了某种程度的强制力。

思考题

1. 什么是网络，什么是网络媒体？
2. 网络媒体有哪些特点？
3. 为什么说网络媒体可以促成新的政民关系？
4. 为什么说网络媒体能够改变传统媒体的生态？
5. 为什么要特别强调网络媒体的监管与自律？

第六章　移动媒体

本章要点

第一节　手机报

第二节　智能手机

第三节　平板电脑

第四节　数字化阅读工具

第五节　车载广播和客户端

如果说人们理解的网络媒体是“坐在家里看”的媒体，那么，移动媒体就是“走在路上看”或“出门在外看”的媒体。移动媒体是基于互联网技术，将有线光纤光缆信号转化为无线信号，供用户在户外和行进过程中使用的一种媒体。

第一节　手机报

自《中国妇女报》首推“手机报”以来，手机报凭借着传播速度快、随时随地随身接收以及传播功能全面、互动性强等优势，在全国各地迅速发展起来，无论是电信运营商还是传统媒体，都纷纷抢滩手机报市场。到目前为止，我国已有手机报 1 000 余种，而且随着 3G、4G 技术的普及，手机报会以更惊人的速度进入它的快速发展期。

一、手机报的实现形式

手机报是指将纸质报纸的新闻内容，通过移动通信技术平台传播，使用户能通过手机阅读到报纸内容的一种信息传播业务。手机报可以分为短信手机报、WAP 手机报和彩信手机报三种形式。

短信：阅读手机报可通过短信点播或短信定制，这是其最早的传播方式。

彩信：电信运营商将新闻以彩信的方式发送到手机终端上，用户可以离线观看，不过由于手机的容量一般有限，所以彩信版手机报的新闻是以新闻摘要或缩编的形式出现的。

WAP 方式：用户既可以在 WAP 专设的手机报频道在线阅读，也可以通过链接选择订阅。与彩信版相比，WAP 版的手机报不仅收看方便，而且自由度也较高。

二、手机报的媒介特性

和传统报纸相比，手机报有其鲜明的特色：

（一）信息传播的及时性

传统的报纸用户必须要在特定时间和空间上通过新闻纸接收新闻信息，而手机报的载体是手机，使用起来比报纸、电视、电脑要便捷许多。目前我国移动通信网络覆盖率达到 100%，在国内任何地方都能接收到手机报。

在面对突发性新闻事件的时候，手机报具有强大的即时发布能力。它可以实现事件的动态传播，并且时刻跟进，使受众有身临其境的感受。手机报凭借其快速传播的优势，能抢先发布新闻资讯，用最新鲜或最热门的信息吸引受众的注意力。现代社会的快节奏生活将我们的时间切割成一小块一小块的，手机报正好便于用户把等人、坐车等零散的时间利用起来。

（二）与用户的互动性

手机报还提高了新闻信息与受众之间的互动性，实现了信息传播流程的影响反馈。

传统媒体无法克服的弊端之一，就是不能够与受众进行即时、有效的互动，从而影响了传播效果。手机报的编读互动可以带动读者订阅数和反馈率的提升，也可以为手机报提供新闻线索，培养新闻评论员，增加新闻观点。

手机报的用户可以通过短信、视频和照片等方式参与互动。例如2011年“两会”期间，新华网与中国移动联手推出的《“两会”手机报特刊》，其中“亿万手机读者向总理提问，为总理分忧”活动收到了数十万条短信。这种方式既扩大了报道覆盖面，引起了广泛的讨论和重视，也在吸引用户参与的同时，增加了手机报的亲和力。在日本福岛地震海啸期间，多家手机报开辟了用户交流祝福短信平台，通过手机报传送爱心和关怀。许多手机报读者表示支援抗震救灾，转发了很多感人短信，使受众感受到了参与性，激发了读者的阅读兴趣。

（三）个性化定制服务

传统报纸属于大众媒体，要面对的是大众化的读者，其传播的方式是“一对多”，往往在内容上是以量取胜。而手机报由于个性化要求，提供的是“一对一”的服务，这样可以做到个性化的分类订阅。受众可以根据自己的需要，通过发送短信或登录相关网站，订阅不同类型的信息。例如《大学生手机报》《青年报》（农村版）等。

手机用户可以根据自己的需要和喜好来定制不同内容和形式的手机报，有了更多的选择。例如：《刘翔主治医师已敲定》《家电下乡开通质量热线》《广州明确不限购第三套房》《规范高考民族加分政策》……这些新闻可以说在普通纸质媒体上，并不能成为要闻和重点，但是在手机报上不但成为了要闻，有时候甚至成为头条。

（四）表现形式丰富多样

手机报是以数据包的形式发给用户的，这个数据包包括了图片、文字、声音、动画等元素，信息容量较大。这样，用户可通过多种形式更深刻地理解新闻，全方位感受多媒体信息的传播方式，既调动了受众的视听感官参与，又实现了新闻的多维阅读。受众阅读这样的“多维新闻”要比单纯地看纸质新闻生动、有趣得多。视觉与听觉的结合，使得大家对于这样的新闻充满兴趣和热情。

三、手机报发展的瓶颈

虽然手机报的发展速度迅猛，但在其发展过程中也遇到了专业人才缺乏、盈利模式单一、监管不完善等问题，只有妥善加以解决，才能促进手机报健康发展。

（一）内容缺乏深度

手机报的内容大多是从各大新闻网站和报纸上摘抄标的题和简要内容，虽然信息来源较广泛，但缺乏原创性。如果再加上缺乏专业的采编人员，就必然导致手机报内容缺乏创新性。相比于报纸、电视等媒体的深度报道、系列报道，手机报的内容容量小、屏幕小，导致信息承载量受到限制，造成内容无法详尽地阐述和新闻背景缺失，可能会使受众对新闻事件认识不清，不能满足用户对多种信息的需求，读者就会选择其他媒体，从而导致手机报纸目标群体的流失。

（二）盈利模式单一

手机报主要通过对定制用户收包月订阅费、对 WAP 网站浏览用户按时间计费、通过吸引用户来获取广告等方式赢利，但由于手机屏幕一般只能显示 100 个左右的汉字，一份手机报的内容一般只有 7 000 字～10 000 字的图文信息，在发布 20 条左右的新闻内容后，已经没有广告空间，因而手机报本身广告不多，现阶段主要依靠第一种盈利模式。普通手机报的订阅资费一般是 5 元 / 月～40 元 / 月，这包括服务商和报社之间的分成，如果单单凭借每个月的订阅费来维持运营是十分困难的，并且 3G 版的手机报对 WAP 浏览网站的用户收取流量费用，因此用户比较排斥在手机报中植入广告。

（三）法律监管缺失

由于缺少相应的法律法规，对手机报的管理遇到了许多问题。有些手机报的发行者为了吸引受众眼球，不惜发布虚假、未经核实的信息，降低了手机报的可信度。造成这种现象的主要原因是对手机报在管理定位上存在模糊不清的认识。电信部门认为，手机报是通过手机以短信、彩信和 WAP 方式传播的，属于电信的增值业务，电信增值业务只需要取得电信增值业务的许可证即可。而新闻出版单位认为，对手机报的定位应该首先考虑它的社会功能，它发布新闻、传递信息，理应归属于政府新闻出版部门。因此，对于手机报的监管，需要尽快制定相关管理法规。

四、打造核心竞争优势，建立良好运营模式

从目前手机的保有量和使用人群来看，今后手机将会像互联网那样改变人们的生活方式。科技的发展为手机报内容的多元化传播提供了技术支持，手机报的功能会日趋强大。为了建立良好的手机报传播机制，需要做好以下几项工作。

（一）建立健康有效的手机报运营模式

手机报业务的发展成功与否，建立健康良好的运营模式是关键。按照手机报发行者的不同，手机报可以分成媒体发起和电信运营商发起两种模式。这两种模式各有利弊：媒体发起模式的优势在于信息资源的编写，但媒体一般不具备相应的 SP 资质；电信运营商发起的模式在于渠道和技术优势，但电信运营商不擅长或未被授权进行新闻内容的采编。因此手机报需要产业链各方紧密合作，相互支持，共同培育市场，电信运营商和新闻媒体需要紧密合作来促进手机报的发展。

（二）优化传播队伍，开展特色业务

在这个媒体无处不在的时代，“内容为王”已经成为一种必需的竞争手段。手机报要提高自身竞争力，必须优化队伍，利用多媒体优势改变传统发稿习惯。在内容上，要争取创新，彰显个性化和独特性，打造出自己的品牌，扩大市场占有率。应该将手机报容量小的缺点变为优势，让文章的编排尽量显得短小精悍、简洁明了。

（三）加强分众化与个性化菜单定制

随着时代的发展，人们的需求呈现出个性化、多样化的特点，不同职业的人群存在消费的差异性，这就要求新闻媒体细分受众人群，从而有针对性地开发潜在市场，使传媒产品适销对路。但随着信息传播速度的不断加快，目前媒介同质化的趋向越来越明显，因此媒介必须借助创新来赢得更大的发展空间。在受众市场细分的基础上进行品牌的准确定位将成为取得竞争优势的重要砝码。

（四）更新广告类型及投放技巧

面对手机报容量小和受众相对集中的特点，广告投放应该聚焦在“精”与“准”上。对于定制特定手机报的人群投放与之相关的广告。要根据手机报用户的区域性来投放相应的广告，增值服务要贴近用户需求，比如在“餐饮服务”中推出“特色餐馆”、“订餐服务”，在“生活导航”中推出订购车票、介绍宾馆等服务。还可以提供交通预警信息定制服务，当遇到暴雨或大雪等恶劣天气或交通堵塞时，及时发送预警信息。

五、手机报发展动向

近年来，手机媒体在信息传播、娱乐互动、催生新的产业经济等方面都有不俗的表现，在与传统媒体、互联网的融合和其自身的不断创新中，逐步显现出作为一个媒体应有的独立自主的地位，并以手机报纸、手机电视、手机电影等全新的媒体形式吸引着千百万受众的眼球。作为新生事物，且依附于母报这个靠山，手机报有自身发展的优势，也有明显的不足和缺陷。受众在传统报纸和手机报之间如何选择，是手机报纸生存面临的重要问题。为了应对这些问题，手机报呈现出一些发展新动向，值得关注。

（一）提高报偿的获得

在中国，报纸主要靠发行和广告盈利，而手机报则主要通过定制、彩信和 WAP 网站浏览按流量计费等手段盈利，且广告空间非常有限。因此，中国的手机报若要维持生计，既要探索盈利的新模式，还要重点以内生性收入为主，即以新闻产品的出售为主。

（二）减少费力的程度

手机报正在改变受众阅读习惯，提供给用户免费体验。阅读习惯的改变需要外力的作用。要把传统报纸订户的忠诚度转移到手机报上，一是要瞄准在移动中渴求信息的人群，有针对性地提供他们所需的必读内容；二是要抓住手机用户人群的消费特征，通过对手机报前卫、时尚的定位宣传，让手机报阅读成为一种生活方式甚至潮流，从而强化其阅读吸引力。像电子邮箱、网络博客一样，中国人习惯于免费。手机报也可以尝试提供手机报的免费体验，让用户先睹为快，降低受众接触新媒介的门槛。例如，天津《每日新报·新闻手机报》推出长达 41 天的免费体验期，凡首次订阅该手机报，即可第一时间成为《每日新报·新闻手机报》的免费体验用户。这就大大提高了读者的订阅积极性和可能性，有利于受众阅读习惯的转变。

第二节 智能手机

近年来，智能手机市场进入了高速发展期，日益成为公众特别是青年人获得信息、融入社会的重要渠道。伴随着性能的不断增强和价格的不断下降，智能手机的市场占据份额还将大幅增长。EnfoDesk 易观智库产业数据库最近发布的《2012 年第 2 季度中国手机终端市场监测报告》显示，第二季度中国智能手机销量为 3 819 万台，环比增长率高达 22.5%，同比增幅更是高达 127.1%，当季智能手机渗透率持续飙升至 57.5%，以"互联网手机""千元智能机"为代表的新锐力量正加速终结"功能机时代"。智能手机性能不断发展，不同操作系统平台（iOS、Android、塞班、Windows、iPhone 等）之间的竞争造就了功能越来越强大的手机。一部普通的智能手机的 CPU 和内存性能已经超过了本世纪初期的个人桌面电脑，但价格却不到当时电脑的十分之一。

智能手机操作系统的竞争非常激烈，而激烈的竞争为人们提供了更多智能手机操作系统。尼尔森研究中心最新研究报告显示，智能手机市场份额中 Android 排名第一，占市场份额的 46.3%，iOS 系统占 30%，并且它们的市场份额仍在继续增大。

作为一种媒体，智能手机的优势非常突出。具体表现为：

1. 便携性

随着新的技术的发展，智能手机日益轻薄美观，便于携带，方便适用，符合接收信息随时、随地、随身的要求。

2. 多媒体化

当前主流配置的智能手机大多采用 4 寸以上的 TFT 彩色屏幕，分辨率高，色彩还原逼真。配备立体声设备的智能手机，声音表现力好，配合耳机的使用，效果理想；通常 500 百万像素以上的摄像头能够拍摄静态图片和有声视频。图片浏览器支持 JPEG/GIF/BMP/PNG 等格式图片，视音频播放器可播放 MP3/AMR/WAV/MIDI/3GPP/MPEG-4/REALMEDIA 等常见格式的音视频文件。强大的多媒体功能使智能手机可以便捷地记录、接收、播放以及发送多媒体信息资源。

3. 语音通讯功能

智能手机的电话功能是 PDA（个人数字助理）、PPC（掌上型个人电脑）等其他移动设备所欠缺的，可以为信息获取者提供即时的语音支持，便于网友之间的交流。

4. 信息处理

智能手机具有强大的信息处理能力，能编辑文档，接收和发送信息，阅读 TXT、PDF 等格式的电子书和电子词典，收发短信、彩信以及基于 POP3/IMAP4 的电子邮件。

5. 网络通讯

网络通讯是智能手机的强项。包括 PIM（个人信息管理）、日程记事、任务安排、多媒体应用、浏览网页等功能，并且支持 WWW 网页格式。在即时通讯方面，支持常用即时通讯工具的移动版，如腾讯 QQ、微软的 MSN 等。在无线连接方面，能支持通过红外或蓝牙技术连接电脑或其他移动设备。网络通讯带来的互联互通，使利用智能手机开展移动学习的学习者可以便捷地获取以及分享信息，随时随地和其他学习者交流。

6. 灵活扩展

智能手机除机身配备的内存外，一般都支持存储卡扩展内存，使存储量大增。软件扩展更是智能手机的魅力所在，经过不断的努力，智能手机已拥有比较丰富的软件资源。

所有智能手机都具有以下五大特点：（1）具备无线接入互联网的能力：即需要支持GSM 网络下的 GPRS 或者 CDMA 网络的 CDMA1X 或 3G 甚至 4G 网络。（2）具有 PDA 的功能：包括 PIM、日程记事、任务安排、多媒体应用、浏览网页。（3）具有开放性的操作系统：拥有独立的核心处理器（CPU）和内存，可以安装更多的应用程序，使智能手机的功能得到无限扩展。（4）人性化：可以根据个人需要扩展机器功能。根据个人需要，实时扩展机器内置功能以及软件升级，可智能识别软件兼容性，实现了软件市场同步的人性化功能。（5）功能强大：扩展性能强，第三方软件支持多。

时下最为流行的是苹果手机 iPhone 系列，它搭载苹果公司研发的 iOS 操作系统。第一代 iPhone 于 2007 年 1 月 9 日由苹果公司前首席执行官史蒂夫·乔布斯发布，并在同年 6 月 29 日正式发售。2013 年 9 月 10 日，苹果公司在美国加州的新产品发布会上，推出第七代产品 iPhone 5S 及 iPhone 5C。首次正式发布会还在北京、柏林和东京三地设置了分会场，再在各地分别举行了发布会，同年 9 月 20 日正式发售。第八代的 iPhone 6 和 iPhone 6 Plus 于 2014 年 9 月 10 日发布，中国大陆地区销售时间定为同年 10 月 17 日。

iPhone 首 5 代系列的机型均使用 9 厘米 LCD 液晶体多点触控防刮玻璃显示屏，而 iPhone5 则增至 4 英寸。“电容式触屏”是专为一指或多指触控而设的多点触控感应屏。首三个系列的屏幕分辨率为 320 × 480 (HVGA)，163 ppi；iPhone 4 及 iPhone 4S 的屏幕分辨率为 640 × 960，326ppi；iPhone 5 则是 640 × 1 136，326 ppi，而 iPhone 5 的屏幕对比为接近 16∶9（71∶40）。iPhone 的多点触控和手势操控是基于 FingerWorks 发展的技术。iPhone 的触屏具有热感功能，用户可利用手指在触屏上滑动进行手机操作，虽然触控笔可用于 iPhone 的手指触控屏幕，但大部分的手套和触控笔都能防止必要的导电性。iPhone 3GS 后来还有耐指纹疏油涂层，能避免用户的指纹留在 iPhone 的屏幕上。

随着智能手机的飞速发展，人手一机并不觉得稀奇。而在智能手机行业中，iPhone 算是比较出众的。如今我们的手机中一般都储存着大量的个人信息和资料，为了不让隐私泄露，这里就教教大家 iPhone 防盗指南。

（1）苹果 iOS 系统中有“查找我的 iPhone”的功能，登录 Apple ID，通过互联网定位，搜索到丢失手机的位置，可以利用另一款 iOS 设备查找自己丢失的手机。

（2）使用另外一款 iOS 设备，下载安装“查找我的 iPhone”应用，定位丢失的手机，发出警报，删除手机上的资料，保护自己的隐私。

第三节　平板电脑

平板电脑（tablet computer）是一种小型的、方便携带的个人电脑，以触摸屏作为基本的输入设备。它拥有的触摸屏（也称为数位板技术）允许用户通过触控笔或数字笔而不是传统的键盘和鼠标来进行作业。多数平板电脑更支持手指操作，使用手指触控、书写、缩放画面与图案。

用户可以通过内建的手写辨识、屏幕上的虚拟键盘、语音辨识或者一个真正的键盘（如果该机型配备的话）对平板电脑进行操作。平板电脑还拥有让用户通过触控笔来打字的快速输入软件。多数平板电脑使用 Wacom 数字板，该数字板能快速地将触控笔的位置“告诉”电脑。使用这种数字板的平板电脑会在其屏幕表面产生一个微弱的磁场，该磁场只能和触控笔内的设备发生作用。所以用户可以放心地将手放到屏幕上，因为只有触控笔才会影响到屏幕。当然，因为周围的设备存在干扰的可能，很多态号都发生过游标“颤抖”的问题，这个问题会加深某些操作的难度，例如当试着画直线、写小字等。除 Wacom 外，制造这种数字板的公司还有 UC Logic 以及 Finepoint。

一般人会认为，平板电脑是一个游戏媒体，但事实并非如此。在媒体最为发达的美国，智能手机和平板电脑成了人们收看新闻的主要终端。美国皮尤数据研究中心 2012 年 3 月发布的有关美国新闻媒体状况的最新年度报告指出，美国媒体的数字化正加速迈入移动时代。这是美国传媒业当前最引人关注的一个发展趋势，而平板电脑就是他们的重要选项之一。美国人得知苹果公司创始人史蒂夫·乔布斯离世的消息主要是通过手机或平板电脑，而非报纸、电视甚至摆在案头的台式电脑。

智能手机、平板电脑的普及拓宽了人们新闻消费的途径。皮尤数据研究中心的调查发现，美国台式电脑或笔记本电脑用户经常在电脑上看新闻的比率达 70%，智能手机用户中也有 51% 的人会用手机看新闻，把看新闻作为主要使用目的之一的平板电脑用户比率为 56%，平板电脑正充当人们上网获取新闻的补充和非替代性选择，这对传统媒体来说无疑是一个利好消息。美国市场研究公司 comScore 的调查结果显示，移动装置推动《纽约时报》和《华尔街日报》等美国五大报纸网站的流量平均上涨了 9%。

尽管如此，平板电脑等移动装置的兴起，也进一步凸显出美国传统媒体在采纳媒体新技术方面所面临的困境。传统媒体由于更擅长新闻内容生产而非新技术研发，在媒体新技术和相关新兴产业的发展方面往往疲于追赶。在美国，传统媒体虽能较成功地吸引网络受众，但在打造新媒体时代盈利模式方面与高技术巨头相比处于下风，且差距有拉大的可能。如谷歌等公司利用其掌握的技术、平台和大量用户的使用习惯等，主导了网络广告市场。

平板电脑的优缺点都非常鲜明，优点主要有：

触控输入：触控是非常有用的工具，当和键盘同时使用时就能大幅度提高效率。例如，Firefox 的某些扩展就支持打开触控笔在屏幕上画的圈包含的所有链接。

残疾用户：这些不能打字但能握住一支触控笔的用户可以用平板电脑以可接受的速度输入文字。

数码艺术：一些专业数码艺术家们的确需要一个会变换图像的“本子”——如果他们需要精确地描绘他们的作品（鼠标因为难于控制而不能胜任这项工作）。

可平放：大多数平板电脑不会干扰视线（例如开会的时候），因为它们可以平放在桌面或者用户的臂弯上。这也可以让数码艺术家在水平的表面绘画。

手持性：大多数平板电脑可以在用户站着和开会的时候被托在手臂上。

性价比：目前平板电脑的价格大多在 65 美元至 450 美元之间，所以较笔记本电脑而言更容易普及。

缺点主要有：

文字输入速度慢：手写输入跟高达 30 至 70 个单词每分钟的打字速度相比太慢了，目前的平板电脑虚拟键盘的打字速度也不能完全取代传统键盘。因为使用平板电脑需要长时间低头（在没有配置专用的底座时），会对用户的颈椎造成一定损害，主要表现为脖子酸痛、僵硬、颈椎麻木等。

屏幕尺寸：平板电脑屏幕普遍较小，不利于年长者及视力较差者。

电池使用时间：受目前电池技术的局限，过短的电池使用时间可能会使上面列出的优点湮灭。例如，学生们抄笔记需要能支持全天的电池寿命，否则就没有意义。随着近几年信息技术的发展，商家正通过扩大电池容量、提高硬件性能等方式提高电池的续航时间。英特尔公司研发的 OakTrail 芯片在结构上强化了平板电脑的电池续航力，以及观赏高画质影音的表现技术。据了解，新芯片可提供 7.5 小时～ 8.5 小时的电池续航力，大大改善了英特尔芯片原本在平板电脑市场上不受欢迎的缺点。

计算机的控制输入设计是基于鼠标和键盘的，使用触控设备时，在文字输入文本框的状态下，不能比较智能地在文字和字符输入之间进行转换。显然，平板电脑没有将这个问题提升到与鼠标键盘同等重要的系统的级别上。

第四节　数字化阅读工具

随着互联网阅读内容的不断丰富，以及智能手机的普及、电子阅读器的推出，电信运营商、数字传媒机构等在数字内容制作方面不断开发，各种数字阅读方式脱颖而出，以更加快速的发展势头融入人们的生活。其中，超 8 成数字化阅读者为 18 到 40 岁人群。

据中国新闻出版研究院公布的第九次全国国民阅读调查数据显示，2011 年，数字化阅读迅猛发展，网络在线阅读、手机阅读、电子阅读器阅读、光盘阅读、PDA/MP4/MP5 阅读等各种数字化阅读方式接触率，均有不同程度的上升。各类数字化阅读方式的接触率较 2010 年增幅均超过 30%，而其中网络在线阅读的接触率增长幅度最大，增幅达 65.2%。该院 2014 年 4 月 21 日公布大陆 2013 年民众阅读调查结果显示，数字化阅读率首次突破 50%。其中，网络在线阅读、手机阅读、电子阅读器阅读、光碟阅读、PDA、MP4、MP5 阅读等数字化阅读的接触率为 50.1%，较 2012 年的 40.3% 上升 9.8%。有 44.4% 的成年国民进行过网络在线阅读，较 2012 年上升 11.8%，中青年群体是数字化阅读的主力军。而与此同时，报纸和期刊阅读率双双下降。报纸阅读率为 52.7%，较 2012 年的 58.2% 下降 5.5%；期刊阅读率为 38.3%，较 2012 年的 45.2% 下降 6.9%。超过六成数字阅读接触者表示，“获取便利”是选择数字阅读的首要原因。此外，“价格优势”“方便随时随地阅读”“方便检索信息”等，也是读者选择数字化阅读方式的几大原因。①

在多种数字阅读方式中，手机阅读人群增长迅猛。数据显示，我国 18 至 70 周岁国民中有 27.6% 的国民进行过手机阅读，其中，18 至 29 周岁人群所占比例最大，为 59.7%；其次是 30 至 39 周岁人群所占比例，为 29.9%。手机阅读人群的学历大多集中在大专、高中和初中学历，这三个群体在手机阅读人群中几乎占到 79.0%，而高等学历

① 楚天都市：《2013 国民阅读调查数据：数字化阅读人群首过半》，2014-04-22。

（本科及以上）仅占 17.9%，低学历者（小学）占 3.1%。手机阅读人群平均每天进行手机阅读的时长为 37.42 分钟，平均每年花费在手机阅读上的费用超过 20 元。

在美国，一个由杂志出版商组成的联盟前不久发布了“digital newsstand”（数字报摊）的完整版，从而使读者们有机会可以包月统一费用购买杂志，并以最快的速度从平板电脑上下载杂志进行阅读。该联盟是由包括康泰纳仕、赫斯特、梅雷迪斯、时代公司及新闻集团在内的出版公司合资创办的。该公司宣布，其平板电脑应用程序的最新版本中包括《纽约客》《时代》《名利场》《家居》《ELLE》《时尚先生》《连线》《财富》《人物》《简单生活》和《体育画报》等在内的 32 份杂志。根据美国报纸发行量审核署的统计，在平板电脑、支付性网站及手机杂志的电子版发行量日益增多。与 2010 年 195 份杂志报道的 150 万份发行量相比较，在 2011 年下半年，美国一共有 223 家杂志售出至少 310 万份出版物的电子版本。

中国移动手机阅读信息费收入 2011 年也达到 15 亿元，2012 年 2 月，访问中国移动手机阅读的用户数量达到 7 340 万人，2014 年已超过 1.5 亿人，日均浏览量达 4.39 亿次。中国移动手机阅读基地目前已和中国作家协会、中国出版集团、蓝狮子财经书屋等 200 家出版策划单位开展了战略合作，到现在为止已经有 47.5 万册图书入库。目前与中国移动手机阅读基地签约合作的内容提供商已经超过 210 家，很多作者因此获益。手机阅读分给一些出版单位一年的收入是其自身数字出版收入的 2 倍。比如 2011 年 8 月，作家出版社向基地授权的 300 部文学作品，一年下来从手机阅读基地获得了约 200 万元的收益，作家出版社向其旗下作家支付了 100 万元的数字版税，有超过 10 位作者在手机阅读基地的收入比传统出版的版税还高。

第五节　车载广播和客户端

一、车载广播

车载广播包括车载音频和车载视频。车载音频和车载视频是通过车载数字直播设备发射信号，或者事先在车上安装播出设备，从而实现汽车或列车在行进中可以无障碍收视、收听或播放的媒体。车载数字直播设备是集高新技术于一体的数字产品，整机采用全新的数字信号处理和直接数字合成频率技术，凭借数字处理技术的优势，提供超越 CD 音质的完美听觉感受。

车载电视在城市已经普及，它是数字电视的移动接收，主要包括机顶盒、液晶显示屏、天线、车载电源等。为了方便安装使用，已经开发出了诸如台式车载电视、挡板式车载电视和顶吸式车载电视等多种款式的车载移动电视产品。

移动数字信号采用当今世界最先进的数字电视单频网技术（DTTB，Digital Television Terrestrial Broadcasting，即地面数字电视广播方式系统，是数字电视传播的三种方式之一），是通过无线数字信号发射、地面接收方法进行电视节目的传播。凡移动中的交通工具（如轨道交通、水上巴士、汽车等）或人流集散场所（如车站、码头、各类购物、休闲场所等），只要安装相应的接收设备，依靠适宜尺寸的液晶显示屏，均可接收到移动电视独家供给的各类数字电视资讯信息。

目前车载电视普遍采用车载液晶电视。车载液晶电视顾名思义，就是采用液晶屏（LCD）作为显示载体的车载电视。相对传统的 CRT 车载电视，车载液晶电视有着非常明显的技术优势。随着 2008 年 LCD 屏价格持续走低，目前车载液晶电视已经完全取代传统的 CRT 车载电视。

车载液晶电视主要具有以下一些突出特点：体积小、重量轻、完全平面、低耗电、无闪烁、无失真。选择车载液晶电视前，应先了解一些基本的参数指标。

车载液晶电视均使用在公共场合，对液晶的保护极为重要，因而在选择车载液晶电视时，带防爆处理的产品应该成为首选——尤其是公交车上配备的车载液晶电视。

二、客户端 APP

对于“什么是新媒体”，提法林林总总，但缺乏有效的归整、有效的串联和有效的尺度。而以智能手机和个人电脑为平台的 APP（Application Program，即客户端应用程序）的开发和普及应用，似乎为这种尺度的建立提供了可能。一方面，APP 为人们进入各种媒体内容设立了统一入口（如微博、网络电视），并在不同平台上实现了内容的有效对接，达成了某种一致性和归整性；另一方面，随着其自身的发展与进化，APP 逐渐呈现出强大的生命力与难以阻挡的发展势头。

相较于个人电脑的出现，APP 确立了一种互动的尺度，打破了时间和空间的线性结构，从而确立了一种新的人与媒介的互动关系。APP 在电脑上通过双击的方式进入，在智能手机上大多通过触摸方式进入（有的智能手机通过键控操作），它所建立的这种特定的互动关系和内容获取方式最迷人之处在于将以前出现的各种媒体形态进行了统一整合，设定了一种统一的标准，或者说设定了一种统一的“进入界面”。无论是电视、报纸、广播还是 Facebook、Twitter、人人网、新浪微博、腾讯微博都可以变身为 APP，用户不必再输入特定网址，也不必调到特定频道，瞬间的点击和回应带来了不同以往的信息获取模式，简化了获取信息的路径，强化了专业化服务，有助于固化受众的习惯，推动了新媒体收费模式的普及。

作为基于电脑和手机开发的客户端技术，APP 带来了一种新的塑造力和整合力，它不再只是承载内容的一个入口或通道，它本身就是内容，与载体不可分离。如果说视觉化是对世界的等值复制，那么 APP 所做的努力，就是将原版复制的世界进行再压缩和凝聚。作为一种策略，相比视觉化的把握而言，APP 是一次更深刻的推进，其“凝聚—点击—释放”的设计原理、高级简约的编程逻辑，符合新媒体时代的效率和技术主义主张。而其简单的操作方式，更是有助于大范围的普及，从而带来点击行为或触摸行为的泛化。

APP 并非是对视觉化策略的否定，而是另辟蹊径，借助程序语言对世界进行二度编码。从结果来看，APP 有助于人们理解日常生活的谱系，理顺认识世界的途径，甚至后现代主义——即断裂的、碎片化的文化——也可以通过 APP 帮助人们获得简洁的想象和理解。

从策略角度出发，APP 给我们带来了新的认识视角和想象。有人预测，APP + 云技术的应用将共同构建信息传播领域的未来世界。

三、云计算

云计算在本质上是分布式处理和网格计算。原理上，用户只需要一台笔记本或者一部手机，就可以通过网络服务来实现所需要的一切。与以往不同的是，这些资源并不在本地，而是分布在远程服务器上的“云”来帮我们完成搜索、储存、计算和推送等工作，所以也有人认为云计算其实是一种服务理念。苹果已经推出 iCloud，《光明日报》推出了云媒，中国网络电视台也将触角延伸到移动终端。同时，以苹果、Google 为代表的运营商设计出数以万计的 APP 产品，带动了整个行业的跨越式发展。云计算是基于互联网的相关服务的增加、使用和交付模式，通常涉及通过互联网来提供动态的、易扩展且经常是虚拟化的资源。云是网络、互联网的一种比喻说法。过去在图表中往往用云来表示电信网，后来也用来作为互联网和底层基础设施的抽象化表达。因此，云计算甚至可以让你体验每秒 10 万亿次的运算能力。拥有这么强大的计算能力，人们可以模拟核爆炸、预测气候变化和市场发展趋势。近年来云计算作为一个新的技术趋势，已经得到了快速发展。云计算已经彻底创造出一种前所未有的工作方式，也改变了传统软件工程企业。以下几个方面可以说是云计算目前发展最受关注的几大方面：（1）云计算扩展投资价值；（2）混合云计算的出现；（3）以云为中心的设计；（4）移动云服务；（5）云安全。

思考题

1. 什么是手机报？
2. 什么是智能手机？
3. 什么是平板电脑与数字化阅读工具？
4. 了解车载广播、车载电视和客户端的运作。

第七章　博客、微博与微信

本章要点

第一节　博客的兴起与发展

第二节　博客的传播学意义

第三节　博客对“沉默的螺旋”的颠覆

第四节　存在的问题及对策

第五节　微博与微信

如果说互联网将地球变成了一个村庄，博客（包含微博、微信，本章下同指，不再一一注明）则把天涯海角的人们变成了邻居。自人类诞生以来，人们对信息传递的需求和情感交流的渴望就从未停止过，多元化的传播环境给了每一种媒体生存的可能性。技术的进步早已打破了交流过程中的时空障碍，人们已经不再满足于成为简单机械的信息受众，他们希望通过信息发布来聚焦视线、展现自我、张扬个性。博客为人们提供了一个自由、宽容、平等的交流平台，被誉为“每个人在网上可以随意布置的家”。

作为一种文化现象，博客不单单具有“个人化、即时性、共享性、互动性”等特征，它还有更多内容：博客在边缘化与主流化的双重轨迹中前进，拉开从精英走向大众的帷幕；博客拓宽了公共领域，搭建起个人化与公共化互通的平台；博客作为民主讨论的公共领域，成为人们把解决纠纷从暴力水平提升到讨论水平的最佳方案。

第一节　博客的兴起与发展

博客是 Web2.0 的产物，而 Web2.0 是相对于 Web1.0 的互联网应用的统称。Web1.0 时代，Web 只是一个针对个人阅读的发布平台，由一个个超文本链接而成。Web2.0 时代，Web 不再仅仅是 html 文档的天下，它成了交互的场所。Web2.0 是以 FliCkr、43ThingS.com 等网站为代表，以 Blog、TAG、SNS、RSS、Wiki 等社会软件的应用为核心，依据六度分割等新兴理论和新型技术实现的互联网新一代传播模式。Web2.0 并不是一个具体的事物，它是互联网发展的一个特定阶段（也即 Web1.0 的演进阶段），是促成这个阶段的各种技术和相关产品服务的一个称呼。

一、博客的技术基础与设计理念

（一）博客的技术呈现

任何理念都需要或通过技术创新或通过制度创新来实现，作为 Web2.0 的理念主要是通过技术创新来实现的。实现 Web2.0 的功能和服务的就是博客（Blog）、站点摘要（RSS）、百科全书（Wiki）、社交网络（SNS）、对等联网（或称点对点，P2P）、即时通讯（IM）等软件技术。

Webl.0 到 Web2.0 的转变，从模式上，是从读向写、从信息单向接收到信息共同创造的改变；从基本结构上，是由网页浏览到发表、展示工具的演变；从工具上，是由互联网浏览器向各类浏览器、RSS 阅读器等内容的发展；从运行机制上，是自“Clientserver”向“Webservices”的转变。由此，互联网内容的缔造者也由专业人士向普通用户拓展。Web2.0 的精髓就是以人为本，提升用户使用互联网的体验。

在 Web2.0 时代，个体用户的价值得到了最大的体现，众多的新媒体用户既是信息创造者和信息的传播渠道，同时也是信息的受众。通过 RSS 等定制化阅读器，新媒体用户可以过滤掉不感兴趣的多余信息，只关注自己感兴趣的信息。而随着技术的进一步发展，个人网络空间的概念进一步得到增强，博客已不仅仅是人们工作和生活的工具，而且成为人们生活的一部分。

（二）博客的定义

Blog，中国内地译为博客，台湾译作部落格。

Blog 是 Web log 的缩写，本来的意思是指“航海日志”，后来泛指任何类型的流水记录；Web 是指互联网，所以说 Blog 就是“网络日志”。一个博客就是一个网页，它通常是由简短且经常更新的帖子所构成的，这些张贴的文章都能够按照时间索引组织网上出版内容。博客的内容和目的有很大的不同，可以是其他网站的超级链接和评论，也可以是个人日记、照片、诗歌等。

博客由个人创建，面向大众传播，是基于互联网 Web2.0 的个人化网络应用。Blogger 则指习惯于日常记录并使用 Web log 工具的人。

比较完整的博客概念一般包括三个方面：一是其内容主要为个人化表达；二是以日记体方式呈现且频繁更新；三是充分利用链接，拓展文章内容、知识范围以及与其他博客的联系。博客是个人声音在新的公共空间的持久记录，是每周 7 天、每天 24 小时运转的言论网站，这种网站以其率真、野性、无保留、富于思想且千奇百怪的方式提供无拘无束的言论，是一个新型的个人互联网出版工具，使用者可以很方便地用文字、链接、影音、图片建立起个性化的网络世界。

（三）博客发展简况

博客起源于美国，但是从其诞生到发展壮大，再到真正走入大众生活，是和几件轰动世界的标志性事件有关的。

1998 年 1 月 17 日，居住在比佛利山脚下的美国公民德拉吉发布了一条震惊世界的消息：美国总统克林顿与一个白宫实习生有染。之后，《华盛顿邮报》《洛杉矶时报》CNN、美联社以及其他各大媒体开始跟进报道。德拉吉成为世界上第一个报道克林顿和莱温斯基绯闻的公民，打响了博客向传统媒体发出挑战的第一枪，使世界第一次感受到了博客的力量。

2001 年 9 月 11 日，美国世贸大楼双子座遭遇恐怖袭击，博客成为各种信息和灾难亲身体验的重要来源。对“9・11”事件最真实、最生动的描述不在各个主流媒体，而是在那些幸存者的博客日志中；对事情最深刻的反思和讨论，也不是出自哪个名记者，而是在诸多的博客中。博客用生动的表现雄辩地证明，自己完全可以与电视、报纸等传统主流媒体相媲美。有关“9・11”事件的博客呈现被人认为是“博客发展的分水岭”，从此，博客正式步入主流社会的视野。

2003 年伊拉克战争爆发后，数百名“嵌入式”的随军记者和大量志愿记者为全世界关心战事的人及时报道最新战况，但是，“媒体报道得越多，人们知道得越少”，美国传媒被批评在报道中大量加入“爱国主义”的感情色彩。在这种背景下，一名神秘的 Blogger SalamPax 开始备受新媒体用户关注，他几乎天天在网上发布有关巴格达市民如何应付美英盟军轰炸，以及巴格达市民日常生活的内幕消息。他站在老百姓的立场上，给世界讲述这场战争最真切的情况，记载战火之下、围城之中巴格达最真实的生活。他从巴格达的家中向世界发送鲜活的报道和自己个人的真实感受。

一向处于边缘，被指责为“不专业、不严谨”的博客，在这场战争中重拾了主流新闻界丢失的中立性、公正和公信力。同时，在对未知和死亡的恐惧下，在对战争的厌恶与对和平的渴望中，博客成为人们沟通和倾诉的桥梁。“9·11”事件使得新兴博客门类——“战争博客”兴起，而伊拉克战争则使博客的发展更为繁荣。

2002年，美国参议院的多数党领袖洛特公开流露出种族主义倾向，初期几乎为所有大型媒体所忽略，但却被博客注意和传播，使其突然成为全美新闻记者们追逐报道的目标，并最终导致其辞职。2004年，CBS《60分钟》节目也因为王牌主持人拉瑟的一个错误的材料引用，爆出“拉瑟门”事件，最终导致拉瑟不得不宣布退休。[①] 这些成绩使人们再一次见识了博客的威力。

虽然博客2002年才被引入中国，但是其传播的影响力不容小觑。

在国内让“博客”一举成名的人当属木子美。她对个人隐私毫不避讳的曝光，完全颠覆了中国人的伦理传统。她的性爱日记给中文博客网站带来巨大的访问量，博客一词一时间成了网络搜索引擎的热门关键词。当新媒体用户们蜂拥而至木子美的博客围观木子美私生活曝光的同时，博客在中国成为众所周知的概念，正式走进大众传播领域。

2005年是博客大众化元年。2005年9月8日，新浪网站推出了Blog2.0的公测版，成为国内首家向专业网站“开火”的门户网站。而借助名人效应“圈地”的博客新运动，在两个月的时间内用户便突破百万。同年11月，搜狐网也正式开通博客。新浪、搜狐、网易等门户网站纷纷觊觎“博客”这块蛋糕，通过举办各种博客大赛和拉拢名流在网站上撰写博客吸引访问流量。自此，博客在商业网站的推动下开始从精英走向大众。

2013年8月，中电信联合网易推出即时通讯社交工具“易信”，以应对微信带来的巨大挑战。易信聚焦沟通本质，体现三大特色理念，基于真实电话号码、通讯录，具备可以跨网免费短信、免费电话留言等独特功能，实现了APP与手机、固定电话的互通。即使易信好友没有登录易信，甚至手机上没有安装易信也可以收到信息；用户可以通过易信发送电话语音留言到手机和固定电话，对方收听电话语音留言后可以回复。这样，易信就可打通各种通讯终端，倡导不同移动IM的互联互通。此外，易信语音图片非常清晰，可以实现在线发送音乐，还有传输控制定向加速、宕机恢复、反垃圾等技术和安全运营保障。

二、博客的分类与特征

（一）博客的分类

根据不同的属性，可以对博客有不同的分类。

---

① 2004年9月8日，《60分钟》节目以布什的上司杰里·基利恩（Jerry Killian）中校1973年所作的备忘录为依据，指控布什没有尽到职责，并且还违抗了上级的直接命令。节目播出之后第二天，有关这份备忘录的帖子被CBS发刊了互联网上。几个小时内，Free Republic开辟了一个有关这档广播节目的版块。就在同一天晚上9点之前，Buckhead公布了有关备忘录真实性的调查结果：这些备忘录属于均衡字体，可能是Palatino或者Times New Roman。1972年，人们使用的是打字机，而打字机采用的是等宽字体，直到激光打印机、文字处理软件和个人电脑的出现，均衡字体才开始运用于政府的备忘录。这一有力的证据证明，所谓的基利恩备忘录是伪造的。对于拉瑟来说，最不幸的就是这一事件被揭穿，他不得不辞职。拉瑟无可奈何地表示：“今天，我们对新闻业有了一次体会。过去，新闻业仅仅是那些对事件细节有专业知识的人的特权……博客技术使那些具有专业知识的人成为真正搜集和揭发丑闻的人。”（参见百度百科拉瑟门事件）

按照内容划分，可以分为生活博客、科技博客、军事博客、文化博客、经济博客、新闻博客、娱乐博客、文摘类博客等。

按照层次划分，可以分为精英博客、草根博客。

按照使用符号划分，可以划分为图片博客、纯文本博客、播客。

按照交流方式划分，可以分为个人博客和博客圈。

但是这些分类又不是一成不变的，会随着人们对博客的需求和社会技术的发展变化在不同的时期呈现出不同的分类。

（二）博客的特征

博客是一种以时间为序列的流水记录形式，其信息的累积性使得博客具有了特殊价值，能够将个人信息最大范围地传播到虚拟空间。博客传播的本源来自于个人的思想解放，能够充分发挥个人的主动性、积极性和创造性。人人都有发布信息的愿望，人人都希望能够自己去选择信息。这种愿望一方面体现了人类天生的个性差异，同时也体现了人类的社会生物属性。由个性差异产生的交流需求，导致了新媒体的出现。新媒体使不同个体之间的交换和反馈成为现实，用户主导信息的获取方式正逐渐取代传统的大众传播模式。

作为一种新的网络传播形式，博客和其他传统的网络传播形式有着明显的区别。传统的网络传播形式包括个人网站、门户网站、BBS、Email以及MSN、QQ、ICQ等即时通讯。其中个人网站、门户网站和BBS与博客虽在功能上较为相似但也有区别。人们最先在个人网页上展现自我，但是个人网页维护的难点在于个人可能没有足够的信息资源和长久的魅力来维持吸引力，这时人们会转而到论坛上发言。但是当受到管理方一定的限制后，人们就希望拥有更多可以享受自由表达的空间，此时，博客就进入了大众的视野。

一般来说，博客具有以下四个核心特征：

1. 个性化

社会环境的差异性和复杂性会使得每个博客都具有独特性。博客的自主性和内容的开放性使其写作的目的完全出于个人兴趣和爱好，博客创作具有随意性，而并非商业驱动，亦非职业写作。在博客空间，无论精英还是草根，他们都摒弃了世俗的规则和庄严的写作氛围，转而以个性化的语言和多维的视角发表看法，凸显了博客内容的鲜活感。

2. 即时性

博客的一个重要特点是内容的不断更新与超链接的应用，博客对内容的更新几乎是每天的例行公事，时常更新、不断积累是博客文体有别于其他个人文章、著作的关键。即时性保证了博客文本的新鲜与活力，从而吸引更多的人加入到博客群体。

3. 互动性

在虚拟的网络世界，互动性就是博客的生命力所在。博主是自己网络世界的“主角”，他主动地提供信息，分享其他人的信息与观点，同时又作为“参与者”接收信息，分享其他人的信息与知识。交流与互动使博客成为一个巨大的知识群或信息库——知识的共同体，信息的吸收、传播及其反馈都对这一群体的发展产生重要作用。

4. 共享性

一般来说，日记是个人把每日发生的事情、经历和想法写下来的记录，是为了保留个体经历而写，具有个人性、私密性。航海日志是记录船速、航程以及船上发生的所有对航海有意义的事件，主要是为供别人参考而写的。而博客的精髓不是主要表达个人思想，不是主要记录个人日常经历，而是以个人的视角、以整个互联网为视野，精选和记录自己在日常生活中甚至在互联网上看到的精彩内容，为他人提供帮助，使其具有了更高的共享价值。

除了以上核心特征以外，博客作为一种文化现象，还呈现出以下三个特征：

1. 既是边缘化的又是主流化的

网络媒介的出现顺应了大众张扬个性、自我表达的天性，而博客不像传统媒体那样对大众进行信息灌输。每位博主都可以按照自己的心意发布信息、表现自我。这种独特的传播形式让自由书写的文字与影像的帖子布满了网络世界，伴随音乐、动漫、图画一起，改变了传统媒介的传播面貌。博客是社会表达多元化的一种体现。

处于社会转型期的人们面对社会压力的增加、生活节奏的加快，开始自觉或不自觉地用网络这种匿名性的传播方式释放自己的压力。于是芙蓉姐姐、竹影青彤、木子美这样的博客成了一时间受到关注的主角。而新媒体用户在相对自由、摆脱了世俗规范的隐蔽的网络空间中，不必顾忌周围环境。博客在信息的选择方面表现得更为自由，一批没有经过专业训练的新媒体用户在成为新闻“制作者”“发布人”的时候，缺乏相关的制约，是造成博客信息传播质量边缘化的另一原因。

博客主流化和边缘化并存的双重性，是由于现实传播环境的复杂性所造成的，这也是网络传播媒体和传统传播媒体都不能回避的现实。事实上，在每种媒体中都存在着主流化和边缘化的格局，这些问题更多是商业化以及人们追求刺激的本能所造成的。因此，可以预见的是，只要人们有着各种各样的需求，博客就会在边缘化和主流化的双重轨迹中向前发展。

2. 既是精英化的又是大众化的

2005 年 10 月，新浪网推出名人博客，余华、刘震云、徐静蕾、余秋雨、吴小莉、潘石屹等百余位名人加入博客写作队伍。而以当年明月、极地阳光 acosta 等等为代表的“草根博客”也开始兴起，从而引发了“精英写作”和“草根写作”双雄对峙的奇观。如果说名人博客代表精英群体的话，那么以极地阳光 acosta 等等为代表的“草根博客”则成了“草根文化”的代表，他们在这个虚拟的网络空间内各自发挥着作用，博客群体为精英文化与大众文化的交流、高雅文化与通俗文化的结合提供了平台。

互联网不只是为满足某一种要求设计的，它是一种可能接收任何新需求的平台。随着互联网的飞速发展，各种即时通讯工具和社交网站大大拓展了个人空间与交往空间。作为继 Email/BBS/ICQ 之后出现的新的网络交往方式，博客被视为“普通新媒体用户表达观点的阵地”。博客由于信息采集与发布的通道最大限度地简单化与便捷化，从而具备了天生的“草根性”。博客的即时性与高度自由性使信息的传播变得更为容易，它弱化了传统媒体的话语霸权。

博客可以轻松绕过传统媒体而获取前所未有的话语权，普通民众甚至弱势群体得以借此通过个性化的方式表达自己的思想，打破了以往精英文化一统天下的局面，使得作为时代精神构成之一的平民意志在网络虚拟世界中展现。知识精英的话语霸权在博客时代逐渐瓦解，即使是文化水平较低的普通人，也获得了表达意见的机会。

3. 既是个人化的又是公共化的

受众是被动的，而公众则富于参与性。博客个体要想由受众转而成为公众，取决于他对社会的参与究竟能实现到什么程度。这种实现不仅取决于制度安排，也取决于媒体提供了怎样的可能形式。博客之所以能够成为把个体构建为公众的力量，表现在这种媒体具有其他大众传媒所没有的迅疾特性和离散特性。

在网络当中，博客不隶属于具体的单位组织，具有明显的个人性。每个博主个体表现出丰富多彩的个性色彩，他们根据自己的兴趣、爱好与性格特点自由组织，参与讨论，内容呈现出高度自由与灵活的特色。博客纯粹是个人自由状态的自发行为，它强调个性与自由，可以任意发布消息，任意进行编辑。尽管有着浓厚的虚拟色彩，但博客事实上属于公共领域与私人领域的交集。任何博客所发表的内容都是个人化的，但是当它被发表出来时就具有了公众化的形式。所以任何一个博客或是网络公众既可以将它划归在自己的私人领地里，同时，博客也从属于公共空间。

博客成为公众的武器，人们用它来表达政治见解，参与政治生活，对国家和民族的政策发出自己的声音，对民意和政治诉求提出自己的看法。博主们利用这个平台可以对社会民生问题的看法进行反馈，让自己的博文成为向公众普及政治民主知识、了解社会的窗口。当简单信息的议程设置被公共话语平台取代后，无论是传者还是受者都在寻求一种能更好地表达自我的方式。博客从技术层面为普通人发布信息开拓了渠道，极大地拓宽了公共领域。

三、博客与其他网络传播形式的区别

（一）博客与传统门户网站

博客作为一种新的互联网出版形式，表现出一些和门户网站不同的特点：

（1）个性张扬，有全新的价值观和行为取向。博主们喜欢追求与众不同，追求时尚和个性，而 Web2.0 技术正好迎合了这种需求。在 Web2.0 的博客上，新媒体用户积极参与网络意见建设，通过不同的页面、内容、声音来展示自己。博客是新媒体用户展示自己个性的平台，而传统门户网站是主流意识形态引导舆论的场所。

（2）信息“主权”完全属于个人。个人博客的页面，里面所有内容、所有读者、所有关系，都是属于博客本人，而不是提供博客服务的网站，博客网站只是服务平台的提供者。而在传统门户网站中，所有内容包括 BBS 用户生产的信息都归网站所有。因此可以说，博客是“你我的网络”，在博客上，新媒体用户是主体，同时也是信息的生产者、创造者、传播者和拥有者；而传统门户网站是属于“他们的网络”，新媒体用户只是被动的消费者、受众和读者。

（3）在运作上，任何一个吸引用户的博客网站都集结了用户的心血和劳动成果，当其终止运行后，用户的损失是无法弥补的。对于传统门户网站来说，如果运作一段时间后不能继续维持下去了，不会对用户产生什么影响。

（二）博客与个人网站

个人网站是指以个人为中心的上网入口，由个人制作，具有个人风格和特定色彩的门户网站，它是以个人为中心的信息汇聚。博客就是一种具有网站性质的个人网页，但在使用方式上有别于传统意义上的个人网站。

1. 技术上的低门槛

传统个人网站更接近于一种正式的刊物，它需要专业人员设计、维护和更新，其内容也比较讲究，所以技术和成本要求较高，注定只能为少数人拥有。个人网站制作的时间周期长，从技术的掌握到网页的设计和发布需要一定的时间；相比之下，博客减少了技术上的难度，只需要在几分钟之内填写个表单提交就可以了，容易更新，更为自主。其内容可以是新闻，也可以是日记、照片、诗歌、视频、音乐或故事。博客网站的低门槛，使其具有很高的开放性。

2. 资金上的零成本

个人网站成本高，需要租用个人空间、域名等，这对个人网站的发展几乎是致命的；而博客则不需要这方面的投资，是零成本，是依托于知识的一种特殊的、更为立体的交流方式。博客的文本通常是简短的，因为它可以主要依靠超链接来连接大量的相关内容，博客无须租用较大服务器空间就可满意地运行。个人网站的困境对于博客来说是基本上不存在的。

3. 内容上的共享性

个人网站常常注重内容的表现形式，很多个人网站总是追求技术的先进性和表现的艺术性，往往忽略了内容本身；而博客更注重知识的积累、共享和交流，关注内容本身，是个性化的个人知识管理系统。

（三）博客与 BBS

BBS（Bulletin Board System）是为用户提供信息服务、交流思想、发表观点的信息平台。BBS 与博客的创设理念各不相同，BBS 侧重于观点的表达和讨论，而博客则追求信息和知识的共享，对比二者，可以归纳出以下不同点：

1. 使用体验有根本不同

BBS 的用户一般需要经过正式注册之后才能参与回复，在 BBS 发过帖子后，很难再找到曾经发过的帖子；博客用户无须注册即可回复，读者可以随意参与博客发起的话题讨论，写过的文章在自己的博客上容易形成个人的知识体系和意见体系。BBS 好比广场，你可以在这里驻足、观光、社交，但你不会拥有它，也没有自己的隐私空间；博客更像一个私家住宅，你不仅拥有它，还可以自由地支配、使用它，且不必担心版主指责你“灌水”。

跟 BBS 提供的社区功能相比，博客更胜一筹。博主除了可以在自己的“住宅”内“生活、工作、娱乐”，还可以邀请自己的朋友加入其中，开展属于自己私人圈子的“社交”。另外，博主可以通过博客托管网站的设置和安排，更充分地展示自己的魅力，扩大自己的“社交”范围。

2. 传播对象不同

BBS 是一个开放的、自由的空间，面向的是一个较松散的对象群体，是服务于公众的，它是为了解决人们缺乏自由发表言论的机会而创设的；而博客则是一个私有性较强的平台。博客面向的是个人和较小的、具有共同目标的群组，是服务于个人和小团体的，它更被人们视为进行思想和知识共享的平台。

3. 话题发起和管理方式不同

BBS 是一个自由交流的公众场所，话题分散于多个用户之间，每个人都可以发表各种不相关的话题，都拥有相同的发言权利；BBS 的帖子没有上下文的概念，讨论经常无法持久地进行，随意性强，垃圾信息较多；讨论组反复围绕着同一个话题，思想比较凌乱，人们经常忘了以前说过什么。而在博客中，博客提供的内容是话题的中心，话题都集中于博主本人。博客的制作更加审慎、仔细和周详，其单个文本的丰富性、讨论脉络的清晰度、论题的拓展空间都超过了 BBS 的网友发言的帖子。

在 BBS 中，一般是管理员才能管理文章，拥有对全部文章编辑的权力。由于是讨论的性质，经常发生版面上的争执，这样就需要有管理员来管理整个版面，使大家的讨论不偏离主题，减少灌水现象，提高信息质量。发帖者不能编辑、删改自己的文章（后来也有部分 BBS 提供了这样的功能），BBS 采用帖子固顶和按发帖的时间顺序来组织帖子，并采用类聚方式对帖子进行分类，用户不能更改；而在博客上，博主自主管理文章，可以自行对帖子分类，拥有编辑和删除自己的文章的权力，比 BBS 更加自由。

第二节　博客的传播学意义

博客的快速发展和迅速普及，具有重要的传播学意义。从传播学角度解析博客，不仅能够有效地把握博客的运行规律，而且对深入认识微博和微信也具有极为重要的启示性价值。

一、博客的传者分析

调查显示，75% 的人发表博文的动机是“抒发感情、交流、交换资源”，60% 的人满足于“知道有人关注自己的博客时产生坚持的动力”、“我的博客原创的帖子多过转载的帖子”，77% 的博客用户认为博客是“表达自己情感的一个很好的方式”，而希望博客实现“想要与别人分享自己的一些资源”“与其他博主进行交流”“希望自己的观点获得别人的支持”这类与人际沟通高度相关的功能的选择者分别为 54% 和 48%。

人们之所以喜欢用博客这种方式写作交流，主要是由于以下原因：

1. 寻求情感宣泄、压力外放的渠道

人们一直在追寻对话语权利的自主，博客的出现正是建立起了一个敢于言说、能够在主流话语外发出个体声音的领域。在这个领域里，个人就是自己的主宰，人们把注意力转向了自我。紧张、拥挤，充满了竞争的现代社会生活给人们带来了巨大的压力，而社会并没有相应地为人们提供一个合理宣泄自我情绪的渠道，话语权被钳制在社会背景和经济地位中。人们需要一个空间来倾诉自己的痛苦，从而释放自己内心的压力。通过博客，人们能够使人随心所欲地自我表达，贴照片、写文字，与人沟通，他们寻找到了一条属于自己的情感宣泄的便捷通道。

2. 满足人的社会性心理需求

寻求关于生活、学习、工作和社会的有用信息从而进行自我认知、相互认知和满足个人心理和精神需求，是个人从事传播的基本动机。马斯洛把人的需求由低向高分为五个层次，即“生理需求、安全需求、归属需求、尊重需求和自我实现的需求”。当人们基本的生理、安全、归属和尊重需求得到满足之后，自然而然想要寻找自我价值的实现。这时候，在技术上“零门槛”准入的博客上面发表言论，将所思所想告诉他人，就成了人们实现自我价值的有效途径。在博客上，诸如“天仙姐姐”等一夜成名现象的兴起，给每一位渴望“美梦成真”的新媒体用户带来了希望。人们热衷于博客主要不是因为它的使用价值，而是为了寻找某种“感觉”，体验某种“意境”，追求某种“意义”。

二、博客传播的意义

博客通过网络世界不断彰显着自己的威力，受到越来越多人的推崇。博客改变着人们的生存方式和交流方式，无限放大着人们对于未来信息世界的预想，同时也影响着整个互联网的发展方向。

（一）使公民拥有了属于自己的网络家园

媒介技术的每一次进步，都浸透着人类渴望突破自身交流困境的努力，而每一种新的媒介技术的使用和普及，都在其特殊的社会文化背景之中形成一种全新的交流模型。从实物传播到口语传播，从书面传播到多媒体信息高速公路上的传播，媒介的每一次发展都将人类文明推向一个新的阶段，而博客更是剧烈地改变了人们的生活。

博客兴起之前，电子邮件、即时通讯工具和 BBS 等其他网络交流方式，满足了人们跨越时空交流的欲望，人们可以隐匿起自己的身份，在网络空间自由言说。然而，传统媒体很难完全满足受众个性化的信息需求，即使在这广袤的网络空间中，人们也一直未能找到一块属于自己的居所、能够让自己精心培育的思想花园。随着人们生活质量和生活要求的不断提高，此时具有“零技术、零成本”特点的博客应运而生就显得水到渠成了。

（二）开辟了人类言论和交往的崭新时代

信息和知识的共享与交流是博客发展的两大核心支柱。以其他网络方式交流，人们与他人的交流往往是即兴的、散乱的，甚至没有时间整理自己的思路和想法。博客则是无数个体的理性表达，众多博主对公共和个人现象的观察、记述和理解，使得每一位参与者都身处其中，成为独立思考、深度分析、大胆批评的博客作品的创作者。博主可以记录自己日常生活中的感悟，也可以一边在互联网上驰骋，一边累积自己的知识，发表自己的观点，并通过文字表达建立自己的朋友圈。博客满足了人们与其他人交流的愿望，给了人们一片完全属于自我的空间，是一种“自媒体”。

博客的优势就是不断搜索提炼信息，不断学习和思考。对于博主们而言，“我的地盘我做主”。用文字记录观点和情绪，用相机记录精彩瞬间，单调乏味的生活在博客上变得生动有趣起来；呼朋唤友地相互品评，封闭的心灵变得豁达敞亮起来。在这个属于自己的网络世界里面，人的主动性和创造性得到了极大发挥。自己的文字表达成为他人或者后人观点的起点，并且能够在后人那里得到检验，博客为大众的言说欲望提供了发布场所。

（三）从根本上冲击“把关人”理论

“把关人”理论是由美国社会心理学家、传播学四大先驱之一的卢因在1947年《群体生活的渠道》一文中率先提出的。他指出：“信息总是沿着含有门区的某些渠道流动，在那里，或是根据公正无私的规定，或是根据‘守门人’的个人意见，对信息或商品是否被允许进入渠道或继续在渠道里流动做出决定”，“信息传播网络中布满了把关人”。他认为在群体传播过程式中，存在着一些把关人，只有符合群体规范或把关人价值标准的信息内容才能进入传播的渠道。传播学认为“把关人”是一种普遍存在的现象，在传播者与受众之间，“把关人”起着决定继续或终止信息传递的作用。

随着互联网技术和多媒体技术的发展，博客作为一种传播工具迅速渗透到社会生活的各个方面，日新月异的网络技术为博客们绕开各种障碍提供了可能。传统媒介的“把关人”主要是由编辑和记者来充当。由于单向传播性强，他们必须严守把关职责，体现传媒组织的立场和主张，根据传媒的价值标准来进行有目的的取舍和加工，其传播流程比较复杂且缺乏传受双方有效的互动。博客时代，虽然媒体“把关人”仍在起着某种程度的作用，但已被极大削弱。

博客的崛起在一定程度上是因为传统媒体在公信力方面的衰落。公众已经厌倦了那些经过层层“把关”“过滤”的信息。博客使得新闻传播的主体正在悄然发生变化，任何占有传播工具和信息资源的人都可以成为新闻的提供者和发布者，不断摆脱“把关人”的制约，这就导致传播权利泛化。这些变化在一定程度上改变了传统的大众传播模式，满足了人们喜欢个性表达的嗜好。在去中心化的博客世界，博客们对是否传播、如何传播有充分的决定权。

三、人内、人际和大众传播的有机统一

任何一种传播过程都表现为一定的系统的活动，而多重结构是社会传播系统的本质特点。博客的传者实现的是多重传播效果。博主不但把自己面对的事物作为认识的对象，同时也把自身作为认识的对象，通过对自己思想的梳理并形成文字发表出来，使博主的“主我”和“客我”进行“自我互动”，完成信息交换，从而实现对自己更全面、更深层次的认识。

博客使个人能够和其他网络用户共同分享自己的思想和知识，而传播的范围则可以是全球性的。博客具有一对多的特征，是一种人际传播，同时也是大众传播。大众传播是专业化的媒介组织运用先进的传播技术和技术化手段，以社会上一般大众为对象而进行的大规模信息生产和传播活动，博客事实上也具备大众传播的一般特点。

博客与传统网络媒体不同的是，它是一个人人可以参与发表意见、包容性极大的媒体。它在Web2.0体系下，通过TAG、RSS（聚合服务）等技术进行信息的生产和传播。当然，作为依托于网站的博客传播也受到一定的社会制度和现实伦理道德的制约；同

时，很少有博客仅仅是为了“自我满足、自我娱乐”，或是与朋友和熟人来“分享”个人的信息，而是希望通过“外链接”拥有更多的读者，这实际上就进入了“向不特定的多数人表达和传递信息”的大众传播过程。

总之，博客是人内传播、人际传播和大众传播的有机统一。

四、“补充媒介”

回顾媒介发展历程，当一种新媒介出现时，它只会令传媒的生态环境发生一些改变，原有传媒的位置会相应做出调整，在功能上通常会变得更为专门化，很少会完全被淘汰掉。某一媒介的传播优势是其自身生存发展的理由和根据，同时其传播劣势也为其他媒介形式的生存和发展提供了空间和余地。个性化传播及个人独有新闻资源的播发，或许更靠近博客新闻的内涵。博客的本质是“个人媒体”或者“自媒体”。博客追求一种参与制造“社会舆论”的力量。而这一欲望的实现则取决于社会开放的程度，以及博客所发表意见的内涵。博客的个性化传播并不意味着对传统媒体的颠覆，它与传统媒体具有互补关系。

受众对未被揭露的真相和被隐藏的事实有着强烈的认知需求，传统媒体因为现实客观的某些原因无法第一时间获知信息，这时候，博客便成为传统专业媒体的信源。虽然博客能在报道中“揭露另一部分真相”，有时候文字或摄影记者也会将已获得而未能在传统媒体上刊登的内容在博客网站上披露。但是，博客要想以业余的传播力量取代专业媒体，还是难做到的。从现实操作层面看，博客在受众注意力集中度和信息覆盖面上，还远逊于专业的大众传播机构。因此博客只是传统媒体有益的补充，是一种“补充媒介”。

第三节　博客对“沉默的螺旋”的颠覆

博客最重要的传播效果，就是颠覆了被视为传播学经典的“沉默的螺旋”理论。

一、什么是“沉默的螺旋”

德国传播学者诺利·纽曼1972年在其著作《重归大众传播的强力观》中首次提出“沉默的螺旋”的概念，1980年她又在《沉默的螺旋：舆论——我们社会的皮肤》一文中对该概念的意义给予了全面阐述。她认为：个人意见的表明是一个社会心理过程，个人在表明观点前要对周围的环境进行观察，当发现自己属于“多数”或“优势”意见时，便倾向于积极大胆地表明自己的观点；当发现自己属于“少数”或“劣势”意见时，一般就会屈于环境压力而转向“沉默”或者附和“优势”意见。她指出，意见的表明和“沉默”的扩散是一个螺旋式的社会传播过程，一方的沉默造成另一方意见的增加，受群体压力而改变态度的人越来越多，使得“优势”意见越来越强，迫使更多持不同意见的人继续保持沉默或者转变态度追随支配意见。同时媒介通过营造“意见环境”来制约舆论，大众传播媒介在影响公众意见方面有强大的效果。对帮助人们确定多数人的意见是什么来说，大众传媒起着重要的作用。

根据纽曼的看法，能否顺应“多数意见”是“对一个人的道德规范和基本价值与社会是否相容的检验”，形成一种“匿名的、无所不在的社会压力”，因此个人会因为“对被社会孤立的恐惧”而产生对“多数”或“优势”意见的趋同行为。

社会心理学中的从众，指由于真实的或想象的群体压力而导致行为或态度的变化。社会心理学家认为，从众行为是由于在群体一致性的压力下，个体寻求的一种试图解除自身与群体之间的冲突、增强安全感的手段，这是沉默的螺旋赖以发生的社会心理基础。

二、博客对“沉默的螺旋”挑战

网络传播的出现和发展，拓宽了传播的广度和深度，打破了以往人类多种信息与传播形式的界限。网络传播的迅速交互性、传播容量的无限性、物质载体的无形性等等，使传统传播理论受到巨大冲击。而博客传播的匿名性，则是冲击“沉默的螺旋”理论的无往利器。由于互联网的平等性、匿名性和不受地域的限制，所以很难对其施加群体的压力，作为支撑“沉默的螺旋”理论的假设，即“害怕被孤立”的心理状态也就不复存在，所以“沉默的螺旋”理论在博客中也就失去了效用。

事实上，在博客中人们更倾向于袒露真实的自我。因为博客传播的匿名性，人们往往会将平日鲜有机会当众表露的“本我”毫无顾忌地表现出来，更容易，也更愿意把个人意见真实地表达出来，而不是随便接受或者默认别人的观点。网络传播的匿名性会使个体在进行自我表达时较少顾及社会规范的约束；人们可以随意发表自己的观点而不受别人的影响，无须对自己的行为承担心理上的负担，这就使“沉默的螺旋”理论所提出的“因害怕被孤立的恐惧感而不表达自己的异议”的情形逐渐削弱，甚至完全消失，传统社会环境中人们的恐惧心理在网络空间里已经被一种“无所谓”的心理代替，传统的从众心理明显弱化。

三、博客对“沉默的螺旋”的弱化

虽然有人认为在博客中“沉默的螺旋”理论表现得不是那么强烈，但“沉默的螺旋”在博客中并没有消失，只不过其表现形式有所变化而已。

“沉默的螺旋”形成的过程实际上就是舆论形成的过程，而在博客上面容易产生“舆论偏见”和“群体极化”。“舆论偏见”和“群体极化”是指在某个特定团体中，在某种特定环境氛围下，利益群体对某一事件所持的既有观念和先期形成的偏见，由于这些观念和偏见的作用，人们会不经过调查研究和思考就对某一事件持肯定或否定态度。很多博客都是由有着类似兴趣的人所组成的，因此，即便是在网络世界，在这样的氛围内，人们也不可避免地会受到旁人的影响而与他人持有相同观点。博客传播方式的改变当然会引起人们生活以及思维方式的改变，但是人们的思想总是会在原有基础上向前延伸，在网络空间中会发展起相应的群体规范来，这种群体规范必然对其成员产生与现实中类似的压力与社会孤立恐惧感。

长久的现实社会及群体压力带来的个人从众行为，也会使这样的行为成为人们潜意识的惯性。惯性形成于人们的实践中，并能通过事件的重复在人们的意识中促发一种指导行为举止的“实践意识”。这种意识不需要言说、不需要意识形态话语的宣扬，就能对行动起制约作用。“沉默的螺旋”现象在博客传播中依然有效，只是被弱化了，而且表现形式有了很大的变化。

第四节　存在的问题及对策

当千万新媒体用户开始一场博客“狂欢”的时候，问题也开始浮出水面。

一、失范

（一）内容庸俗化、色情化

2003年6月19日起，木子美在“博客中文站”开辟了一个网上空间，发表名为《遗情书》的私人日记，记述与不同男性之间的性爱经历，赢得了极大的眼球注意。同年8月，木子美又在日记中详述她和广州一位著名摇滚乐手“一夜情”的大量细节，披露了乐手的真实姓名，并评价了其性技巧和性能力。这篇日记被迅速转贴到“西祠胡同”论坛，引起轰动，并开始在各个论坛广泛流传，《遗情书》的访问量激增，木子美从此在互联网一路走红。

后来，在竹影青瞳、流氓燕、芙蓉姐姐等“丑女”部落低级暴露的挑逗之下，经一些低俗媒体的炒作，博客不断受到色情化和庸俗化的侵蚀。木子美等人的博客走红现象其实是人们的一种非理性宣泄，给人们带来的是所谓的本能的“快乐”。

（二）侵犯名誉权现象增多

周涛的闺中密友“麻老虎”（本名张彤）在自己的博客中大谈周涛的婚姻，说是“从原来的清纯如小龙女，变成了现在的非豪门不入”，这位署名“麻老虎”的女士不仅贴了多幅与周涛在北京广播学院读书时的照片，还细述了周涛的两段情史。这位重庆电视台主持人说，“我本不打算爆她的料，但是她确实在一些事情上伤了我的心，把我只告诉她一人的隐私告诉其他同学了。”觉得被周涛“出卖”了，所以才“以牙还牙”，写了周涛的隐私。就这么简简单单的一个理由，周涛的过去就变成了商店里货架上的展览品，任人观赏。

此外还有演员爆料范冰冰走红内幕、明星胡可遭受网友“一切都是假的吗”长达半年之久的骚扰等现象。博客原本是畅所欲言的自留地，现在则变成了个人在网络上攻击他人的利器、提高自己博客点击率的良方，令人唏嘘。

（三）网络谩骂泛滥

陈堂发是南京大学新闻与传播学院的一位老师。2005年9月的一个晚上，陈堂发在家上网，意外注意到了一个叫“长套袜”的网页。该网页在“陈堂发”三个字后面跟着“烂人”、“流氓”等辱骂性词语，陈堂发心生疑窦，意识到其中有问题，马上同中国博客网客服取得联系，要求删除该帖子。但是对方却要求他提供书面证明，以证实那篇博客日记中侵害的人是他本人，否则不能删帖。由于多次交涉无果，2005 年 12 月 7 日，陈堂发以侵害名誉权为由，将杭州博客信息技术有限公司告上法庭，由此引发了“国内博客第一案”。

2006 年 3 月 1 日，文学评论家白烨在博客上发表了题为《“80 后”的现状与未来》的评论。3 月 2 日，韩寒在其博客上对白烨文章中“80 后作者和他们的作品尚未进入文坛”的观点予以声讨，甚至大暴粗口，用相当尖锐的语言讽刺评论家不但“很没有灵气和文采”，而且“迂腐固执”，并称自己的作品为“中国难得的纯文学”，由此引发“韩白之争”。

面对“80 后”作家的炮轰，白烨表示“很震、惊”，3 月 4 日，他在自己的博客中写了回应文章，称“80 后”作家可以不同意我的观点，不喜欢我的文章，但不可以用粗暴又粗鄙的字眼骂人；他同时认为，“80 后”作家的这些措辞也给他自己所说的“难得的纯文学”作家以绝大的反讽。面对评论家的批评，韩寒马上再次发表了名为《有些人，话糙理不糙；有些人，话不糙人糙》的文章，就自己粗暴又粗鄙的字眼逐个解释，“奉劝”评论家别自作多情。在历经“韩白之争”后，白烨于 2006 年 3 月 11 日关闭了自己的博客，成为新浪博客开通以来第一个自己关闭的名人博客；与此同时，卷进“韩白之争”的高晓松，也无奈地在留下三封公开信后关掉博客；3 月 27 日，陆川也因介入父亲陆天明与韩寒的纷争关闭了在新浪的博客。

社会学家李银河在解释关掉博客留言功能的理由时说：“我这儿不是公共厕所，不能让他们随地大小便。”在这个不分种族、不分国界的“意见的自由市场”中，博客的开放性及匿名性使得一些缺少自律意识的新媒体用户在其中肆意宣泄情感，甚至使用侮辱、谩骂的语言。

面对这些侵犯他人隐私、盗窃他人成果、炮制谣言、人身攻击、散布不负责的虚假信息等等问题，有关方面提出要实行实名制，可是，博客实名制能解决问题吗?

二、实名制规范作用有限

2012 年 12 月 28 日，全国人大常委会通过决定，要在全国范围内实行博客后台实名制，引起各方热议。支持者认为，实名制将有利于互联网的发展，可以使新媒体用户在发表违背道德与法律意见时有所顾忌，对自己的行为进行约束，从而最大限度地提升网络道德水平，最大限度地减少互联网上的违法犯罪行为，使社会文化得到净化。反对者认为，实名制将损害博客的发展。博客实名制虽可解决一些问题，但如何保护新媒体用户的信息资料安全、如何权衡博客自由精神与他人利益之间的关系，网络实名制可能是害大于利。网络通信的设计理念就是要实现信息的自由交换，对交换主体的信息需求基本没有，自由通信对怎样控制身份方面的信息考虑极少，互联网本身从技术设计上就是支持匿名的网络环境。由于网络是“虚拟社会”的观念在当今社会已根深蒂固，如何解决用户对“实名制”的抵制是必须面对的问题，也是“实名制”实行的主要障碍之一。博客实名制能否从根本上解决博客发展中出现的道德和犯罪问题，会不会产生新的道德和犯罪问题，是摆在每一个博客面前及社会公共体制面前的重大课题。

三、博客管理主要靠自律

如同现实社会一样，互联网从来就不是一片净土。博客精神在于开放、自由、率性，但博客文化中依旧需要社会责任伦理，而且从现实的角度来看也显得非常必要。不管是博客还是BBS、网上论坛，虽然在技术上与传统媒体有所不同，但在媒体的本质属性上是没什么区别的，传播主体必须遵循应有的道德规范和伦理准则，道德规范和自律自爱是博客传播健康发展的根本保障。

当前博客快速发展，立法滞后成为大问题。应该以当前互联网管理范畴和媒介管理制度为基础，通过法律规范引导博客健康发展。应尽早颁布有关网络新闻传播和网络媒介管理的专门法律，把博客传播限制在一个操作性很强而又比较公正的行业法的框架之内。

博客道德建设的重点在博客网站自身。在现实中，不文明言行容易当场遭人批评，因此人们的自我约束能力都要强一些；在网络世界中，很多人都是匿名上网，这就需要博客网站担负起监管作用，对那些网络脏口、评论等加强审核，遇到有问题的言论坚决删除，或者利用技术手段对一些主题词汇进行过滤。

第五节　微博与微信

微博和微信都是在博客设计理念的基础上发展起来的网络新应用，其强大的聚集功能远远超出了人们的想象，已经成为公共信息流通和公民舆论汇聚的重要渠道，受到社会广泛重视。

一、微博

微博，即微博客（MicroBlog）的简称，是一个基于用户关系进行信息分享、传播以及获取的平台，用户可以通过Web、WAP等各种客户端组建个人社区，以140字以内的文字更新信息，并实现即时分享。最早也是最著名的微博是美国的Twitter。2009年8月，中国门户网站新浪推出“新浪微博”内测版，成为门户网站中第一家提供微博服务的网站，微博正式进入中文上网主流人群的视野。2012年第三季度腾讯微博注册用户达到5.07亿人，2013年上半年新浪微博注册用户达到5.36亿，上微博成为中国新媒体用户上网的主要活动之一。随着微博在新媒体用户中的日益火热，在微博中诞生的各种热词也迅速走红网络，微博效应正在逐渐形成。

概括起来，微博有以下五个特点：（1）关注机制：可单向可双向；（2）内容简短：140字以内（包括标点符号）；（3）实时信息：最新实时信息；（4）广播式：公开的信息，谁都可以浏览；（5）社交网络平台：把微博归为社交网络。

微博最早由美国人埃文·威廉姆斯（Evan Williams）的新兴公司Obvious于2006年3月推出，而Twitter的出现把世人的眼光引入了一个叫微博的小小世界里。Twitter

是一个社交网络及微博客服务。用户可以经由SMS、即时通信、电邮、Twitter网站或Twitter客户端软件（如Twitterrific）输入最多140字的文字更新，Twitter被Alexa网页流量统计评定为最受欢迎的50个网络应用之一。外国微博表现出一种唠叨的个性、渴望表达和信息分享的特征；而中国的微博则抓住文化与社会这一本质属性，凸显出群体化、联系化，进而不断推进人际关系在网络层面的身份变更以及权力重构。因此，微博的发展过程，也是权力者结构调整和社会资本积累的过程。

微博给公民提供了一个充分发表言论的平台：它几乎没有准入门槛，任何人都可以注册使用；发布信息的时间和地点几乎不再受到限制；相比于借助传统新闻媒体，公民在微博上发表对国家事务的意见和对官员的批评更为自主便捷；相比于博客等信息传播平台，微博无疑淡化了精英话语权，草根民众往往通过"爆出猛料"，就能让言论迅速得到关注。正因为微博在促进公民行使言论自由权利上的作用如此巨大，微博反腐的应运而生就呈现出一定的必然性。传统方式是一种封闭式的系统，而网络举报是开放透明的。在封闭的系统中，舆论关注度少，执行反馈等制度就会有缺陷。时下兴起的"随手拍"活动，博友们可以将随时随地看到的公款吃喝、公车私用等现象拍下来发到微博上，更是让公权力不得不被拉到阳光下接受更为全面的监督。

二、微信

微信是腾讯公司于2011年初推出的一款快速发送文字和照片、支持多人语音对讲的手机聊天软件。用户可以通过微信与好友进行形式上更加丰富的类似于短信、彩信等方式的联系。微信不仅可以实现单聊及群聊，还能根据地理位置找到附近的人，带给朋友们全新的移动沟通体验。微信软件本身完全免费，也因为更灵活、方便、智能，且节省资费而受到大家喜欢。

微信是当下社交媒体中唯一全面覆盖个人真实社交以及虚拟网络社交，同步满足"真实自我"和"虚拟构建"多重诉求，将现实生活中的手机联系人、网络虚拟多点定位查找的"陌生人"共同组建到一个圈子的社交媒体。此外，微信支持手机、平板、网页三个版本发送语音、视频、图片和文字，是当前信息传播形式最"宽容"的社交媒体。同时，微信还依靠移动支付、游戏业务，实现了社交工具向应用工具的延展。

微信独特的圈子构成，既不同于微博类社交媒体虚拟性较强、陌生人居多的情形，又不同于多个国家地区已经普及并流行、基于即时通话功能的通讯类应用"Line"，并且跳脱了"中国式网络工具"如同新浪微博之于Twitter、百度之于Google、人人网之于Facebook的"模仿"传统，实现了首创。

作为一种更快速的即时通讯工具，微信具有零资费、跨平台沟通、显示实时输入状态等功能，与传统的短信沟通方式相比，它更灵活、智能，且节省资费。到2013年1月，微信注册用户量即已经突破3亿。

微信的主要功能有如下几个方面：（1）微信界面支持发送语音短信、视频、图片（包括表情）和文字；（2）支持多人群聊（目前最多100人，200人群聊正在内测）；（3）支持查看所在位置附近使用微信的人（LBS功能）；（4）支持腾讯微博、QQ邮箱、漂流瓶、语音记事本、QQ同步助手等插件功能；（5）支持视频聊天；（6）微行情：支持即时查询股票行情；（7）实时对讲机功能。

微信的优势表现在以下几个方面：

（1）跨平台。支持多平台，沟通无障碍。微信支持主流的智能操作系统，支持智能手机中 iOS、Android、Windows Phone、Blackberry 和塞班平台，不同系统间互发畅通无阻；

（2）轻松聊天，不透露信息是否已读，降低收信压力；

（3）图片压缩传输，节省流量；

（4）输入状态实时显示，带给手机用户聊天极速新体验。微信为手机用户显示对方实时打字状态；

（5）移动即时通信，楼层式消息对话更是让人们的聊天简洁方便；

（6）和 QQ 相比，无好友在线状态、QQ 空间动态等信息，更省流量。

微信可以通过 QQ 号直接登录注册或者通过邮箱账号注册。第一次使用 QQ 号登录时，微信会要求设置微信号和昵称。微信号是用户在微信中的唯一识别号，必须大于或等于六位，注册成功后允许修改一次；昵称是微信号的别名，允许多次更改。

微信与 QQ 单向独立，且独立度非常有限。输入 QQ 号进行注册的用户，虽然在微信中不会把 QQ 号透露给微信好友，但是所有的 QQ 好友可以看到用户的微信号。

微信中有单独设置的头像，可以在登录后从设置菜单内修改。

微信 Android 版 2013 年 8 月 9 日升级到 5.0，不仅保留了此前用户喜爱的在对话中可以加入语音聊天室，和好友实时对讲、将正在听的歌曲摇到手机里、支持群二维码，扫一扫就能加入，聊天记录可以迁移到另外的手机上，可以设置语音提醒，重要事项不再错过等功能，又新增了用户可以在游戏中心和朋友们一起玩游戏；可以添加银行卡，即可使用微信支付等功能；并新增收藏功能，可以收藏聊天、公众号、朋友圈的信息；通过“扫一扫”，可以扫商品条码、图书封面、CD 封面，甚至扫描英文单词来翻译成中文；自主研发的语音识别技术，可直接在聊天中语音输入；可以使用表情商店，有趣好玩的表情在这里尽情展现；新增添了加朋友的方式：“按住添加朋友”即可完成；可以将订阅号的消息折叠起来，让你的消息列表更干净等多项功能。

企业可以利用微信精准地挖掘用户，通过结合企业自身的行业属性，在 QQ 群中进行关键词检索，能更好地找到精准属性的潜在用户群。同时 QQ 账号与微信的打通，大大增加了用户转化便捷度。通过 QQ 邮件、好友邀请等方式，都能实现批量 QQ 用户的导入。

思考题

1. 博客兴起与发展的原因是什么？
2. 博客有什么特殊的传播效果？
3. 博客存在哪些问题，如何应对？
4. 了解微信的使用与功能。

第八章　播　客

本章要点

第一节　播客及其传播方式

第二节　播客的传播学意义

第三节　播客的盈利模式

2005年，"反波"二人组"平客"与"飞猪"插科打诨播报新闻的方式将人们带入了播客世界。土豆网、播客中国网、动听播客网等民间播客网站的兴起，使每个人都成为生活的导演，开始以前所未有的方式展现自己的个性。

第一节　播客及其传播方式

一、什么是播客

播客是数字广播技术的一种，出现初期借助一个叫"iPodder"的软件与一些便携播放器相结合而实现问世。播客是英文 Podcast（Podcasting）的音译，是一种在互联网上发布文件、允许用户订阅并自动接收新文件的方法，或用此方法来制作的音频节目。"如果说博客是新一代报纸，那么播客就是新一代广播"。播客与其他音频内容传送的区别在于其订阅模式，订阅播客节目可以使用相应的播客软件。这种软件可以定期检查并下载新内容，并与用户的便携式音乐播放器形成内容同步。该技术允许个人进行创建与发布，网友可将网上的广播节目下载到自己的 iPod、MP3 播放器或其他便携式数码声讯播放器中随身收听，不必端坐在电脑前收听，也不必实时收听，可以享受随时随地收听的自由。更有意义的是，用户还可以用软件自己制作声音节目，并将其上传到网上与广大网友分享。

2004年2月12日,《镜报》在一篇名为《听觉革命：在线广播遍地开花》的文章中，最早提到了"Podcasting"这一概念。2004年8月，有"播客之父"之称的亚当·科利在描绘 iPod 一族时提到了"播客"所具备的"自动、同步、互动"等特点，并预言播客将成为传统广播的终结者，背后蕴含着无限的商机。

维基百科全书这样定义播客："Podcasting 源于 iPod，兼具 Broadcasting 和 Webcasting 之意。播客与具有搜索功能的数字录像机 Tivo 相似，只是播客是用于声讯节目而且目前免费。值得注意的是，该技术能把任何文件'拉'过来，包括软件更新、照片和视频。"

就像博客颠覆了被动接受文字信息的方式一样，播客颠覆了被动收听广播的方式，使听众成为主动参与者。

关于播客的定义，目前仍在争论中，但一般认为应该具备三个要件：第一，必须是一个独立的、可下载的媒体文件；第二，该文件的发布格式为 RSS2.0 enclosure feed；第三，接收端能自动接收、下载并将文件转至需要的地方，放置于播放器的节目单中。

比起传统广播，播客带来的是更大更自由的广播空间。传统广播的特点是即时性，播客的特点则是自主性；传统的广播模式是"你说我听"，而播客则是"在我想听的时候听我想听的"，还可以"你听我说"。在这种模式下，受众不再是媒体内容的被动接收者和消费者，而是媒体内容的选择者，同时也是内容的主动参与者和创造者。播客消除了媒体和受众的界限。传统媒体在节目制作、内容和形式上也会受到一定的束缚，而播客则完全是彰显个性的空间，更平民化，更原生态。

此外，你可以不必再为那些没完没了的无聊广告生气了。从前，人们为了听到感兴趣的节目，不得不锁定一个电台，常常会被插播的广告弄得心烦意乱。现在，人们可以同时锁定全世界的广播电台，并轻而易举地找到想听的节目；听众可以从数以万计的节目里选择各类话题，从时事到品酒到科技，不一而足。利用一些免费软件，听众可以在新节目出现的时候自动下载，把播客节目转移到 iPod 或其他便携 MP3 播放器上，在方便的时间和场合收听。

二、播客的发展历程

"播客"的诞生具有某种偶然性。为推广个性化的收听习惯，美国 MTV 电视台的主持人亚当·科利和软件师戴维·温纳最先发明了"每日源代码"（Daily Source Code）软件。有了它，任何有夸夸其谈癖好的人只需借助麦克风的帮助，就可以把自己的声音录制成文件上传到网站，而收听者依靠这种播客软件，就可以根据兴趣爱好，自主订阅或下载这些"私人电台"。2004 年 8 月 13 日，亚当·科利的"每日源代码"正式拉开播客革命的序幕。"每日源代码"、iPodder 软件，以及亚当的个人魅力使其当之无愧地被尊奉为"播客之父"。2004 年 9 月，美国苹果公司发布 iPod，这一事件被看作是播客正式出现的标志。

根据亚当·科利和戴维·温纳的设计，播客节目订阅者可以通过多个来源订阅他们希望收听的节目，而传统广播只能在一个时段内提供单一来源，广播必须依照节目时间表进行。通过不同来源令"新闻聚合"，得到节目，是播客收听的特色和主要吸引力。

与流媒体比较而言，播客不能在互联网上进行现场广播，这并不是技术限制造成的，而是一个应用程序的先天缺陷。播客被设计用来订阅非现场信息，媒体文档被以如 MP3 等格式的文件形式发向订阅者，以便订阅者可以离线收听。使用在线联合应用程序订阅一般流媒体源也是可能的。

在中国国内，人们常常把博客和播客混为一谈，在早期的一些学术论文中，播客（Podcasts 或 Podcasting）与博客（Blog）是同义词，都是指个人通过互联网发布信息的方式，并且都需要借助于博客 / 播客发布程序（通常为第三方提供的博客托管服务，也可以是独立的个人博客 / 播客网站）进行信息发布和管理。

博客与播客的主要区别在于，博客所传播的信息和图片信息为主，而播客传递的信息则是音频和视频信息。

目前国内知名播客网站有：土豆网（http://www.toodou.com，国内最早的播客网站）、播客中国（http://www.Podcast.com.cn）、中国播客网（http://www.vvlogger.com/plog/summary.php）、播客天下（http://www.imboke.com）、反波在线（www.antiwave.net）、派派播客网（http://www.e-paipai.com）等。

三、播客的传播方式

博客是把自己的思想转化为文字和图片的方式在互联网上传播，播客则是通过制作音频、视频节目的方式在网上传播自己的思想。从某种意义上来说，播客就是一个以互联网为载体的个人电台或电视台。同主流媒体音、视频所不同的是，播客节目不是实时收听的，而是独立的、可以下载并复制的媒体文件，人们可以自行选择收听的时间与方式，是“自由度极高的广播”，人人可以制作，随时可以收听，这就是播客。

一、订阅浏览

播客与其他音频内容传送的不同之处在于其订阅模式，它使用 RSS 2.0 文件格式传送信息。该技术允许个人进行创建与发布信息，人人可以说出他们想说的话。订阅播客节目可以使用相应的播客软件。这种软件可以定期检查并下载新内容，并与用户的便携式音乐播放器同步内容。播客并不强求使用 iPod 或 iTunes，任何数字音频播放器或拥有适当软件的电脑都可以播放播客节目。相同的技术亦可用来传送视频文件。2005 年 6 月 28 日，苹果公司 iTunes4.9 的推出掀起了一场播客的高潮，一些播客网站甚至因为访问量过大而瘫痪。iTunes4.9 是一款优秀的播客客户端软件，或者叫做播客浏览器。通过它，你可以在互联网上浏览、查找、试听并订阅播客节目。

二、下载观看

在线观看的 flv 视频文件基本都不提供下载，如果想把它下载下来，有两种方法：

第一种方法：首先，正常观看视频，不要关闭浏览器；其次，等视频加载完毕，进入 C 盘 Documents and Settings 你的用户名 Local Settings——Temporary Internet Files 这个文件夹（有可能要用到文件夹选项中的“显示全部文件”才可看见），然后，查找扩展名为 flv 的文件即可。可以按时间排序，很容易找到；也可以按大小查找，视频文件一般都比较大，排在顶部。本方法适合任何 flv 视频网站的视频下载。

另一种方法要借助于专门的网站。例如我们要下载 YouTube 或新浪播客上的某个视频文件，点开播客视频的观看界面后，复制上面的观看地址，然后打开这个网站：flvspy. cn，将观看地址粘贴到 flvspy. cn 网站上的文字输入框内，点击放大镜的嗅探按钮，稍等几秒就可以嗅探出该播客视频的下载链接，即可用下载工具下载了。YouTube 的视频无扩展名，可以自己将扩展名改为 flv，其他的播客网站都自带扩展名 flv，下载下来的文件就是 flv 格式的。

三、禁传内容

“新浪播客视频”给所有网友提供了一个分享身边视频和展现自我的空间。为了保证网络社区环境，编辑提供 24 小时的内容审核服务，尽最大努力保证提交的视频符合网站原则。审核通过的视频并不表示内容完全符合原则，“新浪播客视频”保留随时移除任何不当视频内容和根据举报进行处罚的权力。

新浪播客视频禁止下列内容发表：

违反国家现行法律法规的。

破坏社会公共安全的。

鼓动民族仇恨、民族歧视，破坏民族团结的。

宣扬邪教和封建迷信的。

宣扬色情、淫秽、暴力、教唆犯罪的。

攻击政府、政府官员的。

含有种族、肤色、性别、宗教、民族、地域、残疾、社会经济状况等歧视内容的。

含有侮辱或诽谤他人，对他人构成伤害或侵害他人合法权益的。

含有法律、行政法规禁止的其他内容的。

四、如何接收和上传播客

只要手头有 iPod、MP3 或其他便携式数码声讯播放器，就可以上网收听收看播客。目前支持网上收听收看播客的 RSS 阅读器的网站有很多。以博阅网为例，当您登录该网站以后，首先需要像订阅普通博客一样订阅一个播客，然后打开您所订阅的播客，您会看到每个节目下面都有一个“播放”按钮。点击这个“播放”按钮，就会自动打开您电脑中默认的播放软件（通常是 Media Player），并进行播放。当然，您还可以点击每个节目下方的“下载”按钮，点击这个“下载”按钮，您就可以把这个节目下载到您的电脑，并将其传到您的 iPod、MP3 或者其他便携式数码声讯播放器上了。通过博阅网，您还可以很方便地跟踪播客是否上传了新的精彩节目，而不必每次都跑到各个网站去四处搜寻了。

通过播客来上传声音也同样简单，首先需要找到一台能上网并带有耳麦的电脑，然后下载一个名叫 Audacity 的免费录音软件，之后便可以打开 Audacity 并按下红色录音键开始录音，当录音完毕并保存之后，您就可以将亲自制作好的、充满个性的声音文件上传到网络世界与大家分享了。

上传视频播客的基本原理与上传音频播客相同。

第二节　播客的传播学意义

“叶子黄了，有志青年心也活了，一批 MM 飞越重洋来到塔木（美国得州小城）。”旁白落，《千年等一回》的音乐响起，幕布拉开：四个愣头青互相推搡，各自举着大牌子，上面写着“妹妹请看我的车……”这段来自播客站点土豆网的视频节目，讲述的是留美学生接国内新生的搞笑故事，节目制作者“阿甘的车站”在美国得州攻读学位。该节目一经上网，就赢得数以千计的浏览量和两百多次下载。播客以这种轻松搞笑、源于生活的新内容、新形式，对传统媒体构成巨大冲击。

一、成就音乐梦想

“播客”的功能很多，然而许多喜欢简单、喜欢录制音频的网友将其称为 DIY Radio（自制广播）。“播客”将广播电台节目从神圣的艺术殿堂拉回寻常老百姓的生活中，只要你愿意，有表现欲望，即使你长得并不漂亮，有着不太好的嗓音，也没有关系，网络世界是个宽容的文化自由市场，也是个大熔炉，在这里你总可以找到自己的知音。

传统广播需要专业化的人员，用专业化的设备，录制广播级的专业化节目，再用专业化的播出方式，在规划好的时间段播出，才能传送到我们的耳朵里。而播客只需要你有一台电脑、一个麦克风、一个想法，就搞定了。将你的想法录制成音频节目，然后通过“播客”网站提供的平台上传到播客网，其他的网友就可以通过网站点击收听你的广播节目了。

“播客”改变了传统的收听模式。传统的广播电台收听模式，时间固定，过时不候；而“播客”所有的节目是事先录制好以后才放在网上的，且已经分好了类，网友可以像在餐馆里点菜一样挑选自己最喜欢的“菜”。

二、挑战传统传媒业

每个人都可以当主持人，任何人都可以通过软件免费下载播客提供的节目，订阅自己喜欢的内容，播客在中国的发展速度惊人，有人预言其“将成为未来互联网传播的一个发展方向”。

与博客相似，播客的诞生也是为了供网友记录生活感悟、与他人分享之用，只不过它采用的是音频技术和视频技术。任何人都可以自己制作声音节目和视频节目，并将其上传到网上与网友分享；也可以选择或订阅别人提供的相关节目，并下载到手持播放器中随时收听收看，还可以应用于任何支持MP3、MP4播放的设备，如PC和笔记本电脑。当然，与博客相同，用户也可以对各种播客主题发表意见。

播客继承了博客的原创性和大众性，有着浓郁的个性和原创精神。正是这种“原创”和“草根”情结，令播客受到了众多网络先锋们的热烈追捧，而且还有迅速主流化的趋势，给一向以正统自居的传统媒体提出了严峻的挑战。

三、备受传统媒体追捧

播客“草根”色彩的传播方式受到传统传媒巨头ABC、NBC、ESPN、迪士尼的追捧，这些媒体陆续在其网站上推出了免费的“播客”服务。个人电子消费品巨头苹果公司也发布了内置“播客”功能的iTunes。事实似乎表明，大众传媒正在经历一场“播客革命”。

苹果iTunes推出内置的“播客”支持功能，不仅简化了“播客”的传播程序，还对“播客”的内容进行了分类管理。iPod将无数收听者从电脑旁解放出来，使其无论是在晨跑还是上班途中，随时随地都可以收听“播客”，它大大加快了“播客”向普通大众传播的进程。

腾讯公司也不甘示弱，及时向用户推出了视频分享平台与互动社区“QQ播客”。在这里，用户可以上传或者录制视频并将其分享给全世界。QQ播客可以给您无限制的免费空间，带您领略网络流行视频浪潮，并免费提供上传视频、在线录制、观看视频、创建V吧、加好友等等多种服务。而且，QQ播客还计划开发更多人性化的服务和功能，免费提供给广大QQ用户使用。

第三节 播客的盈利模式

一、销售广告

随着“播客”升温，有关其“钱”途的讨论也趋于白热化。对广告主来说，他们又多了一个花费不多，而且能与目标消费者直接对话的媒介平台，也就等于多了一份营销机会。世界著名避孕套品牌杜蕾斯 2005 年 4 月就和“播客”站点 PodcastAlley.com 中排名第二的节目 *Dawnand Drew Show* 签署了产品植入广告的协议，通过这个站点的“播客”节目传递品牌和产品信息。喜力啤酒也通过赞助著名 DJ 的“播客”节目，来进行 Thirst 品牌的全球酒吧推广活动。

对于广播公司而言，只有丰富的节目内容才能吸引更多的听众，而这将直接影响到他们的广告收入。但同时，购买和制作高品质的节目同样需要巨大的资金投入。如果能够拥有“播客”这样庞大的创作群体，丰富节目内容的问题将迎刃而解。已有不少广播公司进行了尝试，像 BBC 电台、CBC 电台、波士顿公共电台等都相继开通了“播客”频道。它们通过传统电台播报“播客”上传的内容，并把自己的节目制成声音文件放在网上供人们下载。一些广播公司和网站推出付费节目，用户每月缴纳一定数量的租金，就可以通过网站包月下载自己喜爱的音频、视频文件；或是采用零售模式，为下载某个节目单独付费。被订制的节目可以通过 PC、PDA、手机或车载设备收听。

目前播客站点基本上满足的是小众诉求，如电影、体育、音乐评论，还有诸如葡萄酒迷和啤酒爱好者的节目，甚至是免费的每日星象算命节目等。播客用户具有很强的目标共性，对广告主来说，这是个极佳的利基营销平台。通用汽车、福特汽车、宝洁、联合利华、喜力等大广告主都已经开始或准备在播客营销上有所尝试。

国内的“播客”站点主要有 4 家，分别为播客天下、土豆播客、中国播客网及博客中国—动听播客。这些网站为用户免费提供 30M 至 100M 的使用空间，有些已经为用户提供后台录音、内置 RSS 阅读器，可以下载、订阅喜欢的“播客”到电脑端，同时与 MP3 用户紧密结合起来。

二、付费下载

播客通过提供下载文件来实现盈利。比如土豆网的主要赢利点就是靠视频下载收费。本质上，播客就是将视频和音频的发布技术门槛降低到零，让无线迷和 DV 爱好者可以自由方便地使用。在 3G、4G 时代，视频点播将成为移动增值服务的重要增长点，这给播客运营商提供了广阔的盈利机会。土豆网每天新增 200 多个视频，播客也在以每天 400 人的速度增加，播客节目每天的浏览量达到了 10 万次以上。

土豆网通过零技术门槛策略吸引播客。只要在土豆网上用一个邮箱注册，就可以免费获得 100M 的空间，拥有私人频道，任意上传自己制作的视频节目，从而进入“一个个人的时代，一个视觉的时代”。市场上能够播放视频的便携工具已经有了索尼 PSP，以及各种品牌的 PDA。苹果更是凭借销售过亿的 iPod 随身听，将半地下的播客拽到了 iTunes 网上音乐商店来镀金。在 iTunes 上推出播客服务的第二天，全球的 iPod 用户订购下载的节目就已经超过了 100 万次。

三、其他盈利方式

最具潜力的其他盈利模式是无线与视频的结合。日前，从事 P2P 软件生产的美国开发商 Melodeon 高调宣布，将为手机用户推出音乐服务，Melodeon 认为："手机是查询和收听播客的一种完美工具。"土豆网已经与上海一家移动信息公司签订了协议，在未来几年内提供手机视频点播的节目；传媒航母维亚康姆旗下的美国无限广播公司也公布了"可视广播"计划。

现在，资本对播客的关注不再是"纸上谈兵"，而是实质性的推波助澜了。曾经联手投资了谷歌的两家美国顶级风险投资商 Kleiner Perkins Caufield & Byers 和 Sequoia Capital 再次联手，向美国先锋播客网站 PodShow 首轮投资 885 万美元——它们已经看到了播客的无限商机。

思考题

1. 了解播客及其传播方式。
2. 如何理解播客的传播学意义？
3. 为什么播客可以成为新的吸金手段？

第九章　维　客

本章要点

维客是一种在网络上完全开放，可供多人协同创作的超文本系统，由沃德·坎宁安于 1995 年创立。维客的英文名为 Wiki（因此也译为维基，本书中，维客、维基和 Wiki 都是指同一对象，但在使用上，涉及美国维基网站时采用 Wiki 或维基的形式表示，在讨论国内维基网站时则采用维客的表述形式）。它其实是一种新技术，是 Web2.0 的典型应用。

第一节　完全开放的网络知识互助写作

从应用角度上来看，维客是一种多人协作的写作工具。进行维客写作的每一个人都既是阅读者，同时又是书写者；Wiki 包含一套能简易创造、改变 HTML① 网页的系统，以及一套记录并编目所有改变的系统以提供还原改变的功能。利用 Wiki 系统构建的网站称为 Wiki 网站，或称之为维基主页；不用“基”而用“客”，隐含人的意思，所以使用 Wiki 的用户也被称之为维客（Wikier）。

一、多人协作的写作工具

Wiki 属于一种人类知识的网络管理系统。Wiki 站点可以由多人（甚至任何访问者）维护，每个人都可以发表自己的意见，对共同的主题进行扩展、丰富或者探讨。在维客页面上，每个人都可浏览、创建、更改文本，系统可以对不同版本内容进行有效控制管理，所有的修改记录都可以长期甚至永久地被有效保存下来，因为 Wiki 具有编目所有改变的系统，故而不但可事后查验，也能追踪、恢复乃至还原文件的本来面目。

一般认为，Wiki 一词来源于夏威夷土语的“wee kee wee kee”，原本是“快点快点”（quick）的意思。事实上 Wiki 也真的是既简单又快速，而且每天都在成长。Wiki 作为一种超文本系统，支持面向社群的协作式写作，同时也包括一组支持这种写作的辅助工具。人们可以在 Web 的基础上对 Wiki 文本进行浏览、创建、更改，而且创建、更改、发布的代价远比 HTML 文本为小。Wiki 的作者构成了一个社群，Wiki 系统可为该社群提供简单的交流工具。与其他超文本系统相比，Wiki 有使用方便及开放自主的特点，所以 Wiki 系统可以帮助我们共享某个领域的知识。

Wiki 是 Web2.0 的一种典型应用，是知识社会条件下创新 2.0 的一种典型形式，是一种提供“共同创作”（collaborative）环境的网站。由于所有的 Wiki 都有“版本控制”（version control）的设计理念，网友随时都可以找回之前的正确版本；有些 Wiki 还加入权限管理（access control）的机制，确保 Wiki 知识创造的万无一失。

---

① HTML（Hyper Text Mark-up Language）即超文本标记语言，是 WWW 的描述语言，由 Tim Berners Lee 提出。设计 HTML 语言的目的是为了能把存放在一台电脑（PC）中的文本或图形与另一台电脑（PC）中的文本或图形方便地联系在一起，形成有机的整体，人们不用考虑具体信息是在当前电脑（PC）上还是在网络（互联网）的其他电脑（PC）上。这样，你只需要用鼠标在某一文档中点取一个图标，互联网就会马上转到与此图标相关的内容上，而这类信息可能存放在网络（互联网）的另一台电脑（PC）中。HTML 文本是由 HTML 命令组成的描述性文本，HTML 命令可以说明文字、图形、动画、声响、表格、链接等。HTML 的结构包括头部（head）、主体（body）两大部分，头部描述浏览器所需的信息，主体包含所要说明的具体内容。

二、Wiki 发展历程、工作原理与流程

Wiki 产生的历史还不长，无论是 Wiki 概念自身，还是相关软件系统的开发与应用，都还处在热烈讨论和开发探索阶段，所以怎样的一个站点才能称得上是一个 Wiki 系统，还存在一些争议。但毫无疑问，Wiki 与 Blog 技术相关，它们都降低了超文本写作和发布的难度与成本，都与内容管理系统关系紧密。

尽管第一个 Wiki 网站诞生于 1995 年，但其根源却可以上溯到 1972 年卡耐基—梅隆大学的 ZOG 数据库系统。1995 年，在 PUCC（Purdue University Computing Center，普渡大学计算机中心）工作的沃德·坎宁安根据 ZOG 数据库原理建立了一个叫作波特兰模式知识库（Portland Pattern Repository）的工具，其目的是方便社群的交流，同时提出了 Wiki 这一概念。1996 年至 2000 年间，波特兰模式知识库得到不断的发展，维客的概念也得到丰富和传播。之后，网上又出现了许多类似的网站和软件系统，其中最有名的就是维基百科（Wikipedia）。维基百科是一个国际性的百科全书协作计划，与传统百科全书不同的是，它力图通过大众的参与，创作一个包含人类所有知识领域的百科全书。它是一部内容开放的百科全书，允许任何第三方不受限制地复制、修改及再发布材料的任何部分或全部。

Wiki 系统提供了众多的功能，这些功能是 Wiki 提供各种服务，乃至成为有效的知识挖掘与知识组织工具的基础。Wiki 的基本功能包括：创建、修改、编辑页面——绝大部分正在运行的 Wiki 系统，允许任何用户在其站点上创建新的页面并发布内容。这些内容的发布不需要经过任何的审查过程。当一个页面被创建以后，任何用户都可以对页面上的内容进行修改。这种修改没有任何限制，包括对内容、语法、文字、逻辑的修改，甚至允许用户将页面整体删除。当然，这种修改权并非是无限扩大的。在大部分在线 Wiki 系统中，有一些页面，如首页，可能是不允许进行修改或者删除的；而且，所有被删除的网页都可以借助维客技术被重新挖掘出来。而在公司使用的 Wiki 系统，则常常根据业务特点和自身要求，对修改权限作出更为严格的限制。

维客的技术应用主要表现在以下几个方面。

（1）创建内部链接。Wiki 系统允许用户在发布或者编辑内容的过程中，对站点内的相关内容建立超级链接。这种链接是否有意义，需要由链接建立者自己判断，当然也可以被其他人验证、修改乃至删除。如 Wiki 网 IAa 的条目中，就经常可以在条目内容中发现对于相关词语的链接，这些链接通常指向以这些词语为主题的页面。

（2）创建外部链接。Wiki 系统允许用户在发布和编辑内容的过程中，对站点外部的相关资源建立超级链接。这些超级链接往往能够指向对其发布内容具有进一步解释作用的网页。

（3）编辑历史保存。Wiki 系统允许任何用户在对网页内容进行编辑、修改乃至删除的同时，将以前的网页内容全部保存在数据库中。新用户直接浏览的是最近修改过的页面，但同时也可以通过页面上设置的“历史”按钮，查看本页面的其他版本，并可以直接选择其中一个页面进行恢复和修改。

---

① IA 是投资顾问 Investment Advisor 的前两个字母的缩写，是指受雇于现货黄金、期货、证券公司的兼职或全职投资顾问，具有独立开发散户投资者和代理（IB）的能力的单位或个人，在公司结构上隶属于公司市场拓展部。

（4）最近更新。Wiki 系统首页上提供了“最近更新”的按钮，这个功能为用户提供了 Wiki 系统内所有页面在最近一段时间内被修改的基本信息列表，并提供链接供用户查看详细情况。这些详细情况包括：当前页面状态、修改人信息、新版本与最近版本之间的差异比较、关于本页内容修改的讨论等。但不同的 Wiki 系统在具体信息提供上存在差异。通过这些超级链接，用户可以进一步了解某个具体页面的变化情况。

（5）简单的或者进阶的全文搜索。一般而言，Wiki 系统所含的信息量很大，尤其是建立时间较长的 Wiki 站点更是如此。通过全文检索功能，用户可以直接进入自己希望了解的内容页面，比使用分类目录更为便捷。

（6）分类机制。为了更好地对 Wiki 上的信息进行组织，Wiki 系统总会提供一套分类体系。一般来说，在某个页面被创建之后，作者需要根据 Wiki 分类系统将其归类。不过，大部分 Wiki 的分类体系并不固定。任何人认为目前使用的分类体系不科学，都可以对其进行编辑修改。通常情况下，在经历了最初的一段时间以后，Wiki 系统的分类体系在大体架构上会稳定下来。随着 Wiki 系统内容的增多，系统分类体系会不断地扩展，也会有小幅度的修改。

（7）信息摘要订阅。部分 Wiki 系统还集成了 RSS 功能，用户可以利用这个功能，对 Wiki 系统上发生的“最近更新”事件进行监控。

（8）回溯连接。记录网络上其他非 Wiki 站点对本页面内容的链接，通过使用这个功能，可以在 Wiki 页面与其他网络页面之间建立直接的联系。

（9）相似页面连接。用户可以通过这一功能对本 Wiki 系统内同主题的页面进行连续阅读。拥有这个功能的 Wiki 系统往往也支持对页面的自动分类。

（10）可视化页面关系。这是一项新出现的功能。拥有这项功能的 Wiki 系统，可以为用户提供一个可视化的界面来表示页面之间的关系。

基于以上基本功能，即使是不同的 Wiki 站点，工作流程都是大同小异的。使用者通过使用 Wiki 站点提供的一系列功能，就可以顺利完成查阅相关知识、发布新内容、创建知识链接、充实知识体系和修改知识内容等工作。当使用者达到一定规模之后，Wiki 站点的协同工作能力就能得到有效利用。

作为一种开放性工具，Wiki 是在许多不同使用者的操作下，不断循环而实现有效的知识挖掘和组织的。使用者是各种不同的人，他们在一个特定领域中，围绕某个主题（或者创造某个主题），根据自己的理解对这个主题所涉及的知识不断更新和修改。由于每个人对该主题的理解都是有差异的，因此，该主题所涉及的知识会不断被修改。而当前页面上所体现出的该主题所涉及的知识，应该是被每一个使用者所接受和认同、最接近事实与真相的结果，Wiki 站点内部的知识相互之间往往形成一种内容上的有机关联。随着这种关联的不断增多和不断被修改，Wiki 站点内的知识会形成一张有机智能的知识网络，最终实现其易用性和科学性。

三、维客的运作模式

2001 年 1 月 15 日，由吉米·威尔士以及几个热情的英语参与者创建的维基百科，具有典型的维客运作特征。到 2004 年的 3 月，就已经大约有 6 000 名活跃的参与者编写了50种语言的600 000篇条目。“维基百科”是维基媒体基金会的商标，是一个基于Wiki技术的多语言百科全书协作计划，也是一部用不同语言写成的网路百科全书，其目标及宗旨是为全人类提供自由的百科全书——用他们所选择的语言来书写而成，是一个动态的、可自由访问和编辑的全球知识体，也被称作“人民的百科全书”。2012年，维基百科网络影响力全球排名第七，全美国排名第六。

另一个具有维客典型运作模式的是“维基解密”。维基解密成立于2006年，2007年1月首次在网络上露面，它是一个以还原历史真相为使命的网络知识系统，主要提供的是“被隐瞒的真相”或“历史的真相”，具有档案性质。维基解密提供三种文档提交方式：上传到网站、Email和邮件。Wiki使用简化的语法替代复杂的HTML，加上Web界面的编辑工具，降低了内容维护的技术门槛与资金成本；通过文本数据库或者关系型数据库实现了版本控制，可以随时找回以前的版本，也可以和以前的版本进行对比，版本控制使多人协作成为可能，又保护了内容不会丢失。

Wiki是一种建站的工具，目的是让更多人参与建设，因此它的语法与HTML相比要容易得多，几乎等同于普通写字板编辑文字，很容易上手。Wiki最适合用于做百科全书、知识库、整理某一个领域的知识等知识型站点，几个分散在不同地区的人利用Wiki协同工作就可以共同写一本书，可以用于共笔系统（例如Free BSD共笔）、读书会、项目开发、写书、翻译、资料整理（例如网站设计资源）、常见问题整理，还可以拿来整理想法（可以时常比对旧版本）、写作业、记上课笔记，等等。

四、维客的特点

维客虽然在某些方面和博客相似，但二者却有着本质上的不同。这里通过分析比较博客和维客，总结出维客的一些特点：

（一）公共和平等

博客和维客一个重要的区别是，前者是围绕公共话题，后者多是关心个人话题。博客是个人化的，个性化是博客最重要的特点，也是时下博客如此流行的重要原因，一般的博客主旨往往是松散的，内容往往是关于个人的情感以及平凡琐事。因此有人认为：博客的内容不具有公共性，即使涉及的是一个公众话题，也可能因为个人情绪的渗透而变得个性十足，甚至演变成了“讲述老百姓自己的故事”的情感模式。维客这种超文本系统支持面向社群的协作式写作，而且往往是围绕一个群体所感兴趣的公共话题。维客站点一般都有着一个严格的共同关注，其主题一般明确而坚定，而且常常比较深入，个性化在这里不是最重要的，众人本着追求真理的志愿，或是对这个议题的兴趣，自觉为网站添砖加瓦，充分体现出强烈公共性的特点。

平等性是指维客上的众多参与者都是平等的，而博客则不是。对博客而言，博客的主人拥有发布新条目和修改、增删的权利，其他人只能浏览和发表评论，他们之间并不平等，读者永远只是配角。维客上的各个参与者是基本平等的（除了管理人员），人人是作者，人人是编辑。每个人都拥有同样的权利——可以随意增加新的条目，修改甚至删除别人写的内容；自己写的内容也可能被别人修改甚至删除，没有任何一个个人可能主导一个维客。正是这种平等，才形成了维客有利于集思广益的环境。

维客是可以增长的，而且是每日、每时每刻都在增长，这种增长主要有两个特点：（1）知识内容的增长。页面的链接目标可以尚未存在，通过点击链接，我们可以创建这些页面，从而使系统得到增长。（2）可以完整地记录修订历史。维客可以记录页面的修订历史，页面的各个版本都可以被获取。

（二）开放与合作

博客和维客的另一个重要区别是：前者是一个开放的环境，而后者相对封闭。博客也强调参与和交流，但实际上除了博客的主人，博客网站的其他参与者能做的一般只有浏览，以及对博客主人的言论进行评论，所起到的作用只是反馈，他们一般不能在网站上发表新的内容，更不能像维客一样可以在他人的记录中直接修改甚至删除原有内容。

维客作为一种知识百科全书所具有的开放性表现在以下方面：（1）系统是开放的。社群的成员可以任意创建、修改、删除页面。（2）变动是可观察的。系统内页面的变动可以被访问者观察到。比起博客只向某些人开放，维客则几乎整个地向每个人敞开。任何人都可以随意进入网站，任何人都可以随意创建新的条目，而任何条目上的任何字句都可以被随意修改、增删，整个维客上的信息资源也是对每个人开放的。

维客鼓励每个人都勇敢地参与，正如国内著名维客网站网络天书（Cnic.Org）的"维客语录"说的："如果您不够勇敢，那么网络天书永远都不会成功……去吧！您就是要勇于出去更改那些页面，去把那些错字改正过来，去把那些不当的措辞更正过来，或是去把新的内容加入，等等。这全都是没有问题的，因为这都是每个人所能预料的，也是每个人期望您去做的。"维客的目标是在众人的共同努力下，集思广益，最终建立一个供所有人享有的公用的信息库。

维客鼓励合作，维客与博客还有一个重要区别是：前者倡导的是群体合作，后者注重的是个人努力。博客是个人日志，体现的是个人知识的积累，从最初的程序员之间的日志到现在日记博客、新闻博客等众多博客门类的拓展，都是一种个人的发声渠道而已，只是一个人把自己的思想拿出来与他人分享。而维客提供的是一个公共空间，但它并不抹杀个性，只是最终会在集思广益中趋向于统一。维客对众人开放，而每个参与者都可以任意增添新内容或是修改已有内容。维客的这种开放、平等，形成了良好的合作环境，使它得以集中多种不同的思想，这些思想由个人智慧的小溪汇成集体知识的洪流，同时这些思想之间也在互相不断地碰撞。维客希望通过这种手段，萃取思想的精华，形成共享的知识库。这个过程不是信息的简单累加，而是乘积式的增长。

（三）组织与共享

所谓组织，是指维客不是一种"众声喧哗"和各行其是，正好相反，它通过参与者的自我调适，发挥出强大的自组织功能，表现出一种良好的组织性特征。主要表现在：（1）它本身是一种自组织的系统：同页面的内容一样，整个超文本的组织结构也是眉目清楚的，可以修改并且是不断演化的。（2）它是一种可汇聚的系统：系统内多个内容重复的页面可以被汇聚为其中的某个页面，相应的链接结构也随之改变。

维客是"自由版权"的。在维客网站上增添新的内容，被称为"贡献"。因为作者实际上是放弃了这些内容的版权，这些内容可以被其他人引用、修改和增删，这是一种高程度的共享。

（四）方便与快捷

与博客相比，维客更为方便和快捷。维客采用简化的语言和界面，编辑维护方便。因为维客允许每个人都参与协作，共同维护和更新，在诸如清除垃圾信息和广告方面，比起单个人或少数几个人对其进行维护和更新更有优势。

维客使用十分方便，主要特点是维护快捷：快速创建、存取、更改超文本页面；格式简单：用简单的格式标记来取代 HTML 的复杂格式标记；链接方便：通过简单标记，直接以关键字名来建立链接；命名平易：关键字名就是页面名称，并且被置于一个单层、平直的空间中。

第二节　维客的知识创作

维客个人发布的信息通过维客群的信息处理，使之转变成知识，需要一个动态的阶段，即维客个人的知识创造、维客群知识创新、知识完善与进化中的过滤阶段。通过这些不同的阶段，维客发布的信息从单纯信息属性转变为知识特征，从微观范畴中的知识转变为宏观环境下的知识，最终实现从信息到知识的转变，即知识创作。

一、个人知识的创造

创造知识需要对信息进行吸收，这是一种信息消费行为。信息是人们对各种事物变化特征的最新反映以及传递后的再现。维客将自己的知识传播到网上，只是增加了网上的一条信息，该信息尚不能称为知识，需要对信息进行深入加工，即理性（rational）的信息消费，最后才能形成知识，这也验证了布鲁克斯方程式的正确性。

（一）知识的创造方程

布鲁克斯方程式为 K（S）+ΔI=K（S+ΔS）。[①] 该方程式认为，由于吸收信息 ΔI，而使原有的知识结构 K（S）发生变化，形成新的知识结构。K（S+ΔS）包含了新的信息产品，即知识创新内容。信息创造者就是在已有知识 K（S）的前提下，根据前面的维客所发布的信息，对该信息 ΔI 进行占有、理解、分析、吸收及再创造，即对现有的知识进行新的创造，从而生产出面向整个网络的信息产品（对个人而言是新的知识）。

---

① 英国著名信息学家 B.C. 布鲁克斯曾指出过人的知识接受与信息接受的密切关系，这就是有名的布鲁克斯方程式：K(S)+ΔI=K(S+ΔS)。此公式的含义是，信息与接收者原有的知识结构相作用，产生出接受者新的知识结构。其关键是原有知识结构与外来信息的匹配程度，可能的情况有三种：（1）两者完全不匹配，即接受者完全不能理解所接收信息的含义和内容，例如文盲对文字中的信息就不会有任何接受行为。（2）两者部分匹配，则发生部分的吸收。（3）两者充分匹配，即引起最强的兴奋，产生最积极的信息行为，达到最佳的信息吸收效果。所谓“独具慧眼”，就是描述这种状态的。

从整个系统来看，这是一个不断创作的过程，维客既是信息的消费者，同时也是知识的创造者，只不过前者是面向整个网络维客群体，而后者对个人来讲是创造了新知识。

（二）知识创造的前提是信息消费

布鲁克斯方程式很好地解释了维客在信息消费中对知识的获取。信息消费就是在一定的环境下，信息消费者为满足信息需求，对信息产品及服务进行的以精神消费为主的消费活动。在网络世界中，主要是指理性信息消费。理性信息消费是指在有信息需求的前提下，不断对信息进行使用、分解、占有、归纳的信息加工过程中，创造出新的知识。

（三）知识创造是信息消费的结果

维客的知识创造就是理性的信息消费过程。维客 2 在接收到维客 1 的信息之后，对维客 1 的信息进行信息加工，去伪存真、去粗取精，使之能更好地传播给其他网络浏览者，减少误导率。经过维客 2 的完善后，其他维客可以再进行完善，并且可以纠正维客 2 误改的信息。这样，在维客群的相互协作下，信息更加完善。维客的信息消费既是理性信息消费的过程，同时也是知识创造的过程。所以对个人而言，这是一种知识的创造，对于整个维客团队而言，这种修改、发布是信息的扩张和衔接，更是知识的积累和创造过程。

二、知识的创新型组织过程

维客发布的信息，对于发布者而言是知识；但对于其他人而言，则未必是知识，可能就是一般信息。只有通过有效的信息加工，才能将这些信息真正转化为面向公众群体的创新型知识。

创新与创造是有区别的，创造是形成新的想法和能力，而创新是指这种想法和能力的应用。在经过知识的创造之后，开始对知识的创新性建设，这个过程，实际上是实现的问题，是知识通过组织进行系统化。知识正是具有从事实描述与解释的层次向客观原理认识的系统集成转变的性质。基于此，个人知识要真正成为受众知识，就必须通过链接的形式进行整合，实现宏观意义上的大知识库。维客链接既是一种新型的文本信息组织方式，也是一种有别于传统检索技术的新型信息获取方式，它将维客发布的信息存贮在许多节点上，节点间以链路相连，后任维客可以从任一节点开始，根据信息间的联系，从不同角度浏览和查询信息。在这种组织下，对维客群的信息进行加工，形成系统化、集成化的知识。每一个维客所贡献的信息，通常都是根据上一任维客的信息所进行的修改、补充而形成的。

维客就是通过对信息的吸收，将理性消费后的信息结合自己原有的个人知识，创造新的知识，同时个人的新知识，通过全体维客的努力，链接成整个知识系统。通过各种链接，个人知识凝聚成系统化、集成化的知识，维客群也完成了对知识的创造，实现了知识的优化，这个过程就是知识的创新。

三、知识完善与进化中的过滤

由于网络上的各种信息良莠不分，所以有必要对其进行甄别，以免造成错误信息的蝴蝶效应。但网络对社会管理者的强力介入具有天生的抵制与排斥心理，因此，如果能够找到一个由网络用户自我完善和自我管理的途径，那就是再好不过的事情，维客就具有这种功能。维客将各种信息进行层层过滤，从而完成对知识的整理和完善，实现信息的净化。

通常的信息交流，在信源和信宿之间常常伴有噪音，造成信息转化为知识过程中的信息障碍和传播流变。但是维客环境下信息到知识之间的转化，可以通过信息过滤大大改善传播的环境，提高知识发展的效率。

维客发起于博客，它将博客推向一个新的高度，所以维客的信息发布都有一定的深度和广度，以及对事情的看法和人生道理的感悟，排除和摈弃了垃圾信息和肤浅言论；维客是具有批判性的群体，对于维客所发布的信息全都受到了其他维客的监督和挑剔。这些信息经过修正和完善，汇聚成精髓的知识，完成对知识的创作。

四、维客的规范

并非人人都熟悉 HTML 语法，如何实现随意修改网站上的内容？既然可以随意修改，那网站的内容是不是很快就面目全非？如果有人恶意破坏怎么办？针对这些可能出现的问题，维客技术形成了一套规范：

（1）简化语言。维客使用简化的语法来替代复杂的 HTML 语法，在界面上也采用为大多数人熟悉的界面，类似一般的博客或者 BBS 的编辑界面，降低了使用门槛。

（2）版本控制。维客通过文本数据库或者关系型数据库实现了版本控制。可以随时找回以前的版本；也可以和以前的版本进行比对，迅速找到两个版本之间的不同之处以方便修改。版本控制既实现了多人协作，同时又防止了内容丢失和被破坏。

（3）编辑规则。每一个开放的维客都有一个编辑规则，写明大家建设维护站点的规则，参与者都应自觉按这个规则编辑和维护网站。

（4）IP 禁止。维客有自动纪录和自动封存 IP 的功能，能够随时将破坏者的 IP 记录下来并通过特设程序进行控制，这样，别有用心者就不能再胡作非为了。

（5）页面锁定。如果偶尔发生大量的恶意修改，就可以启动专门程序将页面锁住，这样就不能继续对它进行编辑，从而可以防止恶意破坏，不过这个功能是有点违反维客精神的，所以至今没有出现实例。

（6）沙箱技术。维客还有沙箱（sand box）测试功能，一般维客都有一个沙箱页面，供初次参与的人随意涂改，以熟悉界面、测试功能。通过这些规范，维客既实现了每个人都可以参与，又尽量降低了参与者众多带来的风险。当然，维客的理念认为，社群的力量是强大的，大多数人都不会恶意破坏，即使有少部分人捣乱，由于大多数人都是好意的，因此恶意的破坏也很容易得到修正。

第三节 维客的多元应用

一、创建和汇聚知识

维客的核心功能是创建和汇聚知识，我们可以在 Web 的基础上浏览、创建、更改 Wiki 文本，而且这种创建、更改及发布的代价远比 HTML 文本小；Wiki 系统支持那些面向社群的协作式写作，为协作式写作提供了必要的帮助；Wiki 的写作者自然构成一个社群，Wiki 系统为这个社群提供简单的交流工具。与其他超文本系统相比，Wiki 具有使用简便且充分开放的特点，所以 Wiki 系统可以帮助我们在一个社群内共享某个领域的知识。

一个 Wiki 网站让任何人都能够用网页浏览器以及简单的标记语言合作撰写文件。Wiki 技术能轻易用来创造与更新站内的任何网页，而且这种改变网页一般是不经审核的。大部分的 Wiki 都是公开给普通用户的，不需要注册账号，有些 Wiki 还会替使用者自动签名。大部分的编辑都是实时的，而且几乎会立即出现在网络上。

二、页面组织

Wiki 创建和汇聚知识，是以页面组织方式实现的。传统的 Wiki 系统中，必须有一个适合使用者编辑的“源码”，这同时也是储存在服务器上的数据格式。Wiki 原始码通常是普通文字，而只有在使用者编辑页面时，网页上的编辑框才会显示 Wiki 原始码提供给用户使用。

Wiki 是超文本的媒体，拥有非线性的导览结构。每个页面通常有大量的通往其他页面的超级链接。在大型的 Wiki 中常会有阶级式的导览页面，但是未必都要用到。

维基百科用的 Media Wiki 的内部页面链接语法如下：

（1）链接。Wiki 之中的新页面往往是相关页面在创造超级链接时产生的。Wiki 会特别标示连往尚未存在页面的链接。顺着这种链接就可开启空白的编辑页面，让使用者在新页面上输入自己想输入的内容。因此新页面往往已和其他页面有链接。

（2）搜寻。大部分 Wiki 都提供标题的搜寻，有的还提供全文搜寻。搜寻的规模看 Wiki 是否使用数据库。

（3）服务器端 Wiki 对客户端 Wiki。目前大部分的 Wiki 系统都是服务器端 Wiki，如维基百科。编辑等各种动作基本上都是依靠 Wiki 引擎，将内容陈列在 HTML 网页之中提供给浏览器显示。而客户端 Wiki 系统的服务器只需传送 Wiki 源码档案（就像普通 Web 网站服务器让人透过 HTTP 取得 HTML 页面）。这种系统中将 Wiki 源码转换成表现形式所需的程序都存储在客户端的浏览器之上。

（4）版本控制。Wiki 设计的理念往往较倾向“要修正错误很容易”，而不是“要犯错很难”。因此，Wiki 是高度开放的并提供方法来验证近来页面的变动是否正当。几乎每个 Wiki 最主要的方法都是提供“最近更改”页面。这个页面还可以有更进一步修改的功能：只显示大变动，只显示哪段时间内的变动，提供某一个版本的页面，提供比较功能等等。为了避免遗漏，某些 Wiki 还有监视功能，让个别使用者能监视某些特定页面的变动。维基百科用的 Media Wiki 进一步应用了复杂的版本控制概念与工具来提供监视、控制页面变动的功能。

三、Wiki 的主要应用领域

Wiki 本身的特性使得它在许多领域得以广泛应用。目前，Wiki 的具体应用主要集中在三个领域：公共知识组织领域、企业知识组织领域和 E-Learning 领域。

（一）作为公共知识组织工具的 Wiki

如前所述，Wiki 最重大的影响力来自于公共知识组织领域。它可以通过全球性的开放写作计划，将普通人脑海中的智慧集合起来，创造一本由作者自由选择、包含各种语种、囊括所有知识、全球性的、为每一个人服务的百科全书。据统计，英文版维基百科已收纳超过 70 万个条目，而所有 213 种语言的版本共有大约 250 万条条目，证明了 Wiki 系统本身强大的生命力和影响力。

（二）作为企业知识组织与管理工具的 Wiki

知识管理是保持组织核心竞争力的关键已经成为共识。不论是企业、政府还是非营利性组织，都十分重视开发组织内部的知识资源，尤其是员工头脑中的隐性知识，从而提升组织的整体竞争力。与传统的企业知识管理工具相比，Wiki 不仅成本低、效率高，更为重要的是，Wiki 对于员工隐性知识的挖掘能力要大大强于其他知识管理工具。使用 Wiki，巧妙设定各种主题和情境，让员工主动参与到各种问题的解决中去，就能充分挖掘员工头脑中存在的隐性知识。而 Wiki 对知识组织的高度智能化，使得 Wiki 站点中的知识形成了一张有机联系的网络，提高了组织的智慧开发和知识管理效率。

（三）Wiki 在 E-Learning 中的应用

Wiki 在 E-Learning 中的应用可以说是最具有价值的应用。随着互联网的进一步普及，基于互联网络的学习逐渐为人们所重视。而互联网上出现的各种交流工具，如传统个人网站、BBS、QQ、Blog 和网络视频等等，都被人们试图作为 E-Learning 的工具。但是，由于这些工具本身的局限，效果并不理想。Wiki 突破了这些工具的限制。与个人网站和网络视频相比，每一个人都可以是 Wiki 内容的发布者和编辑者，学习者更为主动，更适合学习者之间的交流互动。Wiki 的娱乐色彩更弱，主题更加明确。Wiki 允许人们对内容进行修改甚至删除的同时，又保存了各种历史版本，使人们总是可以找到最有价值的内容。

目前较为成熟的 E-Learning 方式是利用 Wiki 技术创建相关学科主题的 Wiki 站点，教师允许学生拥有对该站点的修改和编辑权限。通过 Wiki 站点，学生不仅可以方便下载到各种相关的教学资源，还能够将自己寻找到的相关资源也发布到站点上，从而有效地实现资源共享。学生可以通过 Wiki 站点，对老师设立的相关话题进行讨论，通过对同一主题内容的不断修改和编辑，在不断深化对知识理解的同时实现知识的扩展。

作为一种教育百科全书，Wiki 为资源共享和探索信息时代的学习方式提供了物理基础。根据一般的分类标准，网络教育信息资源大体可以分为四大类：一是知识资源，包括符号承载的意义，一篇文章、一个图片等，这都属于知识资源；二是智慧资源，主要是学习过程中体现人为的要素，如在线教师、学习伙伴等；三是工具资源，一方面指学习方案或量规表，另一方面包括软件学习工具；四是素材资源。可惜的是在我国教育信息资源的开发利用上，还存在“五多五少”的状况，即孤立分散的多，交流共享的少；常规方式的多，电子交互方式的少；原始粗糙的多，加工整理的少；静态的信息多，动态的信息少；政策性信息多，能直接成为教学内容的少。因此，必须加大网络教育信息资源建设，加强网络教育技术研究，努力提高网络教育信息资源的使用效率。

思考题

1. 为什么说维客是完全开放的网络知识互助写作?
2. 维客是如何进行知识创作的?
3. 维客还有哪些多元应用?

第十章　社交媒体

本章要点

第一节　社交媒体的概念及特点

第二节　社交媒体的功能

第三节　SNS与国内知名社交媒体

马克思主义认为，人是一切社会关系的总和。参加社交是人的本能，也是人参与社会和组织社会的方式。在传统社会，是以权力的大小和权力的更迭为转移来组织社会的。社会结构层级化、人的身份固定化、群体权利板块化，使得处于社会底层的人们只有很少甚至基本上没有社交的权利和途径。进入信息社会后，信息成了重要资源和核心竞争力，而信息传输的技术壁垒从根本上被打破，信息的获得已经变得轻而易举，于是，社交媒体应运而生。

第一节　社交媒体的概念及特点

传统社会，一般是以权力为纽带，按照层级化的原则来组织社会的，所以等级分明、等级森严、稳固保守成为一切传统社会的主要特征。互联网的出现，特别是以 SNS 为代表的社交媒体的广泛使用，令一个围绕权力组建、以控制为基本特征的传统社会正在被打破，一个以利益为纽带、以平等互动为特征的扁平化社会正在形成。

一、社交媒体的概念及发展①

社交媒体（social media），也称为社会化媒体、社会性媒体，指允许人们撰写、分享、评价、讨论、相互沟通的网站和技术。

社交媒体并非一个全新的概念，它最早出现于 2007 年一本叫做《什么是社会化媒体》的电子书中。作者安东尼・梅菲尔德（Antony Mayfield）将社交媒体定义为一种给予用户极大参与空间的新型在线媒体，具有以下几个特征：参与、公开、交流、对话、社区化、连通性。社交媒体的最显著特点，就是其定义的模糊性、快速的创新性和各种技术的融合。随着新媒体技术的发展，社会化媒体的形式和特点也会随之变化，对于社会化媒体的定义也会有新的理解。但是无论怎样，社会化媒体最大的特点依然是赋予每个人创造并传播内容的能力。另外，传播学者安德烈・卡普兰（Andreas Kaplan）和迈克尔・亨莱因（Michael Haenlein）对社交媒体所下的定义是：一系列建立在 Web2.0 的技术和意识形态基础上的网络应用，它允许用户自己进行内容（UGC）的创造和交流。也有论者认为，社交媒体是指能互动的媒体。社交媒体彻底改变了传统媒体一对多的传播方式，变为多对多的对话方式。社交媒体模糊了媒体和受众之间的界限，而且，大部分的社交媒体大都可以免费参与其中，它们鼓励人们评论、反馈和分享信息。

基于以上界定，可以看出社交媒体是建立在互联网技术特别是 Web2.0 的基础之上的互动社区，它最大的特点是赋予每个人创造并传播内容的能力。它是用来进行社会互动的媒体，是一种通过无处不在的交流工具进行社会交往的方式，它能够给予用户极大的参与空间，不仅能够满足新媒体用户个人基础资料存放的需求，更重要的是能够满足用户被人发现和受到崇拜的心理感受需求，能够满足用户关系建立和发挥影响的需求。社交媒体

① 参见曹博林：《社交媒体概念发展历程特征与省略——兼谈当下对社交媒体认识的模糊之处，载《湖南广播电视大学学报》，2011（3）：65—69 页。

可以把图片视频文本和传统内容进行混搭处理，并进行互动，建立联系和生成意义。

社交媒体的概念虽然出现很晚，但是社交媒体的发展却经历了一个长期且复杂的过程。从时间脉络上来看，社交媒体的发展历史可以追溯到20世纪70年代产生的Usenet ARPANET和BBS系统，甚至可以追溯到电脑时代来临之前的电话时代，如美国在20世纪50年代出现过的一个电话入侵时代。但直到20世纪90年代，随着计算机和互联网的发展，社交媒体才得到广泛的发展。到90年代末，博客已经具有一定的影响力，特别是在2004年以后，Web2.0运动兴起，社交服务网站开始蓬勃发展，社交媒体由此成为一类不可忽视的媒体力量。

从学科的起源来看，社交媒体的概念首先产生于信息科学领域，研究者使用该概念对由社交网络服务带来的新型网络信息交流空间进行集合性表述，而社交媒体的发展，与互联网进入Web2.0阶段后的重要应用SNS（Social Network Service，社交网络服务）有着密切的联系。从情报学视角来看，社会性媒体是个体信息空间与公共信息空间互涉的产物，相关的研究主题涵盖了计算机中介的信息交流、虚拟社区识别与发现在线行为统计与分析等多个方面。而在传播学领域，社交媒体的研究则始于对博客这种自媒体现象的观察与思考。博客的出现直观地呈现了用户自身创造和传播信息的过程。在此之后，社交媒体不同的表现形态才不断发展起来。

几大代表性社交媒体的诞生时间如下：

1993年6月，博客网雏形生成，到1999年，定名为Blog

2001年1月，维基（Wiki）建立

2003年8月，聚友网（Myspace）出现

2004年初，播客网（Flickr）产生

2004年2月，脸谱网（Facebook）建立

2004年12月，掘客网（Dig）产生

2005年2月，优视网（Youtube）出现

2006年3月，推特（Twitter）建立

二、社交媒体的特点

社交媒体是Web2.0应用的发展延伸，它是一个有着更多人积极参与、集体分享、并融入了人们真实社会关系的新型网络媒体。它具有以下特点：

（一）关系性

关系可以说是社交媒体的核心。社交媒体是基于个性化信息平台的关系管理系统，用户利用它来管理线上联系人，受到他们认可的内容会通过众多好友的推荐高频次地出现在用户页面。关系将社交媒体的用户互相联系，用户通过社交媒体的关系链互相联系，而优质的信息可以通过不断分享、推荐，不断出现在受众眼前。

（二）分享性

分享性给社交媒体增添了巨大的魅力，而社交媒体所拥有的信息分享功能也是巨大

的。因为大部分社交媒体都支持外部数据源链接，因此受众可以在社交媒体平台上链接任何自己感兴趣的或觉得有传播价值的信息所在页面。分享性使得用户既可以与他人分享信息，也使得用户自身获得源源不断的信息，这让分享信息的效率大大提高。

（三）融合性

融合性一方面是指社交媒体技术层面上的特性，随着数字科技的快速发展，社交媒体融合了许多不同的媒体，如微博客、流媒体、播客等。这样的融合使音视频及文本在这样一个综合性媒体内融合，同时使人们可以随时随地使用社交媒体，人们能够更自由地参与到社交媒体之中，享有随时随地随意投身其中的乐趣。融合性另一方面还表现为内容、概念上的融合。如在国内，社交媒体与阅读和电影上的融合，形成了豆瓣网；它与婚恋交友融合，形成了有缘网等婚介网络。

（四）个体性

用户的个性需求随着时代的发展不断提高，现在用户寻求的不仅仅是社交媒体能够使用，而是如何使用，使用得如何。社交媒体以用户为中心的特色非常突出，它使得个体的言论与网络社交自由得到充分的展现，每一位用户都拥有个性化的主页面，社交媒体所呈现的信息也是基于用户自身社交网络的更新信息，自己既是媒体内容的制造者也是传播者。个人发布信息的方式多样化，不仅可以编写文字，也可上传相片、音频与视频，丰富的发布方式能够更好地展示自我，传播的内容也更丰富。

（五）传播高效性

社交媒体上的信息传播效率很高，而网上传播广泛的信息很多都是首先从社交媒体开始的，微博打拐活动就是一个十分典型的案例。社交媒体的传播高效性的一个体现是优质信息的传播。当用户在某个社交网站上分享了一些内容之后，他的好友可以迅速根据这个主题进行交流讨论，然后不断进行再次分享，传递给自己的其他好友。这样，信息就会以指数传播扩散开来，大大增强了信息传播的效率。

（六）开放性

开放性给用户带来了更为舒适的体验，近年来各大社交媒体陆续发布了自己的开放平台，有的提供了第三方开发使用的数据和方法调用，人人网的开放平台就是这种形式。这种开放性使得社交媒体合作伙伴越来越多，覆盖领域也越来越广。门户网站与社交媒体之间拥有了许多类似的应用，社交媒体在对外开放的同时也不断更新自身内容，使自身的应用更为丰富多彩，吸引更广泛的用户参与其中。

第二节　社交媒体的功能

社交媒体无时无刻不在影响着现代人的生活，作为人与人之间的沟通工具，社交媒体不仅改变着现有的人际关系，也在多方面影响着我们的生活。社交媒体对生活的影响体现在方方面面，不仅有正向的影响，也有负向的影响。

一、社交媒体的正功能

作为科技发展的产物，社交媒体给人们的生活带来了极大的便利，积极功能十分明显。

（一）有效彰显个人价值

在传统社会里，人是作为被组织者而存在的，他不能作为一个独立个体而获得本应该享受的各种自由。但是现在人们已经从传统的身份特征中逐渐挣脱出来，从各类如用户、消费者的身份中挣脱开来。社交媒体将人的个性和本质带回到了其提供的数字化服务的互动中，人们终于有了获得做回本质“自我”的技术条件。人们越来越谨慎和郑重地寻找各类有用链接以及具有相关性的社区，不断探索、寻求自我表达的方式。

在社交媒体中，个人可以建立自己的社交圈，充分按照个人意愿设置个人主页，选择自己心仪的社交软件。总之，在社交媒体里，充分给予了个人操作的自由。通过社交媒体，个人能动性能够得到较为充分的发挥。有些人在生活中表现得十分木讷闭塞，但是在社交网站上也可能表现得与众不同，并在其中寻找到交往的快乐。人们使用社交媒体，可以获得与社交媒体相关的有意义的新的价值，也能够使自己的社交活动更有序、更广泛。

（二）实现现实人际传播的回归

人的个人认知是通过社会交往获得的，而人也只有在真实的交往中才能真正找到自己，理解自己，并理解他人和理解社会。社交媒体鼓励实名制，从这个意义上说，社交媒体在网络虚拟化特征明显的时代，在一定程度上实现了由虚拟世界向真实世界的回归。如在人人网中，人们往往实名注册，以便更为容易地找到自己以往的好友和同学，而实名制也更容易增加相互之间的信任感，有利于建立新的社交关系。而在之前的一些网络社区中，人们在匿名注册之后所扮演的往往是一种虚拟角色。这种匿名状态下，人们很容易降低对自己的个人约束，引发人性中的破坏性。社交网站从这个角度上说，实现了现实人际关系的拓展和联系，让人们在本来难分真假的网络世界中找到一些真实的交往感和人际交往特征。

实名制虽然不是社交媒体使用时所必须具备的，但很多网站都进行了实名制的尝试，也有越来越多的用户在充分保护自我隐私的基础上愿意接受并使用实名制进行线上交往。在这个意义上，社交媒体的这种尝试不仅能够帮助用户增强相互之间的人际交流，也能更好地保护用户的个人信息安全。

（三）有效聚合各类信息

随着社交媒体网络技术的不断发展，社交媒体的用户体验越来越成熟，大部分的社交媒体都能够将精美的设计、易用性和可搜索性整合在一起，让用户通过社交媒体就能体验到各种各样的信息和服务。现在，各大网络都纷纷申请自己的社交媒体账号，用户通过社交媒体可以“一键式”接收到各类信息，社交媒体不仅可以有效聚合社交信息，更将其他更加丰富的信息囊括其中。

在这个社交媒体的全新领域中，人们正在寻求将手机、网络和现实生活进行无缝切换的解决方案。各类信息在各个终端上汇集、交融、互相传播，并通过社交媒体进行有效聚合。通过紧密的结合，社交媒体能够更好地为人们提供各类信息和服务，满足人们的需求。

（四）建立新型的社交网络

现代都市生活节奏越来越快，人与人之间的距离越来越远。在社交媒体中，人们可以通过各种途径搜索到自己以往的朋友、同学，或是基于某些兴趣参与讨论小组等等活动，建立属于自己的社交网络。在这些社交网络中，用户之间有不同以往的相互互动，如可以通过一些如偷菜、抢车位的小游戏互相联系，分享乐趣；也可以发起各类投票，讨论一些好玩的话题。对于社交媒体的用户来说，虽然是在虚拟的世界里，他们在社交媒体上是真实存在的。通过类似各种方式，用户可以更紧密地保持和朋友之间的关系。这种关系与传统的人际关系有所不同，从而建立起新型的社交网络。

这种新型社交网络利用电子技术将线下交流与线上交流统一起来。一方面，线上的用户可以加强交流与互动，增强相互之间的联系和了解；另一方面也给用户在线下提供了一个可以接触到广阔世界的客户端。通过客户端，用户除了可以与认识的人交流，还可以接触到并不认识的其他人。而以往的社交网络往往是线上比较热闹，线下的较为闭塞。通过建立新型的社交网络，社交媒体有效地改变了人们的生活方式和交往路径，改变了人们的社交方式。

二、社交媒体的负功能

需要注意的是，社交媒体虽然功能强大，能给人们的生活带来很多便利及创造新的意义，但正像刀的双刃一样，同时它也伴随着一系列无法回避的负面功能。

（一）虚假身份的社交陷阱

社交媒体在很大程度上是立足于用户原有的社交基础，并在此基础上拓展用户的真实交际圈，以在一定程度上实现现实中人际传播的回归。有数据显示，人们在社交网站上的好友多为线下有联络的朋友。但是，仍然有一些人利用虚假身份，假冒他人，以达到自己的各种目的。这在很大程度上会给用户的个人体验带来危险性及不确定性，严重时甚至会引发各类刑事案件。如一些用户在微博上冒充名人，发表一些不负责任的言论或是欺骗一些粉丝以实现犯罪行为。也有一些用户注册虚假信息，冒充他人好友，以实现诈骗以及各类不正当目的。在网络的虚拟世界中，不可能完全实现实名制，虚假身份的行为也不可避免，用户在使用时更应该增强防范意识，认真核实好友身份，避免因虚假身份带来的个人损失。

（二）个人隐私的泄露

社交媒体个人主页及其链接的数据都可以通过特定的技术自动收集，现在很多用户喜欢将自己的各类个人信息“晒”在网上，很容易造成隐私泄露问题。用户在使用社交媒体时一定要注意保护自己的隐私，一方面应尽量不要将较为重要的个人隐私过分暴露，如家乡、出生日期、经济状况、婚姻状况、地理经纬度等等；另一方面也要注意运用相关功能，对好友访问权限进行一定的设置，以保护自己的隐私。隐私一旦泄露并被不法分子利用，很可能损害个人财产安全甚至是人身安全，因此用户在使用社交媒体的过程中一定要注意保护自己的个人信息。如有新闻报道显示，部分违法犯罪分子专门通过查看社交媒体上的个人信息，然后进行蹲点，实施犯罪。所以，用户在充分享受社交媒体带来的便利的同时，一定要合理选择在社交媒体上进行展示的个人信息，不要泄露重要信息，让违法犯罪分子有机可乘。

（三）社交中的角色冲突

角色冲突是当一个人扮演一个角色或同时扮演几个不同的角色时，由于不能胜任而发生的矛盾和冲突。角色冲突可以分为角色间冲突和角色内冲突。角色间冲突指一个人所担任的不同角色之间发生的冲突；角色内冲突指同一角色，由于社会上人们对于它的期望与要求的不一致，或由于角色承担者对这个角色的理解与角色本身不一致，而在角色承担者内心产生的一种矛盾和冲突。

在社交媒体里，用户身上最容易产生的主要是角色间冲突。具体说来，一种是空间、时间上的冲突，比如当一位领导在微博上所展现的一面和他的下属所看到的平时的领导很不相同，这也许会在一定程度上造成下属对领导的矛盾看法。另一种是行为模式上的冲突，一个人改变了社会角色担任其他角色时，其行为模式可能会与以往有所不同。如某用户在学生时代与工作时在社交网站上的个人表现方式可能会有很大不同，这也有可能带来某些矛盾性。总体看来，当一个人在现实生活中与社交媒体中扮演的角色有所区别和矛盾的时候，很容易引起一些误会和问题。

（四）现实人际关系的疏离

由于社交媒体是基于网络技术而建立起来的，虽然社交媒体能够在一定程度上实现实名制认证，但社交媒体在很大程度上仍是虚拟性的，因此，有学者提出社交媒体上的交往很可能带来“虚假的真实”，这不是一种真实的“真实”，而是对真实社会交往的逃避。如一些用户沉溺于社交网站中不能自拔，一反生活的常态。比如QQ空间的一些用户，喜欢抢车位、偷菜，玩各类小游戏，而现实生活中的真实出游与和朋友游玩的时间却减少了。过度沉迷于社交媒体，虽然在一定程度上可以加强线上的联系，但是如果尺度把握不当，也很可能造成人际关系的疏离，适得其反。尤其对于青少年来说，容易过度沉迷于社交网络当中不能自拔，在一定程度上造成现实人际关系的疏离，不会处理真实的人际关系。

现实人际关系是每个人在社会上存在的真实基础，对于现实关系的处理能力也在很大程度上决定着个人的发展。沉溺于社交网络而忽视现实关系的构建，导致现实关系的疏离，对于个人、家庭以及社会发展都是十分不利的。

第三节 SNS 与国内知名社交媒体

一、SNS

SNS 全称 Social Networking Services，即社会性网络服务。SNS 在互动百科上有两种解释，一是指社会性网络服务，专指旨在帮助人们建立社会性网络的互联网应用服务，二是指“社交网站”或“社交网”。

SNS 是根据六度分割理论创立的面向社会性网络的互联网服务，通过“熟人的熟人”来进行网络社交拓展。但现在一般所谓的 SNS，其含义已经大大扩展。1967 年，哈佛大学的心理学教授米尔格兰姆（Stanley Milgram，1934—1984）创立了六度分割理论：你和任何一个陌生人之间所间隔的人不会超过六个，也就是说，最多通过六个人你就能够认识任何一个陌生人。按照六度分割理论，每个个体的社交圈都会不断放大，最后成为一个大型网络。这是社会性网络（Social Networking）的早期理解。

有人根据这种理论创立了面向社会性网络的互联网服务，通过“熟人的熟人”来进行网络社交拓展。但“熟人的熟人”，只是社交拓展的一种方式，而并非社交拓展的全部。比如根据相同话题进行凝聚（如贴吧）、根据学习经历进行凝聚（如 Facebook）、根据周末出游的相同地点或线路进行凝聚等，都被纳入“SNS”的范畴。这种基于社会网络关系系统思想建立起来的网站就是社会性网络网站（SNS 网站）。现在许多 Web2.0 网站都属于 SNS 网站，如网络聊天（IM）、交友、视频分享、博客、播客、网络社区、音乐共享等。

在互联网中，PC 机、智能手机都没有强大的计算及带宽资源，它们要依赖网站服务器，才能浏览和发布信息。如果将每个设备的计算及带宽资源进行重新分配与共享，这些设备就有可能具备比那些服务器更为强大的能力。这就是分布计算理论诞生的根源，是 SNS 技术诞生的理论基础。

根据米尔格伦的理论，在人际脉络中，要结识任何一位陌生的朋友，这中间最多只要通过六个人就能达到目的。现实社会中，人与人的交流是通过相互之间的介绍、握手来形成一个朋友圈的，每个人不需要直接认识所有人，只需要通过他的朋友、朋友的朋友，就能促成一次握手。而普通的网络交际，则大多数通过某些平台来实现，比如将自己放到一个平台中去，让很多人看到，并且联系你、认识你。

社会性交际和网络交际两者的优缺点均十分明显。社会性交际的优点是可靠，彼此之间的关系建立在可靠的人际网络上，缺点是产生握手的时间长、代价较高；平台式的网络交际优点是成本低，但不怎么可靠。那么在网络中将社会性交际机制加以拷贝建立起 SNS，在理论上即可获得可靠与低成本的双重优点。网络交际还有一些优点就是，SNS 中，在朋友圈内关系往往真实度很高，非常可靠，互相之间不存在所谓“网络假面具”；SNS 基于人传人联系网络，一传多、多传多，利用网络这一低廉而快速的平台，网络建立的速度会非常快，这又使得建立人脉网络的成本进一步降低。

二、QQ

腾讯 QQ（简称 QQ）是 1999 年 2 月由腾讯自主开发的基于互联网的即时通信网络

工具——腾讯即时通信（Tencent Instant Messenger，简称 TM 或腾讯 QQ），凭借其合理的设计、良好的应用、强大的功能、稳定高效的系统运行，赢得了用户的青睐。QQ 由最初模仿国际的一个聊天工具 ICQ 而来，后改名为腾讯 QQ，标志是一只戴着红色围巾的小企鹅。腾讯 QQ 支持多种功能，并可与移动通讯终端等多种通讯方式相连。QQ 注册用户由 1999 年的 2 人（马化腾和张志东）到现在已经发展到上亿用户，2014 年 4 月 11 日 21 点 11 分在线人数突破两亿，如今已成为腾讯公司的代表之作，是中国目前使用最广泛的交流软件。

除了最基本的在线聊天、视频聊天以及语音聊天功能外，QQ 还提供 QQ 空间、QQ 群、QQ 邮箱、朋友网、QQ 音乐、QQ 游戏、QQ 旋风、QQ 拼音输入法、QQ 工具栏（SOSO 工具栏）、QQ 对战平台、QQ 电脑管家、QQ 影像、QQ 词典、QQ 浏览器、腾讯视频（原名：QQ Live）、QQ 影音、QQ 软件管理、QQ 宠物、手机 QQ 等多项服务，作为中国最大的社交平台，QQ 给受众提供了全方位的服务。QQ 的好友添加自主性很强，用户可以自行设置是否验证对方信息，如不设置验证，任何人都可以通过查找添加对方为好友，而设置验证则只能通过验证后才能被对方加为好友，这给了用户极大的个人选择的自由。而 QQ 空间也可以自由设定可浏览的用户范围，这既给予用户极大的自由，也可以在很大程度上保护用户的个人隐私和权益。

三、人人网

人人网的前身是校内网。校内网创办于 2005 年 12 月，创办人是来自清华大学和天津大学的王兴、王慧文、赖斌强和唐阳等几位大学生。校内网于 2006 年 10 月被千橡互动集团收购。同年底，千橡公司的 5Q 校园网与校内网合并完成。2009 年 8 月 4 日，校内网改称人人网。调查数据显示，截至目前，人人网的注册用户已经突破 2 亿大关，其中激活用户高达 1.37 亿，月活跃用户为 1 亿，其中 50% 的用户会每天登录人人网。

作为一种用户信息展示、联系与共享的平台，人人网这类的 SNS 网站拥有庞大的用户群，其主要用户有较强的消费能力，而且具有用户信息真实、用户定位清晰、网络关系化、用户黏度高、互动性强、传播形式多样化以及高开放性等特点，信息传递以朋友之间或者兴趣群组等社会化关系方式的传递为主，传播更加有效。作为中国领先的实名制的 SNS 网络平台，人人网通过建立每个人真实的人际关系，满足各类用户对社交、资讯、娱乐等多方面的沟通需求。在人人网的社交平台上，用户可以找到以前的同学、同事和朋友，可以增加对朋友的认识，结识新的朋友，和他们随时联系，关注彼此的动态。用户可以创建个人主页，与好友分享生活经历，让大家更好地认识自己。通过相册上传生活照片，整理成相册，记录下精彩时刻。通过使用音乐和电台，边看新鲜事边听歌，发现自己身边的知音。可以轻松上传分享视频，与好友视频聊天。还可以与朋友一起玩游戏，增进友谊。通过人人客户端，让好友随时随地“待”在身边，分享身边的一切。

人人网注重实名制，通过查找实名好友，实现人际关系的拓宽。无论是找回以往的好友还是结交新的朋友，都需要得到对方的验证，这种验证在一定程度上保证了人人网上人际关系的真实性与可靠性，有助于减少匿名性带来的各种风险。

四、微博

微博是微型博客的简称，即一句话博客，是一种通过关注机制分享简短实时信息的广播式的社交网络平台，是一个基于用户关系信息分享、传播以及获取的平台。用户可以通过 WEB、WAP 等各种客户端组建个人社区，以最多 140 字（包括标点符号）的文字更新信息，并实现即时分享。微博的关注机制分为可单向、可双向两种。

数据显示，截至 2012 年 12 月底，我国微博用户规模为 3.09 亿，较 2011 年底增长了 5 873 万，新媒体用户中的微博用户比例达到 54.7%。手机微博用户规模达 2.02 亿，占所有微博用户的 65.6%，接近总用户的三分之二。

作为一种分享和交流平台，微博更注重时效性和随意性，能表达用户每时每刻的思想和最新动态。微博提供了这样一个平台，你既可以作为观众在微博上浏览你感兴趣的信息，也可以作为发布者在微博上发布内容供别人浏览，当然也可以发布图片、分享视频等。微博最大的特点就是：发布信息快，信息传播的速度快。例如你有 200 万听众（粉丝），你发布的信息会在瞬间传播给 200 万人。微博网站的即时通讯功能也非常强大，可通过 QQ 和 MSN 直接书写；在有网络的地方，只要有手机也可即时更新自己的内容，哪怕你就在事发现场。微型博客上是背对背式的交流，就好比你在电脑前打游戏，路过的人从你背后看着你怎么玩，而你并不需要主动和背后的人交流。可以点对点，也可以一点对多点。

国内知名的微博网站主要有新浪微博、腾讯微博、网易微博等。在微博上，用户可以随意关注自己想要关注的人物而不必通过他的同意，成为他的“粉丝”。成为别人的粉丝后可以看到别人的动态，而只有对方也对你进行关注，双方才能互相看到动态。在微博上，匿名性也较为突出，不必进行实名制认定，因此匿名性的弊端也较为突出。

五、微信

微信是腾讯公司于 2011 年 1 月 21 日推出的一个为智能终端提供即时通讯服务的免费应用程序，截至 2013 年 11 月，微信的注册用户量已经突破 6 亿，其中海外用户超过 1 亿，国内用户超过 4 亿，而每日活跃用户也达到了 1 亿。微信支持跨通信运营商、跨操作系统平台通过网络快速发送免费（需消耗少量网络流量）语音短信、视频、图片和文字，同时，也可以使用通过共享流媒体内容的资料和基于位置的社交插件“摇一摇”“漂流瓶”“朋友圈”“公众平台”“语音记事本”等服务插件。

微信提供公众平台、朋友圈、消息推送等功能，用户可以通过“摇一摇”“搜索号码”“附近的人”“扫二维码”等方式添加好友和关注公众平台，同时微信将内容分享给好友以及将用户看到的精彩内容分享到微信朋友圈。作为腾讯最新推出的社交媒体，微信在腾讯 QQ 的基础上优化了很多功能，它能够将手机通讯录里已有微信账号的好友直接显示出来，摇一摇等功能更进一步丰富了交友的方式，此外，微信支付功能也进一步扩展了微信的功能。微信在一定程度上也是匿名性质的，用户需要得到对方的允许才能够加对方为好友。

微信作为时下最热门的社交信息平台，也是移动端的一大入口，正在演变成为一大商业交易平台，其对营销行业带来的颠覆性变化开始显现。微信商城的开发也随之兴起，微信商城是基于微信而研发的一款社会化电子商务系统，消费者只要通过微信平台，就可以体验商品查询、选购、体验、互动、订购与支付的线上线下一体化服务模式。

思考题

1. 为什么说新媒体是功能强大的社交媒体？
2. 社交媒体有什么特点？
3. 社交媒体的负面功能有哪些？
4. 国内知名社交媒体有哪些？

第十一章 媒体融合

本章要点

第一节 媒体融合概述

第二节 媒体融合的变迁

第三节 新媒体与媒体融合

中国古代的章回小说常常会用“话说天下大事，合久必分，分久必合”的话语来形容世事万物的变化无穷。如果用这话来形容媒体格局的变化，也很贴切。新媒体以其独有的便捷性、平民性和良好的互动性横空出世，席卷全球，对传统媒体造成了前所未有的冲击，给其带来了生死存亡的严峻挑战，迫使其背水一战，以求绝处逢生，人们于是不约而同地把眼光投向一个焦点，纷纷开始了媒体融合之旅。

第一节　媒体融合概述

随着网络技术的日渐成熟和迅速普及，大量信息吸引了公众特别是青年人的注意力，报纸、杂志、广播、电视等传统媒体突感面临巨大的生存压力。网络传播的即时性、信息获取的便捷性、使用成本的低廉性和传授双方的对等性等特点，使得传统媒体不断将视线转向新媒体技术和新传播方式，媒体融合成了传统媒体无法拒绝的选择和发展趋势。

一、媒体融合的概念与类型

“**媒体融合**”（media convergence）也称媒介融合，这一概念最早是由美国马萨诸塞州理工大学的浦尔教授 1983 年在他的专著 *Technologies of Freedom* 中提出来的，他使用媒体融合这一概念来描绘媒介发展的未来趋势。他认为，在数字技术的影响下，电信、电话、电报、大众传媒之间原有的行业隔离与技术区别正在逐步消失，继而将有某一物理媒介——无论它是无线还是有线，无论它是电波还是电缆——能承载所有的语音、文字、图像、数据，以及视频的传递；同理，原本只能由传统媒体提供的信息，例如印刷品、广播和电视，也将不再限于它们原来特定的载体。4G 手机、数字电视、网上广播、还有众多网络互动媒体的出现，都是媒体融合的具体例子；这些技术的进一步推广也对网络带宽和终端功能提出了新的技术要求。

媒体融合这一概念包括了狭义和广义两种含义，狭义的概念是指将不同的媒介形态“融合”在一起，产生“质变”，进而形成一种新的媒介形态，如电子杂志、博客新闻等等；而广义的“媒体融合”则包括一切媒介及其有关要素的结合、汇聚、融合，不仅包括媒介形态的融合，还包括媒介功能、传播手段、所有权、组织结构等要素的融合。“媒体融合”是信息传输通道多元化背景下的新作业模式，是把报纸、电视台、电台等传统媒体，与互联网、手机、手持智能终端等新兴媒体、新的传播通道有机而有效地结合起来，实现资源共享，集中处理，衍生出不同形式的信息产品，然后通过不同的平台传播给受众。

2003 年，美国西北大学教授戈登归纳了美国当时存在的五种“媒体融合”（“新闻业融合”）的类型：

（1）所有权融合（ownership convergence）。大型的传媒集团拥有不同类型的媒介，因此能够实施这些媒介之间内容的相互推介和资源共享，如美国佛罗尼达坦帕市的媒介综合集团（The Media General Company），美国俄亥俄州的新闻电讯集团（Dispatch Media Group），都将各自在同一地区所拥有的报纸、广播电台、电视台和网站进行了融合。

（2）策略性融合（tactical convergence）。指所有权不同的媒介之间在内容上共享，如分属不同媒介集团的报社与电视台之间进行合作，相互推介内容与共享一些新闻资源。

（3）结构性融合（structural convergence）。这种融合与新闻采集、分配方式有关，如美国《奥兰多哨兵报》决定雇用一个团队做多媒体的新闻产品，使报纸新闻能够加工打包后出售给电视台。在这种合作模式中，报纸的编辑记者可能作为专家到合作方电视台去做节目，对新闻进行深入报道与解释。

（4）信息采集融合（information-gathering convergence）。这主要指新闻报道层面上一部分新闻从业者需要以多媒体融合的新闻技能完成新闻信息采集，即完成所谓“超级记者”的工作。

（5）新闻表达融合（storytelling or presentation convergence），这主要指记者和编辑需要综合运用多媒体的、与公众互动的工具与技能，完成对新闻事实的表达。

尽管以上这些都是在美国确实存在的现象，但这种划分的标准并不一致，前三种是依据“媒介组织行为”的划分，后两种则是以从业人员的角度进行的划分。

另外，美国鲍尔州立大学学者戴默等在向美国新闻与大众传播学教育学会提交的一篇论文《融合连续统一体：媒介新闻编辑部合作研究的一种模式》中，提出了“融合连续统一体”这个新概念，并界定了“融合新闻”的几种模式以及每一种模式的具体含义：（1）交互推广（cross-promotion），指作为合作伙伴的媒介相互借助对方推广自己的内容，如电视介绍报纸的内容。（2）克隆（cloning），指作为合作伙伴的媒介不加改动地刊播对方的内容。（3）合竞（co-opetition），指作为合作伙伴的媒介之间既有合作也有竞争，如一家报社的记者编辑在某电视台的节目中对新闻进行解释和评论，某一媒介为自己的合作伙伴提供部分新闻内容等。（4）内容分享（content sharing），指作为合作伙伴的媒介定期相互交换线索和新闻信息，并在一些报道领域中进行合作，如选举报道、调查性报道等，彼此分享信息资源，甚至共同设计报道方案，但各媒介的新闻产品仍然是由各自的采编人员独立制作的。（5）融合（convergence），指作为合作伙伴的媒介在新闻采集与新闻播发两个方面进行全方位的合作，他们的共同目标是利用不同媒介的优势最有效地报道新闻，常由多个媒介的记者编辑组成一个共同的报道小组，策划新闻报道并完成采编制作，决定哪一部分内容在哪个媒介上播发。

戴默教授五种模式的新闻融合程度依次由弱到强、由简单到复杂，在现实中都存在着这几种“媒体融合”的例子，如报业集团、媒体联盟以及平面媒体电子化等现象。最能代表“媒体融合”的是美国的两家公司：论坛公司（The Tribune Company）和媒介综合集团（Media General Inc.）。这两家公司都以自己所拥有的并且同在一个地区的报社、电视台和网站作为基础，构造了不同类型的“融合新闻”的平台，并取得引人瞩目的成果。

“媒体融合”的分类方法并不是固定的，关键是看其分类的标准。媒体融合也是一个不断发展的过程，因此应该按照媒体融合的发展过程进行分类。

最初的“媒体融合”是组织的融合，这种结合往往是依靠外部的力量（如行政力量）使媒体结合成一个共同体，如我国许多报业集团都属于这种类别。这类集团往往只是“名义夫妻”，是一种松散的组合，往往处于各自为政的状态，没有形成有机分工的态势。

第二阶段的“资本融合”比前一阶段有了很大的进步，因为它是在市场“看不见的手”的作用下，使有实力的媒介集团在资本市场上完成对其他媒介或媒介集团进行收购或者两个媒介组织之间通过资本市场进行的合并。这种兼并或收购往往不局限于一种媒介，是一种横向的收购，如美国在线与时代华纳的合作。值得注意的是，参与到资本融合的双方不一定都是媒介组织，只要有一方是媒介或与媒介相关的组织，而且这种“融合”有利于它的发展，加强了其竞争力，都可以将其看作“媒体融合”。如 2006 年 6 月 8 日，中国移动宣布收购星空传媒所持有的凤凰卫视 19.9% 的股权。根据战略联盟协议，中国移动与凤凰卫视将在移动增值服务领域，在以无线方式提供传媒内容方面进行资源共享，中国移动将在其无线平台上优先并以优惠条件获得凤凰卫视的内容。我们可以看到，通过这次的“资本融合”，凤凰卫视获得了更大的资源优势，促进了媒介集团的发展。

第三阶段是“传播手段融合”阶段，所谓“传播手段融合”从小范围来说，指利用新技术改造传统媒体；从大范围来说，指大型的传媒集团不同媒介的传播手段在一个大平台上进行整合，实施媒介之间的内容相互推销和资源共享，报纸、广播电视、网络全部用一套班子，由“多媒体编辑”统筹策划，将采回的材料和新闻用于集团旗下的各个媒体。如美国佛罗尼达坦帕市的媒介综合集团，这个集团把 30 多个媒体放在了同一个大平台里运作，还有 TAMPA 先驱报、WFLA 电视台和 TAMPA BAY 在线也在同一写字楼同一平台上办公。这样，他们的网站上就有了电子版报纸，这是网络和报纸的融合；电视台和报纸则会联合采访，共同工作。这是“资本融合”的必然结果，是一种有机的整合。

“媒体融合”的最高阶段是媒介形态的融合。新技术的发展日新月异，完全有可能在未来产生一种与今天的媒介形态完全不同的新媒介，这种媒介有可能融合了几种甚至全部媒体的优点。未来“三网合一”必然会造就一些新的媒体形态出现。

二、媒体融合的基本形态

媒体融合十分复杂，涉及方方面面，既包括内容上的相互影响和渗透，也包括传输渠道的不断交叉，以及接收终端的交融之势。宫承波在《新媒体概论》[①]一书中就媒介融合的复杂现象提出了媒体融合的三种基本形态。

（一）内容融合

内容融合就是不同媒介形态的生产，依托数字技术形成跨平台、跨媒体的使用，利用数字化终端，形成多层次、多类型的内容融合产品。内容融合根据融合内容来源可以划分为报纸、杂志、书籍、广播、电视、互联网等，即来自不同媒介的信息内容既可以被自身利用，也可以供其他媒介使用；根据形态可以划分为文本、图像（含动漫）、声音，即同一种信息可以被制作成各种不同的媒介形式加以使用和传播。而这些都要以新的传播技术为前提，所以新兴的传播技术是内容融合实现的基础。

（二）网络融合

网络融合主要是指媒介传输渠道的融合，具体主要是指三网融合，即电信网、广电网、互联网的融合。对于三网中的两网——电信网和互联网早已在一定程度上融合。从

---

① 宫承波:《新媒体概论》第四版，中国广播电视出版社 2012 年版，第 312—313 页。

网络的传输层来看，如果没有电信网，互联网不是一张真正意义上的全球性网络；从技术层面上说，电信技术的高速发展，成为互联网企业实现信息传输的必然选择；从电信运营层面来看，由于语音业务收入骤降，迫使运营商“转型”。所以，今天电信网和互联网的融合程度已经相当高，这也是两大阵营的相互需要。然而，电信网与广电网的融合则显得困难重重，由于两个网络分属于不同的管理部门，因此三网融合中的部门利益协调依然是一大难题，同时也阻碍着三网融合的深入发展。

（三）终端融合

终端融合也可以视作媒介形态的融合，主要指受众获取传媒信息产品的终端应用的融合。技术的发展日新月异，完全有可能在未来产生一种与今天媒介形态完全不同的新媒体接收终端，这种媒介有可能融合甚至集中了全部媒体的优点。目前来说，终端融合主要是指三屏融合，即电视屏、电脑屏、手机屏的融合。当然，实际应用中，具体的终端类产品类型不止这三种，主要有电脑、电视、手机、广播、移动终端设备等。

三、媒体融合的特征

（一）技术化与全能化

1. 媒体融合首先是技术的融合

媒体融合最根本和直接的诱因是数字技术的成熟，新一代数字技术、广播技术、信息技术的飞速发展，不断为媒体融合提供推动力。因此，媒体融合表现出鲜明的技术特征。数字报、手机报、网络电视、手机电视等新媒体不断崛起，与传统媒体呈现出丰富的融合特征，传统媒介间、行业间的界限也被不断打破。以 IPTV 为例，随着视频压缩技术和流媒体传输技术的快速发展，传统的电视节目可以通过高速互联网实现直播、点播和下载收藏，最大限度地满足受众的观看需求。由于 IPTV 可以通过电视机和计算机两种终端观看，已经很难将其划归于单一的广电业或是信息业范畴。

技术融合导致不同产业之间技术性进入壁垒逐渐消失，使不同产业形成了共同的技术基础，并使不同产业间的技术边界趋于模糊，最终导致产业融合。电信网、广电网、互联网高层次业务应用的三网融合，表现在技术上趋向一致，网络层上可以实现互联互通，业务层上互相渗透和交叉，应用层上使用统一的通信协议，从而实现网络资源最大限度的共享。随着数字化生活的普及和通信技术的不断革新，融合的界限已经从原来的三网融合扩张为语音、数据、视频与移动的四重融合，它为新通信时代的各个不同侧面作出了最好的诠释：通信与 IT、移动与固网、电信与广电、家庭网络与消费电子设备等等。从底层到应用，从网络到终端，再到后台支撑，一切都在趋向统一。

2. 媒体融合整合不同媒介功能

在媒体融合的时代，依托于不同媒介的文化形态竞争与融合，表现出多元文化的技术性与全能性。它不像任何一种文化形态那样边界较为清晰地归属某一文化区域，它具有巨大的技术整合力。它不仅体现着大众文化的精神，也兼容并包着精英文化、世俗文化、高雅文化与娱乐文化的精髓，从而呈现出一种全能文化的形态。

（二）集约生产与全民写作

媒体融合改变了内容的生产模式与传播模式。融合媒介意味着不同类型的媒介从各自独立经营转向多媒介联合经营，以最大限度地降低生产成本，一种新的新闻传播模式“融合新闻”（multiple-journalism）应运而生。融合新闻与传统的单一媒介的新闻传播活动有着巨大差异，其主要特点是将多种媒介的新闻传播活动整合进行，采用多媒体、多渠道的方式传播新闻。

媒体融合在内容的集约化生产方面，不仅表现在传媒组织的合作，还表现为内容生产的全民写作。在传统大众媒介垄断新闻传播与文化生产的时代，为新闻媒介提供信息的主要是政府机构、社会团体和企业组织，承担采集与发布新闻信息的主要是职业新闻工作者及作为“亚新闻工作者”的新闻通讯员。新媒介的出现，使普通公民获得了从未有过的参与新闻传播的能力，他们借助手机、博客、播客、BBS等，发布新闻，表达观点。在全世界范围内，“草根记者”在重大突发事件现场发布的新闻一次次产生了全球性的轰动效应，从东南亚海啸到英国伦敦地铁爆炸事件，第一时间发出的现场新闻报道都出自普通民众而非职业记者。

（三）系统性与选择性[①]

1. 媒体融合是一个系统性过程

媒体融合并不是单向度的，而是一个多维度、逐渐拓宽的、纵深的系统化过程。主要体现在三方面。首先，媒体融合是多维度的，各维度之间具有紧密的联系。媒体融合是随着媒介技术的发展而不断纵深发展的。在传统媒体时代，媒体融合仅指不同媒体内容之间的相互借鉴、相互融汇。随着媒介技术的发展，媒体融合才开始向纵深发展，除了在内容层面的融合之外，由此也进一步带来电信网、互联网和广电网的相互融合。其次，媒体融合是一个由弱到强、由表及里的历史性过程。无论是传统媒体时代初级阶段的媒体融合，还是新媒体兴起之后真正意义上的媒体融合，其过程都不是一蹴而就的，而是循序渐进的。再次，媒体融合的系统性还体现在其多层次、立体化的影响力上。媒体融合不仅对媒介形态、媒介内容等能造成直接的改变，还由此影响整个媒介生态环境；媒体融合不仅影响媒介的传播学特征，还通过整合价值链和产业链在经济层面影响传媒产业的发展；媒体融合不仅对媒介形态、传播内容、传媒产业有深刻影响，还能改变用户的媒介使用行为。此外，媒体融合除了能影响媒介及其传播过程和产业结构，还有其独特的社会功能，对整个社会环境系统影响重大。

2. 媒体融合是选择性产物

媒体融合具有选择性，是指媒体融合的发生和发展是在特定的媒介之间进行的，并不是任何媒介都能够成功地融合，也不是所有媒介都是按照一个套路、一种模式进行融合的，这关涉不同媒体的固有特征、传播特点、产业价值链等诸多因素。如报纸能与网络媒体和手机媒体顺利融合产生新的媒介形态，像网络报纸和手机报纸。但是如果报纸与广播媒体、户外彩屏相结合，那么它的过程可能就不是这么顺利了。因此，媒体融合是有选择性的，它即需要不同媒介形态、内容上的相互匹配，也需要政策上的支持。

---

① 宫承波：《新媒体概论》第四版，中国广播电视出版社2012年版，第315—316页。

第二节　媒体融合的变迁

当两种以上的媒介出现在同一时期时，就催生了媒体融合观念的萌芽。媒体融合首先是一种历史趋势，从出现两种以上的媒介开始，它就开始发挥作用，直到媒介间的区别消失，媒体融合是人类信息技术发展到较高阶段后的突变过程。媒体融合是一个结果，世界上本来没有媒介，技术和社会发展催生了媒介，同样由于科技和社会发展的不足导致了媒介的差异，而进一步的发展则导致各种媒介差别的消失。关于媒体融合变迁已经有了很多的讨论，杨溟在《媒介融合导论》[①]一书中的表述十分具有代表性，很好地概括了媒体融合的变迁过程。

一、观念变迁

（一）媒体的竞争与融合

网络出现之前的一段时期可以概括为媒体竞争与融合时代。所谓的媒体的竞争与合作，指在竞争基础上的合作。报纸、广播、电视三大媒介形态既存在市场竞争中的对立关系，又处于竞争需要而互相补充、学习借鉴，在组织结构、业务等方面从宏观到微观开展合作。而在这个阶段出现的各种媒介合作、互相补充的观念，也可以统称为媒介竞合观。这是媒体融合的萌芽阶段，是对未来的媒体融合的预演，称其为竞合而非融合，最关键的原因在于三大媒介间的补充、借鉴，无论是发生在业务层面还是战略层面，都有一个前提，那就是媒介形态间的界限仍然清晰，我们能够准确地为信息终端、传播方式和传播内容定位，指出它属于哪一种媒介。这也是判断媒体竞合时代的规律是否对以后的新旧媒介关系适用的前提。

（二）媒体的整合与合作

媒体整合时代描述的是这样一个时间跨度，以原本清晰的传统媒介边界由于网络平台的出现而开始模糊为起点，以各种传统媒介、网络、手机等融合为一体为终点。在此阶段，媒介的方方面面都发生了翻天覆地的变化，在所有权、组织结构等层面将逐渐合为一体；在信息采集、新闻表达等业务层面将相互渗透、合作直至不分彼此；在终端、信息的数据编码、传输网等技术形态上也将走向共享。针对媒体整合的各种观念可以称之为媒体整合观。

（三）媒体的融合

媒体融合是一种历史发展的趋势，是人类信息科技水平发展到较高阶段后的突变过程，也是一个结果。对于媒体竞合、媒体整合以及媒体融合三个阶段的划分方式，就是基于媒体融合作为一种结果的静态状况。在媒体融合时代，人类信息环境的所有层次都将彻底变革，变革将围绕囊括人类所有体外精神生产和交往活动的统一平台进行。这个

① 杨溟：《媒介融合导论》，北京大学出版社 2013 年版，第 17—79 页。

平台是报纸、广播、电视、网络、手机等的融合统一体，也是互联网高度发展后的产物，或者也可以套用现在 Web1.0、Web2.0 的说法，将其称为未来的 Webx.0 网络。媒体融合时代的特征实际上也是 Webx.0 网络的特征。由此，人们可能情不自禁地再次产生误解，认为所谓“媒体融合”终究还是网络取代所有的旧媒介。因此，特别需要提醒的是，网络电视台、网络电台、网络报纸等既是网络的一部分，也是传统媒介在新时代的延续。媒体融合这一概念的优势就是能够精确描述这种特殊状态。就今天的大众传播媒介而言，主要的变化包括媒介间差异消失、形态消亡、终端和传输网走向实质上的统一、用户将获得前所未有的信息自由以及实现全面融合四个主要特点。

从短期的“未来”角度而言，在媒体融合时代，媒介即网络，网络即生活方式。因此，通过今天 Web2.0 时代的诸多特点可以预测媒体融合时代的状况，如信息传播无界化、去意识形态化、去中心化等对 Web2.0 时代特性的描述，都将会在那个时代获得进一步的发展和完善。

二、技术形态变迁

纵观整个媒体融合的演进，我们可以发现，无论是传统媒体时代的媒体竞合，还是网络时代的媒体整合，直至正在发生的媒介大融合，技术的发展始终在其中扮演着重要的角色。可以说，没有技术的发展，媒介不会产生，媒体融合也没有发展的可能。

（一）纸媒和早期电子媒介技术

报纸技术的核心是造纸技术和印刷技术。技术发展对报纸的影响主要体现在以下几个方面：首先是成本不断下降，其次是印刷质量和内容表现能力不断提高，再次是报纸的采编、发行手段得以改善。

广义的广播，是指通过无线电波传送声音信息的多功能、现代化的信息传播工具，既包括广播，也包括电视。但人们一般指的广播都是声音广播，其中又分为无线和有线两类。无线广播是广播发展的主流，它是一系列技术累计的结果，其中关键的几步分别是无线电波的发现、电子管的发明以及超外差电路的发明。有线广播是与无线广播并列的广播形态。它是利用由导线组成的传输分配网络，将广播电视节目直接传送给用户接收设备的区域性广播。传输网既可以是专门网络，也可以利用专门的电信网和低压电力传输网。

电视的诞生稍晚于广播，它同样是许多国家的科技人员长期研究、实验的结果。与广播一样，很难准确地说是谁发明了电视。

（二）计算机和网络技术的发展

广播拓展了人们的听觉能力，电视拓展了人们的视觉能力，它们的出现证明了媒介发展的一个规律：新媒介总是人们某种感官能力的延伸。与此不同，最初的计算机仅具有单一的计算功能，虽然加强了人们的信息处理能力，但却无法与人的感官能力联系起来。1946 年，第一台电子计算机“ENIAC”在美国诞生。在后续的几十年里，计算机经历了电子管、晶体管、集成电路和超大规模集成电路四个发展阶段，体积越来越小，功能越来越强，价格越来越低，应用范围越来越广泛。

但是，计算机系统是孤立的，不具有进行大众传播的能力。网络的诞生开辟了新纪元。通信线路把世界各地分散、孤立的计算机连接起来，实现了资源共享，形成了一个巨大的信息系统，这恰如人类社会的形成彻底改变了人类的面貌，开辟了无限的未来。而在网络这一平台上，它的潜力和功用通过各类具体的网络应用体现出来，如电子邮件、即时通讯及万维网络等。

（三）网络与广播电视的技术融合

在相当长的时间内，媒介技术都独立于计算机网络发展，但随着计算机网络技术逐步成熟，它也同其他领域一样不可避免地被卷入了数字化浪潮。

首先是广播电视的数字化。广播、电视的数字化改造，尤其是电视的数字化改造，其实是电子设备数字化、智能化发展趋势中的必然。这一趋势渗透到广播、电视媒体的每一个技术领域，涵盖了采集、编辑等前端设备，传输网络和终端全部环节。一般用户对终端性能的变化感受可能更为深刻。在电视机数字化的同时，人们还在积极地进行另一方面的尝试，那就是通过电视机上网。虽然这些由于商业利益驱动的尝试再次向人们证明了“欲速则不达”的正确性（市场效果不佳），但却是打破电视与网络藩篱的先声。

其次是网络的广播电视转向。随着网络基础设施从“窄角”发展为“宽带”，网络电视也发展起来。大批电视台在互联网上建立了网站，传送自己的电视节目。到了今天，无论身在何方，海外游子都可以通过“央视国际”网站收看中央电视台的各类节目，内地观众则可以通过“凤凰宽频”收看对国内新闻事件的另一种表述。

再次是三网合一。广播电视和计算机网络的关系日益纠结，其中的高潮部分是三网融合。三网融合中的三网是指以互联网为代表的数字通信网、以电话网（包括移动通信网）为代表的传统电信网和以有线电视为代表的广播电视网，代表现代信息产业中的三个不同行业，即电信业、计算机业和有线电视业的基础设施。

最后是融合终端。媒体融合的技术进展，最容易被用户感受到的是终端的融合。移动终端的发展，是当前最集中体现终端融合的领域。在手机还没实现智能化之前，在技术上就能通过加上某些芯片，使其具有收听广播等功能。这是电子技术集成的产物，没有网络的介入，这时手机已经部分具有了融合媒介的特征。在智能手机发展之后，终端融合的前景就变得非常清晰。手机、IPAD 等移动终端不仅具有传统功能，而且集齐了广播、网络、电视等等各项功能，移动网络使得媒体融合得到了最直观和完整的呈现。

第三节　新媒体与媒体融合

媒体融合作为当今媒介形态及传媒产业发展变化的时代背景，同新媒体及其产业发展有不可分割的紧密联系。一方面，新媒体在媒体融合中具有无法替代的重要地位和作用；另一方面，媒介融合对于新媒体的发展也有不可小觑的影响。宫承波在《新媒体概论》中详细探讨了新媒体与媒体融合的关系。

一、“融合”与新媒体的共生关系

在传统媒体时代，报刊、广播、电视等传统媒体的发展过程中虽然也有媒体融合的现象，但大多局限于内容共享和企业兼并等初级层面，严格来讲并不能算做真正的媒体融合。直到新媒体出现并勃兴后，媒体融合的趋势才得以真正显现。事实上，“融合”不仅是新媒体最重要的发展趋势，更是新媒体与生俱来的发展特质，新媒体的发展在很大程度上要归功于媒体融合。之所以把“融合”称为新媒体“与生俱来”的特质，主要基于两点。

首先，许多新媒体形态本身就是“媒体融合”的产物。在网络媒体群中，网络报纸是互联网与传统报纸融合的结果，网络广播电视则是互联网同传统广播电视融合的产物。类似的，在手机媒体群中，手机报纸是手机媒体与传统报纸的融合，手机广播电视则是手机媒体与广播电视的融合。

其次，“融合”是新媒体的生存方式和发展条件。无论是以网络和手机为代表的新兴媒体，还是以楼宇电视、车载移动电视为代表的新兴媒体，它们都是在不断融合中得到突破性的发展的。融合能够带来新的业务模式和盈利模式，将为新媒体产业的发展提供强大动力。

二、新媒体技术为媒体融合提供基本保障

技术融合或创新是媒体融合的内在动力之一。推动媒体融合的根本性技术力量包括数字技术和网络技术在内的新媒体技术。

数字技术实现媒体融合的资源共享。数字技术是一项与计算机相伴而生的新媒体技术，它借助一定的设备将文字、图片、影像、数据资料等转化为计算机能够识别的二进制数字，然后对其进行运算、存储、加工和传播。在数字技术出现之前，报刊、广播电视等传统媒体根据各自的媒介本体特征，都有各自不同的信息编码和解码方式，不同的媒介之间有天然的划分边界。数字技术出现并应用于媒介业务之后，所有的信息都可以转化为“0”“1”的形式进行处理和存储，各种媒体内容都可以转化为统一的编码进行传输和交换。

网络技术作为网络媒体产生与发展的基础技术之一，也为媒体融合提供了平台支持。主要体现在两方面。一是网络技术是媒体融合的基础，以网络技术为核心的网络媒体互通互联，从而构成了互联网络，而互联网则是网络融合的核心所在。二是网络技术衍生出媒介统合的多媒体平台。以网络技术为核心的网络媒体，本身就为媒体融合提供了一个多媒体的平台。无论是文字、图片，还是音频、视频，乃至各种数据资料，都能够在网络媒体中顺畅地编辑、存储和传播。

三、新媒体为媒体融合助力

从目前的媒体融合实践来看，媒体融合的主要类型集中在两个方面，一是传统媒体与新媒体的融合，二是新媒体之间的相互融合。无论是传统媒体和新媒体融合，还是新

媒体之间的相互融合，其主体力量都是新媒体。这主要是由新媒体产业发展模式与媒体融合的密切关系决定的，媒体融合是选择新媒体产业发展模式的关键“变量”。

（一）媒体融合是选择新媒体产业模式的核心语境

一般来说，产业模式的选择要受共赢、需求、制度、政策等多方面因素的影响，只有综合全面地考虑，才有可能选择适合产业发展规律和市场环境的合理的产业运营模式。新媒体产业模式的选择同样如此，用户需求、国家政策、行业环境等各种因素综合决定了新媒体产业的发展模式。但是，所有这些因素作用的发挥都不得不在一个前提下进行，这个前提就是媒体融合。

（二）媒体融合是新媒体产业模式创新的内在驱动力

无论何种产业类型，只要它维持运行和发展，就都存在产业模式创新的问题。同样地，整个传媒产业，无论是传统媒体产业还是新媒体产业，都需要面对不断进行产业模式创新的问题。然而，与传统媒体产业相比，产业模式创新的问题在新媒体产业领域表现得空前突出和迫切，究其原因，就可以追溯到媒体融合的作用。传统媒体产业虽然也存在媒体融合的现象，但并不明显，且只存在于内容融合的单一层面，并不能算真正的媒体融合。而新媒体产业则不同，正是由于新媒体的兴起，媒体融合才真正出现并发展起来，因此媒体融合的功能和影响最主要体现在新媒体产业上，其中最关键的影响就是促进和加快新媒体产业模式的创新。

（三）媒体融合为新媒体产业模式提供创新空间

新媒体由媒体融合发展到产业融合是一个循序渐进的过程，也是一个螺旋式上升的过程。之所以要强调新媒体产业融合的过程性，是因为正是这一时间维度的融合过程，为新媒体产业模式的选择提供了创新空间。一方面，媒体融合的渗透性和全方位性能导致新媒体产业链的整体变革，为产业模式在新媒体价值链各环节的顺利贯通提供便利，减小了阻力；另一方面，媒体融合和产业融合能够创造新的盈利模式或业务模式，从而实现新媒体产业模式创新；同时，媒体融合导致的产业融合造成新媒体产业环境的改变，为新媒体产业创新发展提供了足够空间。

思考题

1. 简述媒体融合特征。
2. 媒体融合的条件是什么？
3. 试述媒体融合的变迁过程。
4. 媒体融合中存在哪些伦理问题？

第十二章　新媒体的受众

本章要点

狭义的理解中，受众可以被看成是与媒体相对应的另一方，是信息传播中接收信息的一个群体，比如报纸和书刊的读者、广播的听众、电视的观众或者网站的网友。而在信息化社会，受众就是生活中具有社会化多样性的每一个人，因为，每一个人都生活在不断接收信息的现代社会中。

第一节　新媒体受众的特点

新媒体受众形成后，作为一个特殊且不断发展壮大的社会群体，慢慢地形成了一系列鲜明的特色。林刚在《新媒体概论》[①] 中提出了新媒体受众的三大特点。

一、隐蔽性与公开性

新媒体借助于网络重新构建了一个虚拟世界，现实世界在这里有一定的反映，但未必是一一对应的。因此，新媒体用户在网络上最具有隐蔽性、或称为匿名性。时下正在大力推进的网络实名制，是指在后台，新媒体用户与真实身份的关联对应，没有改变在公开网络下的相对匿名状态。因此，互联网早期的名言“在互联网上没人知道你是一个美女还是一条狗”一直在流传。带给许多人以一种错觉：在新媒体环境下，在网络上发言不必当一回事，在网上发表言论是安全的，也是可以不必负责任的。

事实却并非如此，所有的安全与匿名都是相对的。在合理的表达方式下，网络的匿名可创造更自由的言论环境，但必须以不影响他人权益为原则。一旦涉及侵权或破坏社会规则，就有必要调用网络实名制信息来找出匿名者背后真实的身份。

一个人在网络上是否透明公开，并不取决于他自己是否愿意公开，而取决于他人对其信息进行调查取证的成本大小。此外，网络对于信息的海量沉淀，使得“一个人在网上时间越久，其个人信息越透明”成为现实。除了政府管理部门可以借助于政策、技术与财力查清具体信息外，许多的普通人单凭在互联网上的蛛丝马迹，也可以顺藤摸瓜地查出相关人士真实身份信息。

二、广泛性与窄众性

新媒体将受众扩展到世界每一个角落，几乎覆盖了所有的职业、民族、国家，同时也深受各个年龄段、各个教育层次人士的共同喜爱，这是受众范围上的广泛性。新媒体受众绝对数量的增长也非常惊人，仅互联网用户数就一直呈爆发式增长，再加上手机、户外大屏等等各种其他新媒体的表现终端的交叉式覆盖，可以说，但凡生活在现代社会中的人，无不被新媒体一一俘获，主动或被动地成为它的受众之一。

不过，新媒体从一开始就在内容的组织上有所针对，通过特定的话题和特定的内容去影响特定的人群，使得受众在具体个案分析中呈现出明显而突出的窄众性特性。这首

---

① 林刚:《新媒体概论》，中国传媒大学出版社 2014 年版，第 57—62 页。

先是由于新媒体在相关技术领域内的突破，从原先简单机械的“广告”，转变为目前精确灵活的“窄告”。“窄告”迅速受到了广告商的欢迎，这可以让他们用更少的费用得到更好的宣传效果。这个“窄”并不是简单地减少接收终端数量，而是提高有效数量，减少无效终端投入带来的副作用。要注意用户主动发起需求并寻找信息与内容的行为，并针对这种行为不断地强化新媒体的功能与应用感受。

三、干扰性与严谨性

新媒体出现之后，每一个受众接收到的信息，是更加真实还是更加混乱了？基于受众直接参与以及全程参与的特点，对于新媒体传播信息的真实准确与否，一直有一种误解，认为“网上的信息不要去相信”。对此，公众似乎有充分的案例与理由。

首先，由于绝大多数新媒体用户认为自己的网络账号是随便注册的、隐匿的，因此对于自己的发言与传播行为缺乏责任感，可能会轻率地发布或散布一些不实甚至是虚假的消息。

其次，绝大多数新媒体用户对于信息的识别存在着较为严重的缺陷，易冲动，易轻信，易被利用，当接收到一条易引起共鸣的消息时，往往不会冷静思考并加以鉴别，而是迅速参与进去，成为这些未必是真实与正确的信息的共同传播者。

再次，新媒体对于信息的传播速度之广与快，成为了虚假错误信息危害极大的帮凶之一。在传统媒体环境下，媒体管理者还可以在信息尚未广泛传播并产生影响的时刻，采取回收报纸、发表更正声明等等方式纠正偏差。而在互联网普及的新媒体环境下，信息一旦传出，往往难以收拾。

综合来看，新媒体受众素质参差不齐，但在信息传播中却处于相似的地位，对真实信息的传播与流动产生了较大的干扰性，这是我们看到的一面。然而，从另一方面说，新媒体受众已经不再是传统媒体时代单向地被动接受信息，他们会不断地将自己的感受、判断及时进行反馈，反馈意见通过新媒体聚合再重新传播，相关的信息经过比对与验证后，就会产生非常强大的自净功能，发现、暴露并纠正其中的错误。

第二节　新媒体受众的变化

新媒体时代，受众与有以往有所不同，其心理、行为及市场上都产生了一定的变化。这些变化既是对新媒体时代的回应，也是受众不断适应社会发展的一种表现。

一、新媒体时代受众的身份变化

美国传播学家施拉姆早在 20 世纪 80 年代就曾预言：点对面的大众传播体制将会被一种新的点对点的传播体制所代替，信息时代的一个趋势将是更多地点对点而不是点对面的传播，将是个人越来越多地使用媒介而不是为媒介所利用。在这样一个新媒体迅速发展的时期，传统的受众发生了新的变化。

（一）传者和受者的角色转化

在传统传播学研究中，传者与受者是两个截然不同的层面，传者作为信息的发出者和传播者，一直处于强势地位和支配地位，一直受到人们的关注和重视；受者则被认为是缺乏组织、散漫无序、缺乏立场、缺乏选择能力和需要进行教育的，他们被当做信息容器。各类媒体及其工作人员承担着“把关人”的职责，而读者、听众、观众一直是被动的受者。传播者掌握着信息流的绝对控制权，传播的过程是单向、垂直的，而受众则完全被传者所左右。希特勒政权在德国的确立及其对外侵略战争的发动，在很大程度上依靠了媒介特别是广播“推波助澜”的作用，这充分显示了当时历史背景下受众在媒体面前的弱小和被动。在过去那种传播信道相对单一、传播口径相对集中的情况下，受众完全在传播控制之中。

作为一种交互式媒体，互联网凭借其技术上的优势，改变了传播者与受众之间的“点对面”的传播，新媒体用户不仅可以极其方便地通过聊天工具、电子邮件、BBS与作者或编辑交流，作者和编辑也可以在“聊天室”里与新媒体用户“座谈”，而且这种“座谈”不受地域和场所限制。这种形式使媒体与受众之间、受众与受众之间都可以建立一种“一点对一点”“一点对多点”“多点对多点”“横向与纵向交织”的多元化互动交流关系。网络使受众在新闻传播中承担起更重要的角色功能。任何一个新媒体用户，可以在任何他想要发表意见的时候在网上公布自己的意见，可以成为“新闻记者”，可以将他采集到的信息传到网络这个自由空间中。

（二）从读者、听众、观众到新媒体用户

报纸杂志作为一种平面印刷的大众媒介，具有便于记忆和易于保存的优势，但也有信息表达渠道单一、不能调动人的多种感官的缺点，因而它的受众就具有以下特点：文化程度较高、对信息的介入较为主动、二级传播起着重要作用、对于媒介内容和传播方式的反馈较慢、耐受性较好等。

广播廉价、便捷的传播优势其他媒体无法比拟。由于广播只诉诸人的耳朵，常常作为背景传媒，对受众的“占有率”非常之低，所以人们可以边干活边收听、边乘车边收听，甚至边工作边收听，处于一种非常随意的状态，因此广播受众最大的特点就是可以“一心二用”，这也有效地扩大了受众范围。但近年来随着电视的普及，它的影响力已经有所下降。

电视现在是大众传媒的“霸主”。目前，它拥有世界上最庞大的受众市场、最高的广告利润。它的吸引力来自于它的媒介特性：以重装备、双通道方式传递信息，集视听媒介为一体，通过影像、画面、声音、字幕以及特技等多种手段表现信息，给受众以强烈的现场感、在场感和视觉冲击力。其接受门槛低、受众面广的特点，大大满足了大众情绪转换、人际关系、自我确认、环境监测等诸方面的需求。

网络的优势在于兼具电视、电台的声像特点，又有报纸、期刊的可存储性，从而使信息的传播方式、速度、广度、深度都在发生变化，新媒体用户具有更多的互动性、投入性。网络既是一个新媒体又是一个商业平台，可以为用户提供金融服务、证券交易服务、网上购物、看医生、参加法院开庭辩论等等，这是新媒体用户与传统受众媒体的受众明显不同的地方，网络比报刊、广播、电视更能深入人们的生活，并内化为人们的生

活理念，转化为不可或缺的生活方式。

二、新媒体时代受众的心理变化

要深刻理解新媒体时代受众的心理特征，有必要对传统媒体时代的受众心理特征作一梳理。新闻传播学所定义的受众，是指大众传媒信息服务的目标群体和其所传播信息的接受群体，包括报刊的读者、广播的听众、电视的观众，还有现代网络媒体的使用者。大众传媒的受众是对大众传媒所传播的信息具有不同需求的个体，正是他们不同的信息需求，才构成了丰富多彩的传媒市场。作为大众传媒的传播对象，受众心理特征不可避免地会因媒体内容的差异和形式的不同以及时代、环境的变迁而产生相应的变化。也正是在这种不同的差异中，受众在接受媒体的文化传播方面，表现出了各种各样的心理倾向。

传统媒体时代，大众传媒的职责在于政治、经济和文化信息的生产和传播，它们虽然也在一定程度上满足了受众的信息需求，但由于传统媒体的政治属性和组织属性，它们所传播的信息一般都是经过严格过滤的，具有鲜明的议事日程设置特征。受众的选择范围有限，他们无法对公开传播的信息进行质疑，无法与媒体进行平等的交流和讨论，甚至无法向媒体正常地反馈他们的意见。

国际互联网的出现，给人们的日常生活带来了翻天覆地的变化。相比传统媒体，新媒体具有更强的及时性、丰富性、灵活性和交互性。随着网络的不断普及，网络的受众面也在不断扩大。因此，网络世界里的各家媒体需要应对受众的多种心理需求，它们会更加注重信息内容的丰富性和强化对传播效果的预测，以顺应受众的不同需求。因此，一般的门户网站版面都会分为时政、生活、科技、情感、文化、军事、教育等不同的内容，网友可以通过点击按钮或使用下拉菜单的方式任意展开，延伸阅读。网站编排信息栏目的灵活多样性，很好地实现了受众的细分，受众可以根据自己的喜好和不同的需求去登录不同的版面。网络作为一种媒体，可以提供给受众方便、快捷、高效的信息，满足受众不同的心理需求。

新媒体在很多方面都不同于传统媒体，它并不只是满足于将信息传达给受众，还总是通过各种手段提高受众的信息利用效率。在传播范围极广的情况下，网络受众可能把这种体验传播给更多的人，可以说，网络媒体的受众人群是一个极具传播效率的人群。因此，在网络时代，受众的心理特征除了具备传统媒体时代受众心理的基本特征以外，还表现出一些特殊的方面。

（一）参与性心理提高

伴随着网络的普及和新媒体的应用，受众渐渐地由被动地接受信息转变为主动地、有选择地寻找和使用媒体信息，并且还具有强烈的参与心理需求。受众的主体意识从根本上被调动起来。在网站论坛中，网友们可以经常发帖来交换心得，也可以通过电子邮件、聊天室等方式进行互动，特别是博客、微博、微信的出现，更是让新媒体用户意见的表达如虎添翼，一个个网络事件引发着一波波网络舆论热潮甚至是狂潮。如 2009 年发生的邓玉娇案、2011 年网曝的郭美美炫富案、2012 年发生的南通王子排污案和厦门

PX 事件所引发的网络公共舆论，无不呈现波涛汹涌、惊涛拍岸之势。这些案件都是在发生后很短时间内，就受到全国新媒体用户的持续关注，各种指责的言论充斥在网络论坛里，此时网络论坛已经成为反映公共舆论的重要途径。在这样一个网络时代，随着受众知识结构层面的上升，已经有越来越多的新媒体用户参与其中，满足了受众的参与心理及主体意识。

（二）娱乐性心理提升

目前，随着生活节奏的加快，人们在日常生活中承受了较以往更大的心理压力，相比通过传统媒体来减压、放松，网络媒体的作用更加凸显。网络中各种轻松愉快的娱乐、游戏、影视资源、在线点播、各类新闻等，一方面满足了人们了解环境、认知世界的心理需求，另一方面也丰富了人们的精神文化生活。同时，受众对网络新鲜事物的敏感与好奇逐渐增强，又催生了各种各样的新事物。人们通过微博、各种聊天软件接触外部世界，借助新媒体这一窗口，受众彼此之间的联系更加紧密，他们的娱乐心理和好奇心理也得到了前所未有的提升与满足。

（三）消费性心理突出

在消费主义时代，人人都陷入了消费化的浪潮中。除了生活中不断丰富的商品在刺激着人们的消费心理，“网购”的兴起更是不断推动着消费浪潮的前进。现在，“网购”一词成了社会的流行语，购物网站上琳琅满目的商品、极具视觉冲击力的广告和煽动性话语，从四面八方涌入并压迫着网络用户。同时，网络购物最大的优势是可以综合文字、图片、色彩等各种形式，将外观、性能、用途、购买方法、用户评价等信息一览无余地展现在受众面前，这大大刺激了消费者的购买欲望，公众的消费性心理被不断强化。不断扩大的物流网络、不断增强的网购大军、不断增加的消费金额，共同见证着当下大众消费心理的不断强化。

（四）自主性心理增强

在传统媒体时代，想要追踪一件新闻事件，会受到时间、空间的局限。而网络媒体的受众可以在任何时间、任何地点得到最新的报道，可以了解该事件发展的详尽过程。此外，这种自由也体现在受众利用新闻的心理上。传统媒体时代受众更多的是被灌输和教化，而网络媒体受众具有完全的自主性，什么时间看新闻、看什么样的新闻，受众有完全的自由。同时，通过论坛的交流讨论，受众对新闻信息的真实性、权威性的判断能力也逐渐增强。总之，受众对于媒体的态度不再完全是仰视，而是强化了自己的思维与观点。

三、新媒体时代受众的市场变化

（一）受众的市场分化与融合①

大众媒体的兴起与发展，促使越来越多的人成为传媒影响下的受众，而受众也随着

① http://qnjz.dzwww.com/xbyk/2005dierqixbyk/t20050322_1005784.htm.

媒体的分化与扩大衍生相应变化。在当今世界，伴随现代化、全球化、一体化的进程，大众文化迅速形成，各媒体相互竞争，也互相促进，受众的分化与融合相伴相生。

报刊与网络的联姻似乎在网络诞生之初就是潮流所向了，而它们之间争夺受众的竞争已被“双赢”的合作所取代。网络以自身高科技的物理载体与报纸丰富的内容相组合，迈出了互联网向大众传播严肃信息的第一步：报纸杂志“翻版”阶段。据报道，1996 年，美国共有 124 家日报（占日报总数的 15%，不包括商业出版物和旅游出版物）上了网，其内容基本上是印刷报纸的翻版。

早在上个世纪 40 年代，拉扎斯菲尔德和肯达尔的研究就发现，受众选择媒介的行为是相互影响的，当一个人对某一种媒介有相当的爱好，通过该媒介对于其他的媒介也会有相当的喜爱，所以当电视进入家庭之后，受众对于其他媒体的注意，也超过了没有电视的时候。基于这个理论，我们可以推论，尽管报刊在网络上有了翻版，但是并不会减少总体读者的数量。传统报刊的读者和新媒体用户的冲突较为不明显。人们上网必须有固定的室内场所，有电源和网络接口、电话等；而阅读报纸就可以在任何场合下“见缝插针”地进行——甚至是在赶路或是吃饭的时候进行。受众在不同的情况下对这两种媒介的不同选择可以使其有机地结合起来，通过联合作战来增强受众对二者的依赖程度，比如说网络媒体的“深层注解”、对原始资料和第一手资料的披露，就有效地提高了新媒体用户受众的注意力质量，这样做，也使得读者对传统的印刷媒介有了更高的要求，“电子版”“多媒体版”也许正是一个方向。

听众与观众都是电子媒介的受众，在互联网迅猛发展的初期，它与报刊紧密相连，因此网络受众和广播听众、电视观众之间的互动性似乎不明显，这主要是由于网络图像都会占用较大的内存空间，传播的速度也较慢，影响了听众和观众向新媒体用户的转化。其次，除了技术的限制和约束阻碍了电子媒体上网之外，就是已经上网的电子媒体往往也不如印刷媒体网站点击率高。这是因为，广播听众一般都是在“见缝插针”的时间里收听，他们没有必要坐在电脑屏幕前听广播。而电视能提供声、画、文字，电脑也是，观众在收看电视时需要固定室内设施，新媒体用户同样如此，这种相似性曾使专家大胆预言未来电视将与电脑融为一体。到 2006 年，美国全境取消模拟电视广播，电视向大屏幕、高清晰、多频道、智能化、多功能、互动式发展，这种被认可的方向将产生这样的前景——电视与个人电脑“合二为一”，这不仅有足够的技术条件，也有充分的现实基础。美国学者德弗勒与鲍尔－洛基奇在他们合著的《大众传播学理论》中谈到，“一个更有可能的前景是电脑将与各种现代有线电视相结合而发展出新的大众媒介。”我们可以看出，网络受众和电视观众存在一种负相关的关系，受众市场是有限的，相同或相似的媒体产品只能分割受众市场。从长远来看，电视观众与新媒体用户合二为一将是一种趋势。总之，在未来的传播模式里，会有多种媒介与主流媒介共存，它们将相互竞争、相互融合、相互促进发展。

（二）受众市场区分减弱

传统媒体由于其自身限制，往往受众地域分区较为明显，如地方性报纸、广播和电视等很难进行广泛的传播，受众以地域为标准进行划分，较为局限。新媒体给受众提供了一个完全开放和自由的平台，信息的传播可以突破地域的限制，为广泛的受众所接受，受众市场大大拓展。也正是因为网络将世界各地的信息海量地进行传播，受众无论在哪里都能接收到来自天南海北的信息，受众的地域性区分逐渐弱化。

同时，新媒体的受众在人口性区分上也有所减弱。传统媒体对于受众市场的人口性区分比较细致，用户的年龄、性别、职业、教育等都是传统媒体要细分和考虑的对象。新媒体也考虑上述因素，但是其针对性有所降低，其普遍使用性日益增强，用户可以选择是否使用新媒体，新媒体充分考虑了广泛的受众需求。

（三）年轻受众是新媒体市场主力

传统媒体的受众在年龄上分化较小，无论是年轻人、中年人还是老年人都对传统媒体都一定的需要，这有赖于传统媒体一直以来形成的受众基础。而新媒体受众是从传统广播电视市场中分离出来的更为年轻的用户群体，新媒体为他们提供了很好的媒介产品的消费模式。虽然新媒体原则上面向的大众是十分广泛的，但实际情况是，就现状来看，年轻人在新媒体的接受和使用方面仍然是主力军。从最为典型的网络受众来看，20 ～ 30 岁的受众一直是网络使用的主力军，尽管这个比例有逐年下滑的趋势，但其主力地位仍然稳固。由此，在与网络紧密相关的许多新媒体在应用上，如数字报纸、数字电视等等，年轻人都在一定程度上占有较大比例。

新媒体的受众市场年轻化只是一时的，随着时代的发展和技术的进步，以及人们信息素养的不断提高，新媒体的受众势必会有较为均衡的分布。

第三节　新媒体受众与媒介的互动关系

随着大众传播媒介的迅猛发展，特别是在三网融合的媒介技术催化下，各种新媒体相互取长补短，交叉叠加发展，使大众从“沙发土豆”（couch potato）向“鼠标土豆”“手机土豆”（mouse potato and cellphone potato）转移，大众传播进入一个混合的传播时代。人们依赖新的传播媒体所提供的拟态环境交往、娱乐、工作，在媒介化的状态下生存，对新媒体所生产的信息从最初的轻信、盲从再到极度的沉溺，成为新媒体下寄养的生命体。“大众传播媒介是时间的窃贼，而人们却心甘情愿地让这个温情而聪明的窃贼盗走大量弥足珍贵的时间。”

一、媒介依赖理论概述

媒介依赖理论（media dependency theory）是由德弗勒和鲍尔 - 基洛奇（DeFleur & Ball-Rokeach）在 1976 年提出的，它把媒介作为受众—媒介—社会这样系统中的一个组成部分。概括来说，媒介依赖理论认为，“一个人越依赖于通过使用媒介来满足需求，媒介在这个人生活中所扮演的角色就越重要，因此媒介对这个人的影响力就越大”。受众对媒介的依赖是互动的，但同时并非对等互动。德弗勒和鲍尔 - 基洛奇认为，“由于媒介资源对于受众而言比受众资源对于媒介更为稀有和独特，因而在这一双向依赖关系中，受众对媒介的依赖表现得更为明显和强烈”。

近年来，在 Web2.0 的媒介技术推动下，网络媒体、手机媒体、数字媒体等新媒体发展呈现出一片欣欣向荣的景象。新媒体提供的多元信息模式给受众提供了足够的可依赖空间，使越来越多的受众成为其追捧者，而年青一代占据了新媒体使用受众的大部分比例。“御宅族”“网瘾族”甚至“电子孤儿”成为此环境下的衍生群体。受众对新媒体的依赖，主要表现在以下两种媒体的使用上：

（一）对网络媒体的依赖

自上世纪 90 年代网络进入商用以来，目前已经成为全世界推动经济发展和社会进步的重要信息基础设施。短短二十几年，它已迅速渗透到经济与社会活动的各个领域，推动了全球信息化进程。在中国，网络媒体是当下媒体中的领头羊，在信息传播与产业发展中占据了不可动摇的位置。新媒体用户数量紧随网络模式的多元化开发及技术的更新而急速攀升。

对比报纸、电视等传统媒体，网络把各传统媒体的优势技术进行整合，实现了视、听、读、写、说一体化服务。有更多的地方可以让受众依赖。受众可以通过网络获取信息、发表言论进行娱乐活动，还可以通过网站便捷地购物（例如淘宝网），通过 QQ、MSN 等聊天软件进行社交活动。事实上，生活中大部分需要与外界接触的事情都可以通过网络来解决或实现。

网络不仅是供给人们娱乐、沟通的媒介手段，还形成了一个网络社会。它提供的信息应有尽有，商品琳琅满目，且消费起来省时省力。如此便捷、全面的传播媒介给大众提供了足以依赖的生活空间，大众把媒介等同于现实世界本身，自然地使自己与真实世界隔绝起来，麻醉在虚拟的网络世界里。博奴、宅男宅女、青少年的“网瘾”行为就是此现象的体现。

（二）对手机媒体的依赖

手机媒体是继网络媒体之后的新兴媒体，它正在不断发展壮大，快速地融入我们的生活，被称为“第五代媒体”。在媒体融合的大背景下，手机作为比电脑更普及、比报纸更互动、比电视更便于携带的优势媒体，在新的媒体传播方式中崭露头角。手机上网比电脑上网更便捷、更休闲化。手机运营商与通信商联手打造的各类 3G、4G 手机上网模式，让手机媒体成为一款迷你的掌上电脑，促使大众将对媒介技术的追崇转为媒介依赖。

二、受众与新媒体的互动

在一定的社会和文化环境下，受众和媒介本质上也是一个协商、互动和交流的过程。受众的分化，其实是媒介渠道的增加和信息内容充裕的结果。新媒介更大的交互潜能，将起到巩固传统受众的作用，又能为传播者和接受者之间建立积极的互动关系提供新的可能。以互联网为代表的新媒体正在影响和改变着人们的生活和交流方式，使今天的受众不再只是单纯的信息接受者。受众面对海量的信息、多元化的内容，会更需要也更关注与个人联系程度较高和有帮助的信息，受众的需求决定着媒介的改变。伴随着受众对媒体认识的加深、依赖程度的加强及选择余地的加大，在不久的将来，媒体的样式会更多，信息提供也会更加人性化，操作会更便捷。可以预测，受众将不需要储备任何终端使用知识，只要使用特定的设备，就可以轻松实现与媒介进行互动。

新媒体产业的传播以其开放、交互、实时的特征及无限扩展空间的能力消融了时间和空间带来的距离隔阂，以手机和网络为主要传播介质的新媒体，实现了多种媒介传播手段与形态的融合。借助新的数字媒体的传播，充分利用技术的力量，使传播更具有互动性。随着“三网融合”“移动内容”和“移动支付”热点的涌现，以及“70后”“80后”和“90后”新一代受众人群的成长，用创意改变传播内容、借助技术改变媒体创意、基于新媒体形成覆盖范围更广的传播和更加明确的目标受众将成为现实。①

新媒体时代的媒体与受众之间的关系不再是单向度的，而变成了双向度的，媒体不仅仅只是“传播者”，还是“接收者”和“再传播者”；受众也不仅仅只是“受众”，还是“传播者”和“再接收者”。举例来说，由于互联网和电视的融合目前，网上出现了大量的电视剧迷社群，这为研究受众日常生活中的媒介使用行为特别是收视行为提供了一个良好的契机。电视剧迷们在网上建立社区（或论坛），围绕他们喜爱的电视剧展开讨论。在这个传播模式里，电视剧迷们既作为传播者，也作为接收者存在；而论坛作为一个平台，同样既是传播者，也是接收者。并且，电视剧迷的发言更为真实地反映了他们的收视行为、偏好、对该节目的解读和进一步的再创造，以及电视剧迷之间的交流互动情况，这些发言比传统媒体的剧评家的言论更为人所信任。②

思考题

1. 简述新媒体受众的特点。
2. 新媒体受众有哪些变化？
3. 新媒体受众与媒介关系如何？

① 参见姚伟：《新媒介传播与受众变化的分析》，载《编辑之友》，2011（6）。

② 参见杨亮：《新媒体浪潮下的受众主体意识》，上海师范大学2008年博士论文。

第十三章　新媒体的内容

本章要点

第一节　新媒体的主要内容构成

第二节　新媒体中的负面情绪

第三节　新媒体舆情的主要特征

第四节　网络舆论风暴的负面价值

新媒体的受众与传统媒体的受众有质的不同，这主要是指：新媒体受众是理性的受众，是自主选择信息的受众，是特别注重互动与表达的受众。新媒体不同的受众构成决定了他们对信息内容的不同需求，促使新媒体以受众利益、受众兴趣为转移，来精心组织和传播信息，以避免陷入被抛弃的境地。

第一节 新媒体的主要内容构成

一般而言，公众之所以会关注某一社会事件、社会冲突或社会问题并形成舆论，总是因为这个事件、冲突、问题或者关系到他们的切身利益，或者是他们关心的社会焦点，或者是触及了大家的共同兴趣，总之，这些事件、冲突和问题与公众的利益越是联系紧密，就越是容易形成网络舆论。

这里所说的“公众”（the public）与“人群”（crowd）“群众”（masses）是不同的概念，公众是一个有着内聚力的社会群体，而这种内聚力来自于精神的沟通和平等的交流。一般舆论学著作对公众的定义是：指那些以某种公共事务为共同话题，参与社会讨论过程的个人、群体和组织。[①] 公共舆论学著作对公众的定义是：指以精神的沟通和平等的交流为基础，在一定程度上能自由参与社会评价的理性化的社会单位。[②] 尽管使用的话语形式不同，但二者并无本质上的差异。毫无疑问，我们正在进入或者说已经进入一个被称之为公民社会的新时代，在这个时代里，公民不再是“鸡犬之声相闻，老死不相往来”的小国寡民，而是对身边事、国家事、天下事充满兴趣和责任心的新型国民，他们已经具备了相当的理性。

这里的理性理论是个体的而不是整体的，理性的本质是追求个体利益的最大化。也就是说，宏观结构的社会现象总是由个体为了实现自身的最大利益而主动发起，是从人类的互动中浮现出来的。学者们特别假定，人类有一种本性，即渴望获取，并希望成功，这种本性关注的焦点就是直接而即刻的回报，公民就是这种充满了理性的人。

这种理性在新媒体传播上表现出的特点之一，就是用户极为主动地表达其利益诉求，从而极大地促进新媒体内容的复杂化和多样化。用户最基本的诉求则表现在以下几个方面。

一、经济利益诉求

依据一般认知理论，我们假设网络舆论的第一个诉求目标是主张经济利益。在英国古典政治哲学家霍布斯看来，人的本性就是自我保存，趋利避害，无休止地追求个人利益。霍布斯认为，对公民无休止地追求经济利益必须加以限制。他强调，人们为了摆脱战争的威胁，使安全得到保证，就必须放弃企图占有一切事物的“自然权利”，超越“自然状态”，通过相互的契约，把大家的权利交给一个人（君主），或者由一些人所组

① 参见徐向红：《现代舆论学》，中国国际广播出版社 1991 年版，第 123 页。
② 参见程世寿：《公共舆论学》，华中科技大学出版社 2003 年版，第 145 页。

成的集体利益管理者（议会），把大家的意志变成一个共同意志。建立公共权力即国家，是人们寻找和平、保护自身安全的要求和愿望，否则自然权利就不能实现，人们的安全就没有保障。

到了 20 世纪末，德国法兰克福学派的第二代掌门人哈贝马斯进一步指出，之所以“主体 / 客体”作为哲学基本范式一直沿袭了几千年不变，是因为在几千年的历史长河中，人类面临的问题始终都是共同的，即生存保障和财富积累一直没有得到根本解决。在这种思维范式下，人把自己看作是世界的主宰，是天然的“主体”，他可以对自然“客体”任意进行改造、征服、支配、处置和索取，人的一切社会活动均以获取物质财富为终极目标。在这种认知结构中，主 / 客关系是对立的和倾斜的。反映在舆论上，必然是对经济利益无休止的诉求。随着上个世纪 80 年代以来西方世界财富“巫术”般地增长，和各种自然灾害、社会冲突的频繁发生与不断升级，哈贝马斯等人意识到这些反常现象是人类行为带来的必然后果，是社会、自然对人类过度行为的报复。要改变这种趋势，人类必须寻找新的思维方式，即不再把人类与自然、自我与他人、个人与社会割裂开来，而应该把它们看作一个整体，看作是一种共生、同在、不可分离和相互影响、相互作用、甚至相互转化的关系，并据此提出一个重要的概念——主体间性。主体间性思想的形成，使得社会科学在认识论方面从关注主体性和认知上的“主体与客体”关系转向关注“主体与主体”之间的关系，进而把人类认知的对象世界，包括自我世界、自然世界、社会世界和精神现象不再看作是客体，而看作是主体的另一种存在方式，并确认自我主体与对象主体间的共生性、平等性和交流关系，从而超越了主客对立的“二元论”。

马克思主义同样认为，追求物质利益是人类社会实践的重要目标，追求利益是人类一切社会活动的动因；无产阶级革命的目的之一，就是要从资产阶级手里夺回对于社会财富的控制权和支配权。马克思在《黑格尔法哲学批判》一文中指出，理解历史的钥匙不是国家，不是政治社会，而是市民社会。理解历史的钥匙，实际是市民中社会的物质利益。[①] 1842 年，他在《莱茵报》发表的《第六届莱茵省议会的辩论》一文中指出：人们奋斗所争取的一切，都同他们的利益有关。利益是思想的基础，利益决定思想，利益推动生产和生活，同时也决定政治活动。思想一旦离开利益，就一定会使自己出丑。人类活动首先是为了经济利益而进行的，政治权力不过是用来实现经济利益的手段。他认为阶级斗争是“基于物质利益的”根本冲突。人们从事物质生产活动，是为了获取物质利益；人们的社会结合，是为了取得共同的利益；人们发动革命，是为了阶级利益。革命的开始和进行将是为了利益，而不是为了原则，只有利益能够发展为原则。1845 年，马克思在《德意志意识形态》中宣告，他发现了人类历史发展的前提是物质资料的生产。他认为，人们要创造历史，首先就要生活，需要吃、穿、住等物质生活资料，因而，吃、穿、住就是人们生存和发展不可分割的物质利益。这些物质生活资料是由生产活动来生产的，分工和私有制都是生产活动发展的结果。随着分工的发展，也产生了个人利益或单个家庭的利益与所有相互交往的人们的共同利益之间的矛盾，这就是说，生产力的发展促成了社会的分工和私有制，进而产生了利益或利益关系。当然，由于生产力水平不同，社会分工也不同，私有财产的数量不同，人们的经济利益的诉求也会各

---

① 参见《马克思恩格斯全集》，中文 2 版，第 1 卷，人民出版社 2009 年版，第 3—18 页。

异，而经济利益最终是由生产力的发展水平决定的。①

网络舆论正是这种以利益诉求为中心的公众意见的集合体。但凡直接关涉到公众利益特别是有损于公众利益的话题，就特别容易形成网络舆论，而且利益相关度与网络舆论的炽热度正相关；可见，把网络舆论的第一个诉求目标定位于经济利益，不仅有充分的理论依据，而且也有坚实的实践根据。

二、社会保障诉求

根据马斯洛的需求层次理论，人的需求由五个依次升高的层次组成，分别是生理上的需求、安全上的需求、情感和归属的需求、尊重的需求以及自我实现的需求。其中第二个层次是安全上的需求，即所有人都有对于未来安全保障的心理需要。正因为单个的自然个体无法提供对于未来的保障，于是，人们就强烈地要求建立社会保障制度和社会保障体系。

社会保障制度是国家通过立法而制定的社会保险、救助、补贴等一系列制度的总称，是现代国家最重要的社会经济制度之一。社会保障体系则是指社会保障各个有机组成部分相互联系、相辅相成的总体。构筑社会保障制度体系起源于 19 世纪末的欧洲工业社会，1601 年英国皇室颁行了世界上第一部《济贫法》，这是现代社会保障制度的萌芽。现代社会保障制度的核心部分是为劳动者提供社会保险，第一个建立社会保险制度的是德国。1935 年，美国国会通过了综合性的《社会保障法》，“社会保障”一词由此产生，它标志着现代社会保障制度的形成。

一般认为，完善社会保障体系由以下主要制度组成：

（1）社会保险制度。指由国家依法建立的，使劳动者在年老、患病、伤残、生育和失业时，能够从社会获得物质帮助的制度。

（2）社会福利制度。广义上与社会保障同义，狭义上指由国家或社会在法律和政策范围内向全体公民普遍地提供资金帮助和优化服务的社会性制度。

（3）社会救济制度。指国家通过国民收入的再分配对因自然灾害或其他经济、社会原因而无法维持最低生活水平的社会成员给予救助，以保障其最低生活水平的制度。

（4）社会优抚制度。指国家依照法定形式和政府行为，对有特殊贡献的军人及其眷属实行的具有褒扬和有带赈恤性质的社会保障制度。

（5）社会互助制度。指民间组织对部分劳动者的帮助，主要是解决政府政策规定之外、没有很好解决但仍需获得外界帮助的实际困难。社会互助是社会救助的补充，是社会成员的基本权利。

（6）个人储蓄积累保障。是个人或家庭将部分资金存入银行的一种保障形式，是社会保障的一种有效而必要的补充。

而社会保障体系的作用则主要体现在以下四个方面：

（1）“安全网”作用。保障人民群众在年老、失业、患病、工伤、生育时的基本收入和基本医疗不受影响，无收入、低收入以及遭受各种意外灾害的人民群众有生活来源，

① 参见《马克思恩格斯全集》，中文 2 版，第 3 卷，人民出版社 2007 年版。

满足他们的基本生存需求。

（2）“平衡器”作用。社会保障制度具有收入再分配的功能，调节中高收入群体的部分收入，提高最低收入群体的保障标准，适当缩小不同社会成员之间的收入差距。

（3）“助推器”作用。完善的社会保障制度，既有利于提高劳动者自身素质，促进劳动力的有序流动，一定程度上激发经济活力，推动经济更快地发展，又可以避免社会消费的过度膨胀，引导消费结构更为合理，平衡社会供需的总量，有利于防止经济发展出现波动，实现更好的发展。

（4）“稳定器”作用。完善的社会保障制度，能为劳动者建立各种风险保障措施，帮助他们消除和抵御各种市场风险，避免因生活缺乏基本保障而引发一系列的矛盾，从而维护社会的稳定。

到 2009 年 7 月，社会保障制度已推行到全世界的 160 多个国家和地区。建立健全的、与经济发展水平相适应的社会保障体系，是经济社会协调发展的必然要求，是社会稳定和国家长治久安的重要保证。完善的社会保障体系也是我国社会主义市场经济体制的重要支柱，关系改革、发展、稳定的全局。社会保障体系是社会的“安全网”，它对社会稳定、社会发展有着重要的意义，是全面建设小康社会、构建社会主义和谐社会的重要内容。社会保障问题是一个很重要的社会问题，也一直是全社会关注的热点问题，关系到民生及社会的稳定和发展。我国的社会保障体系包括社会保险、社会福利、社会救助、社会优抚四个方面，是社会公众舆论诉求在制度层面的反映。

但是，在我国，无论是社会保障、社会保险、社会福利还是社会求助，都还很不完善，不仅社会福利这种高层次需求无法得到满足，就是社会救助这种社会保障体系的最低层次需求也很难实现。如何保障被救助者的最低生活需要，如何救助失业者、帮助不幸者，如何实施有效的扶贫，国家及社会群体在其中如何发挥作用等等，都尚未找到理想的方法。何况，人的需求层次总是在不断地提升，总是力图实现社会保障的最高纲领和目标，希望政府不断增进群众福利，改善国民的物质文化生活，把社会保障推上更高阶段，始终是社会成员的核心诉求之一，也是舆论反复表达的焦点之一，是构成新媒体内容的重要组成部分。

在经济社会急剧转型、民主政治成为基本诉求的今天，我们面临的人口老龄化、养老、医疗、社会服务等问题更加突出，就业方式日益多样化使扩大社会保障覆盖面问题更为凸显，城镇化进程加速带来的一系列新的社会保障方面的问题，必然刺激公民对其极为关注，而新媒体则无疑是公民表达的主要载体。①

三、政治参与诉求

社会主义政治参与的目标之一，是要通过建构一个以公共利益、公共事务、公共意志为基础，以对事不对人的法律制度体系为保障，以公民自主表达与自我约束为特征的参与模式，政府公开、透明、包容，公共机构和公共人物与网络社会、新媒体用户平等协商和交流互动，从而实现网络政治生活的健康有序发展，实现公民政治的全方位参与。

① 参见百度百科“社会保障体系”，http://baike.baidu.com/view/626776.htm。

新媒体技术的迅猛发展，使建构在互联网基础上的网络空间（Cyberspace，又称“赛博空间”）全方位介入了人们的日常生活，正极大地改变着人们的思维方式、行为方式、生活方式和工作方式。在网络空间这一独特的、虚拟的平台上，因公共利益、公共事务和公共意志的推动，诞生了诸如网络论政、网络监督、网络评判、网络互动等新型公民政治参与方式，并开辟了扁平化、交互性、及时化的网络政治空间这一新型政治参与载体。

在网络空间中，互联网及其用户构成了网络空间两大基本要素。他们通过信息发布、信息获取和信息交换，形成了虚拟的网络社会。在这个虚拟社会中，人们通过信息的生产与再生产过程，超越时空限制，实现了信息的相互交流、物质的相互交换、利益的相互博弈、关系的相互增进等目标。其中，人们围绕着利益和公意的表达、利益和公意的博弈、利益和公意的决策、利益和公意的分配而展开的一系列政治参与活动，就是网络政治活动。而网络政治活动所依托的场所，就是网络政治空间，其生成动力来自于现实政治生活中的新媒体用户对公共利益和公共意志的追求，来自于他们对公共事务的关心和参与，他们利用的通道主要是手机、博客、微信等新媒体。

网络政治参与的主要特征是参与主体的平等性。在网络政治空间里，每一个参与者的地位都是平等的，只要法律许可，人人都可以就自己关心的话题发表见解，即使他所关心的事务与自身利益毫无关系。同时，网络政治参与具有开放性，不分男女老幼，不受时空限制，探讨主题呈多样性、随机性与多变性。网络政治参与还常常以互动方式来实现，每一个参与主体都可就共同关心的话题相互探讨，既可表达异趣，又可凝聚共识；既可各自单飞，又可共同行动。参与主体间的互动交流不仅大大拓展了交往空间，有效推动了共同关注的事务从量变到质变的转换，还可促成现实政治生活中公共利益的分配和公共意志的达成。

网络参与的主要方式是网络论政，网络论政的核心和推力是公共利益、公共事务和公共意志，网络论政的目的是影响有关公共利益、公共事务或者公共意志的具体决策活动。虚拟网络政治空间里新型公民政治参与方式的出现，弥补了现实政治生活中公民政治参与方式的不足，提升了公民政治参与的积极性，减少了公民的政治参与成本，拓宽了公民的政治参与渠道，实现了利益主体之间的有效沟通，不仅有利于提升网络政治参与的有效性，而且有利于促进现实政治生活的更好发展，进而可以深化公民政治参与的形式和内容。2011 年 2 月 28 日下午 3 点，前国务院总理温家宝做客中国政府网和新华网，同广大网友亲切交流、真诚沟通。网友们踊跃参与，在几小时的时间里向温总理提出的各种问题就超出 30 万个。在“两会”召开前夕，温总理在线与网友交流，这是邀请民间代表到中南海问计的延续，是在更大范围内征求民意的表现，这在很大程度上鼓舞了新媒体用户的网络参与积极性，而新媒体也正在成为公民参与政治、表达诉求的重要手段，成为推进我国政治民主化进程的平台。①

但是我们也要看到，公民的网络政治参与也出现了一些不容忽视的问题。主要包括：第一，政治文化认识多元化，主流政治文化遭遇解构。随着互联网的全球化传播，人们的价值观发生了明显变化，人们的具体倾向如政治态度、政治情感和政策倾向等方面出现了分化，网络中各种政治文化碰撞、融合，使主流文化面临严峻挑战。第二，网

① 参见李向帅：《把网络建设成为表达民意的平台》，新华网，2009-03-04。

络政治参与同现实政治文化脱节。随着网络政治参与的发展，个体获得政治知识、形成政治思想和政治立场的过程很大程度上是以网络为中介进行的，而网络的虚拟化特征使政治参与去除了许多社会属性。网上的政治参与通常不考虑现实政治的世俗和利害关系，很多在网络交往行为中形成的政治观念往往带有某种理想主义色彩。第三，对网络政治参与缺乏有效的引导、规范和管理。社会成员极易因矛盾在短期内无法解决而变得不满和暴戾。一旦网络社会的极端意见辐射到现实社会中，就有可能引起群众的误解，引发群体性事件甚至社会动荡。[①]

四、公平正义诉求

公平正义是社会主义和谐社会的一个基本特征，也是新媒体集中反映的一个核心内容。2005 年 2 月，前总书记胡锦涛在中央省部级主要领导干部提高构建社会主义和谐社会能力专题研讨班上的讲话指出，社会主义和谐社会应该具有“民主法治、公平正义、诚信友爱、充满活力、安定有序、人与自然和谐相处”六个特征，强调实现公平正义是构建社会主义和谐社会的重要任务。构建社会主义和谐社会，就必然允许不同阶层、不同群体、不同个人的利益存在，要求政府及其工作人员摆脱、超越既得利益者的束缚，以维护和实现公平正义为神圣职责。当然，公民也可以通过自助和自治的方式来实现参与社会管理，寻求公平正义。

公平正义是人类社会的共同追求。苏格拉底认为正义就是以善待友、以恶对敌的艺术；西塞罗认为正义是按照理性给予每个人以应得的东西；斯宾塞的正义概念以自由观念为核心，并由利己和利他两种要素组成，他认为“每个人都有为所欲为的自由，只要他不侵犯任何他人所享有的平等自由”。罗尔斯还专门写下《正义论》的鸿篇巨制。总之，持不同政治观的人把正义以善、理性、自由、功利等纳入自己的观念体系，昭示了正义是人类古往今来共同的追求，更昭示了正义的丰富内涵。

法律是保证社会公正的底线，人类正义的理想在法律中被简化为“法律面前人人平等”的原则。超验的正义要求意味着现实的平等对待。平等对待有其精深的思想支撑，它不仅包括“对同等条件给予相同的待遇”，更主要的是包括了“反对特权”（针对强者）和“禁止歧视”（针对弱者）方面。法律承认当事人作为自主、负责的理性主体的地位，充分尊重当事人作为人的尊严和价值，要以某种共同的标准一视同仁地将其规则适用于所有属于其效力范围之内的对象，从而抹平在社会关系中人的强弱之分。

社会公平正义，就是社会各方面的利益关系得到妥善协调，人民内部矛盾和其他社会矛盾得到正确处理。社会公平和正义得到切实维护和实现，反映的是人们从道义上、愿望上追求利益关系特别是分配关系合理性的价值理念和价值标准。但凡有人群且有利益分配的地方，就必然会产生公平正义的问题。

公平正义是一个发展着的历史范畴。在不同的历史条件下，人们对公平正义的认识是不同的，没有恒定不变的公平正义的标尺。公平正义又是具体的，在不同领域，内涵也不尽相同。比如在经济领域讲公平正义，主要是指市场经济等价交换原则所体现的平

---

① 参见逯萍：《网络政治参与探析》，载《人民论坛》，2010 年 8 月（总第 296 期）。

等，也就是人们常说的机会均等、公平竞争。而在社会领域的公平正义，一个重要的方面就体现在保障包括老弱病残等弱势群体在内的所有社会成员的基本生存需求。公平正义还是相对的，公平正义的实现受具体经济社会发展程度的制约，那种绝对完美的公正是从来没有的，只会存在于观念和幻想之中，公正本身就包含着差异和差别。从横向来说，我们所处的经济文化环境不同、社会条件不同、个人禀赋和家庭状况不同，所以并不是都处在同一个起跑线上。纯粹的起点平等是做不到的，也是不存在的，竞争的最后结果也就不可能完全公平，在实际中只能求得大致公平、相对公平。从纵向来说，公平的实现也不可能在瞬息之间一蹴而就，必然要受到经济、政治、文化发展水平的制约，其实现是一个发展的历史过程，不能由人们的美好意志和善良意愿来决定。

在现代社会，社会公平首先意味着社会权利上的公平，它承认并保证社会主体具有平等的生存权、发展权。要求社会的制度安排和非制度安排给予每个社会成员生存、发展的机会是平等的，劳动的权利、受教育的机会、职业的选择等不能受家庭背景、种族、性别以及资本占有状况等因素的限制和影响。社会公平要求我们做到机会公平、规则公平、效率公平和分配公平，坚持制度保证原则、机会平等原则、效率效应原则、社会调剂原则。

公平正义是社会主义条件下人民群众创造活力不断迸发的真正源泉。它从最真实、最普遍的意义上体现着和谐社会的基本要求。事实表明，公平正义不仅广泛涉及上层建筑领域中的问题，也大量涉及生产关系问题，是直接关系到全体人民的经济权益和政治权益的重大问题。由于我国的改革和发展进入了关键时期，在经济社会转型的过程中，随着市场经济的发展、社会结构的变动、利益关系的多元化，在社会生活的各个领域都还存在着不同程度的社会不公现象，贫富差距、城乡差距、区域差距拉大，经济社会发展不协调，这些现象的背后都有社会不公的影子。社会不公在一定程度上已经影响到了社会不同阶层的和谐相处，成为新媒体内容的主要源泉。

第二节　新媒体中的负面情绪

在传统社会中，集权具有超常的力量，管制思维始终占据主导地位，公民的利益诉求表达缺乏基本的通道，各种意见、诉求特别是负面情绪长期受到压抑，所以一旦获得网络表达机会，特别是加上新媒体技术的简易和使用成本的低廉，就会迫不及待、蜂拥而入、肆无忌惮、无所顾忌地大声喧哗，以致造成新媒体传播中的内容多为负面情绪宣泄的现实状况。这些情绪主要由以下要素构成。

一、被剥夺感的自我放大

对于蓬勃兴起的以新媒体为代表的网络舆论，对于新媒体用户以博客、微博、跟帖、留言、论坛、帖文等方式对公共事务、社会热点、网络话题等表达的意见，有顶有踩，有赞有批。不过，总体来说，在一段时期内，主张对网络舆论加以限制或者打压的声音还是占上风。之所以会产生对网络舆论加以打压的强势声音，主要是认为网络舆论多以负面为主，而且将社会各阶层的被剥夺感放大到极致，容易催生出全社会的不满情绪和对抗心理，给社会管理带来压力。

《人民日报》海外版曾就网络舆论特点专门发文做过分析，认为网络舆论的特点就是负面性、非理性，马太效应、雪球效应明显。文章认为，网络舆论仅从外部形态来看，就呈现出“批评的多，肯定的少”的情形。网络舆论不乏赞扬真善美、鞭挞假恶丑的声音，但总体而言，网上各种舆论交锋，常常是负面舆论压倒正面舆论。新媒体用户大都对负面新闻过于敏感，被剥夺感不断自我放大。究其原因，一是负面新闻、负面事件、负面话题具有天然的吸引力，容易诱发人们的好奇本能和自我保护本能，引发人们的探究讨论，而且一般情况下人们发表批评性意见要比发表肯定性意见的动力更强。由于言论尺度较传统媒体宽松很多，网络媒体常常通过大量登载、炒作各种负面新闻来吸引眼球，提高网站点击率，这是网络舆论负面性特征形成的基础。二是一些现实境遇不佳（这是产生被剥夺感的主要来源）的网络舆论参与者对社会有负面情绪、负面心态，往往戴着“有色眼镜”观察社会、解读现实，在网上发泄不满成了其“释压”的主要方式；也有一些网络舆论参与者往往把批评作为展示自己“独立思考”能力的主要形式，甚至“为批评而批评”，这是负面性特征形成的重要原因。三是负面舆论场一旦形成，就会不断自我强化。由于肯定性意见没有得到充分展示，加上大多数新媒体用户选择沉默，就造成了批评性意见一边倒的态势。这种负面舆论场又形成一种压力，进一步削弱了新媒体用户发表肯定性意见的意愿和勇气，使得正面舆论更加式微。这样，就不可避免地出现“情绪宣泄多，理性思考少”的网络起哄与众声喧哗。加上新媒体用户以年轻人为主，他们有浓厚的参与热情和强烈的表达意愿，但他们受学识、阅历所限，往往激情有余、理性不足，很难理解实际情况的复杂性，认识问题难以全面，言论观点难免偏颇。①

社会负面情绪、社会逆反心理需要干预，已经到了刻不容缓的地步，数据表明，被剥夺感正在呈不断加剧的趋势，似乎令所有社会阶层都深感失落。一方面，中国持续快速发展，国人的腰包越来越鼓了，腰板越来越硬了；另一方面呢，人们的心灵却越来越“脆弱”了。一项问卷调查显示，认为自己是“弱势群体”的党政干部受访者达45.1%，公司白领受访者达57.8%，知识分子（主要为高校、科研、文化机构职员）受访者达55.4%。而网络调查显示，认为自己是“弱势群体”的则高达七成。②

绝大多数无权无势、经济贫困、受人欺侮的底层民众自认为是弱势群体，还可以理解，但党政干部、公司白领、知识分子也有如此高比例的人自认“弱势”，实在是令人大出所料。有人认为，这不能简单归因为“是他们贪心不足，期待变得更强”，或者“是他们矫揉造作故意放低身段”，而应看作是真实地反映了一种社会心态。特别是面对社会权力与资源分配不公、特权阶层与资本大鳄肆无忌惮的掠夺、社会规则的非正义与不公平时，人们只有焦虑与无奈，不能不造成精英阶层自认“弱势”。国家行政学院汪玉凯教授说：“消除公众普遍的‘弱势心理’，政府责无旁贷。”如果政策本身就不公平、不正义，一味地维护资本霸权与官场特权，那么只会将越来越多的社会成员驱逐到社会和谐发展的轨道之外。③

---

① 参见《网络舆论不代表主流声音》，载《人民日报》海外版，2011-09-02。

② 参见《调查称近五成党政干部认为自己是弱势群体》，载《西安晚报》，2010-12-05。

③ 参见卢荻秋：《被剥夺感让精英“弱势”》，载《齐鲁晚报》，2010-12-06。

二、公务腐败的惯性假设

由于近年来高层对媒体管制有所放松，一些贪腐案件得以在媒体上被公之于众，突然大规模获得官员贪腐信息大大强化了全社会对公权部门和公务人员的不信任感；加上近年来一些新媒体用户利用网络对贪腐行为如周久耕、董锋、雷政富等的揭露为事实所证实，更加强了社会对公务腐败的惯性假设，“有权必腐”“无官不贪”已经成了基本的社会共识。2012 年，一个网名为“郭美美 baby”的女孩，以“红十字会商业总经理”的名义炫富于微博，引发了一场震动中国红十字会的风波，网络搜索数据量超过日本大地震。虽然警方的调查表明，郭美美与中国红十字会无直接关联，但中国商业系统红十字会已经因此暂停活动，接受审计。全国人大常委会表决通过个人所得税法修正案，将个税起征点由 2 000 元提高到 3 500 元。有关部门自我表功说，多达 6 000 万人不再需要缴纳个人所得税。然而，新媒体用户似乎不太领情，发帖调侃：“加税如山倒，减税如抽丝。”在为期一个多月的修正案征求意见中，公众提出的意见超过 23 万条，创下“人大”单项立法征求意见之最。

新华社前总编辑南振中很早就注意到，在当下中国，客观存在两个舆论场。一个是党报、国家电视台、国家通讯社等“主流媒体舆论场”，忠实地宣传党和政府的方针政策，传播社会主义核心价值观；一个是依托于口口相传特别是互联网的“民间舆论场”，人们在微博、BBS、QQ、博客上议论时事、针砭社会、品评政府的公共管理。互联网成为“思想、文化、信息的集散地和社会舆论的放大器”，改写了“舆论引导的新格局”。

互联网上鱼龙混杂，但新媒体用户对政府的批评声音、对社会的牢骚不满，其中大量的是民众合理的利益诉求，或者说，是在一个健康的市场经济和法治社会环境下，各利益群体正常的利益博弈。在诸多社会热点问题上，网络舆论“越战越勇”，搅动社会人心；而官方媒体屡屡“失明”“失语”，容易陷入新的一轮思想僵滞。“自为”的民间舆论场时现乱象，网上谣言满天飞，哀伤太多，戾气太重；“自律”的官方舆论场则趋于自我边缘化，政府的公信力持续流失而致贫血。

公民对公务腐败的惯性假设已经发展为对官方媒体的整体不信任。民间舆论之所以失去对官方媒介的信任，原因是，在突发性公共事件发生之初，官方媒体反应迟缓，新闻发布没几句实话，反而指责群众“不明真相”；在事件发展演变的过程中，官方媒体总是试图以封堵信息甚至抓捕新媒体用户等手段，来打压或控制民间舆论场；在事态平息后，没有痛定思痛，反躬自省，认真修复制度的漏洞，却总是以所谓的“自信”来自欺欺人。平时，官方媒介对群众焦虑的问题关注不够，正面宣传流于“自我标榜”“自说自话”，甚至“自娱自乐”，与民间舆论始终把矛头对准官场腐败大相径庭。

摆在我们面前的一项重要任务，就是要努力打通两个舆论场，呼唤民众的理性表达和有序参与。特别是各级政府、官方媒体和领导干部应认真倾听和反映民意，关心民瘼，化解民怨，让社会紧绷的神经放松下来，是减少社会舆论对抗性的关键。中国已有超过 6 亿的新媒体用户，“大众麦克风时代”，民心可敬、民意可畏、民气可用。各级政府和领导干部对网上网下的社情民意，需要更敏感、更体贴、更有人情味，遇事也应更有担当。①

① 参见人民网舆情监测室：《善待新媒体用户和网络舆论，打通主流与民间“两个舆论场”》，2011-07-11。

三、贫富鸿沟的主观归因

我国分配不公、两极分化问题日趋突出等现象不容忽视。其原因异常复杂，但新媒体网络舆论则直指体制，众口一词地指责是现行制度造成了财富分配的两极分化，形成贫富鸿沟的定型的主观归因思维模式。如果有关部门能够及时提供准确数据，也许可以让那些并无真凭实据的主观归因不攻自破。问题在于，我们的职能部门有时候见事迟、动手慢，往往贻误战机，未能为统计数据的准确性创造诚信环境，这更增加了主观归因的市场。比如基尼系数与社会收入分配公平程度密切相关，因此它备受社会各方关注。可恰恰在这么重要的问题上，政府职能部门却缺位失语，国家统计局从 2000 年起一直在发布农村居民的基尼系数，但城镇居民的基尼系数则始终没有发布。对此，国家统计局局长马建堂 2012 年 1 月 17 日解释说，由于高收入阶层的真实收入信息难以获取，导致依据目前城镇住户调查计算出来的城镇居民基尼系数偏低，所以这项数据没有发布。① 不过，这样的解释实在是缺乏说服力，公民难以相信。

职能部门语焉不详，网上的非主流声音就难免大行其道。有说 0.47 的，有说 0.48 的，也有说超过了 0.5 以上的。由于没有权威声音，人们就宁肯往最坏处想（以便未雨绸缪，保全自己），在这种情况下，想网络舆论不众声喧哗都难。于是，各种猜测纷至沓来："高收入阶层中虽包含社会精英阶层，包括公职人员，虽然许多政策规定出自这些阶层，虽然他们最应该承担道义责任，但要想弄清楚他们的实际收入状况，却很困难。表面看，许多人的正常收入（如工资单）并不出色，实际上，他们可能获取了大量'灰色收入'。"中国经济体制改革基金会国民经济研究所副所长王小鲁和他的研究团队就曾推算，"2008 年全国城乡居民的'灰色收入'高达 5.4 万亿元，主要与这些现象密切相关：钱权交易，以权谋私；公共投资与腐败；土地收益的分配以及其他垄断利益的分配。""庞大的公权群体享受的交通、住房、医疗、教育等'体制红利'也相当惊人，尽管这些'待遇'大都并非以货币形式发放到个人手中，但会大大减少个人开支，反过来也必定会加大公共开支。如果考虑到公共开支的特点，最终埋单者必定是广大纳税人，其中也必定包括那些很少享受'体制红利'的农民群体。"②

四、仇富情绪的相互传染

这种思维还发展成为对现成体制的质疑和否定，认为社会结构趋于定型，固化了"贫富分化"，断裂社会是贫富悬殊的制度根源已经成为民间共识。2012 年 1 月 16 日，财经网发表《人民日报》原副总编辑周瑞金的文章《邓小平同志南方谈话二十周年启示：何以解忧 唯有改革》，一面赞扬南方考察精神让中国巨变——"邓小平最初推进的改革，往往是草根阶层率先获益。农村包产到户，获益的是几亿农民，迅速解决了温饱；城镇改革之初，是众多自谋职业的'个体户'甚至是'刑满释放人员'率先成为人人争羡的'万元户'；而高考制度的改革，让无数看不到未来的、正在上山下乡的知识青年从田头直接来到课堂，通过接受高等教育，走向精英阶层。"一面痛斥："今天最

---

① 参见《统计局谈不公布基尼系数原因：高收入者信息难获取》，载《京华时报》，2012-01-18。

② 几又：《残缺的基尼系数充斥着太多灰色哲学》，载《中国青年报》，2012-01-19。

大的问题，还不是贫富之间、官民之间的财产和收入差距，而是这种阶级的、阶层的分野正在大规模世袭。官二代、富二代、贫二代、农二代，代代相传，中国社会的土壤已经板结、僵化。草根阶层失去向上流动的可能，并在愈演愈烈的通货膨胀中出现生活窘迫；中等收入阶层由于高房价等产生了严重的被剥夺感；新富阶层则出现严重的移民倾向；官商勾结的'特殊利益集团'则陷入捞一把是一把的末世疯狂。"① 由于社会上升通道的门槛加高，社会活力大大下降；阶层之间的对立情绪日益凸显，"仇富"与"嫌贫"的集体意识在蔓延，甚至发展为普遍的不平衡感为部分人的绝望感所取代。在农民、农民工和城市底层等群体中，存在看不到希望的绝望感，一些社会矛盾的激化往往与这个因素有关。

网络舆论普遍认为，在既得利益群体崛起的过程中，"官倒"、国企改制、矿产资源开发、土地开发、房地产热、企业上市融资等既得利益集团对于形成分配的两极分化起到了重要的作用。他们全面支配了土地、矿产、金融资源，涉及遍布全国的基础设施、城市开发、公共工程、农村水利建设以及能源、电力、通信、制造等。② 这使得全社会逆反思维大行其道，行政权威受到挑战，反传统、反主流、反权威成为潮流。这种心态的极端表现，就是对政府政策、官方言论、主流观点、社会精英、富裕人群统统持怀疑态度，怀排斥心理，宁信其错，不信其对，宁信其坏，不信其好；一些有违社会公德的人和事，在网上不仅很少受到抵制，反而受到追捧。这种极端化的心理状态，在低年龄、低学历、低收入新媒体用户身上表现得尤为明显。

尽管网络舆论并不能代表社会主流声音，但又是不容忽视的社会情绪"晴雨表"。网络舆论的不断发育壮大，已使其成为一个直接、快捷、丰富的社情民意反馈渠道和社会情绪展示窗口。对网络舆论需要做冷静、客观、细致的分析和评估，既要重视，把它作为体察社会情绪的"晴雨表"，又不能盲目地把网上的声音当成社会主流舆情，不应该被网络舆论牵着鼻子走。对网络舆论既要重视，又不应片面迎合，而应把准脉搏、区别对待、加强引导、依法管理。对网上的正面舆论，应积极肯定、大力倡导；对诚恳建言献策的，应认真倾听、支持鼓励；对有理有据的批评意见，要认真听取、虚心接受、适当回应；对歪曲事实、传播谣言、恶意攻击的，要及时澄清、严肃回复；坚决反对网络舆论向偏激、极端、畸形的方向发展。③

第三节　新媒体舆情的主要特征

以新媒体为代表的网络传播的特点是"进出自由""表达自主"，这必然带来又一个问题，即网络舆论的形成是自发的和无序的，并呈现如下鲜明的特征。

---

① 周瑞金：《邓小平同志南方谈话二十周年启示：何以解忧 唯有改革》，财经网，http://www.chinaqking.com/gn/2012/204410.html，2012-01-16。

② 参见《清华大学报告：中国须警惕"改革中途，不想过河"》，载《中国青年报》，2012-01-18。

③ 参见《网络舆论不代表主流声音》，载《人民日报》海外版，2011-09-02。

一、事件真相的求证中心

《吕氏春秋·审分览·任数》中曾经讲过一个故事，大意是：孔子被困陈、蔡之间，一连七天都没有进食，估计实在是累坏了，也顾不得礼仪，在白天都躺着休息，以保存体力。后来颜回想办法讨到了一些米，就拿回来煮饭。快要熟的时候，孔子远远看见颜回从锅子里抓了一点饭出来自己吃掉了。等到颜回拿着饭请孔子吃的时候，孔子假装不知道，起身说："我梦到祖先了，应该拿这些清洁的食物先祭祀他们。"颜回忙说："不行！刚才有灰尘掉到锅子里了，我抓了出来，扔掉总不太好，所以自己吃掉了。"孔子听到后反省道："原以为眼见为实，谁知道实际上眼见的未必可信；那么凭借内心来做一个衡量吧，到头来也不可靠。看来要看懂一个人真不容易啊！"这虽然是一个传说，但却说明一个道理，那就是求真相难。

但寻求真相又是人的本能，因为唯有真相才可以帮助人们做出正确的决策，避免出现主观和客观相背离的情况。传统社会，信息通道单一，主流媒体说一不二，公民不信也得信，久而久之，也就失去了质疑精神。但网络出现、新媒体普及以后，人们不再轻易相信媒体上说的，而要亲自寻找证据、探索真相，于是质疑声、求证声不绝于耳，探求真相的、提供证据的、分析性质的、追问背景的人们纷纷出现，大有不达目的绝不罢休的态势。

通过网络寻求真相风气的形成，使那些弄虚作假者、欺上瞒下者，甚至贪赃枉法者无处遁形，有效地净化了社会空气，增加了社会活力，改善了社会治理环境，功不可没，其作用应该得到肯定。

二、消极情绪的宣泄渠道

总体看，当代中国社会的心态已趋于开放进取、理智成熟、多元包容。但不可忽视的是，社会心态仍处于不断调整、适应、分化、重组的动态过程之中，随时可能催生非理性情绪，而互联网已经成为当下中国社会非理性情绪的滋生地和集散地，由多种主客观因素引发、集聚、演化并逐渐累积下来的社会情绪，不断在网上蔓延扩散，有时甚至形成骂声一片的情形。而这些，并不符合构建社会主义和谐社会的要求，不符合人的身心健康发展和幸福生活的需要。

网上情绪是网络对社会现实的一种折射，真实与虚假、感性与理性、客观与主观，相互交织，相互影响，错综复杂。在无法从现实中找到宣泄渠道时，人们就不可避免地纷纷在网上寻找出路，形成网上一片消极之声的特别景观。①

三、攻击对手的武器甚至造谣中心

2012年元旦刚过，麦田、方舟子与韩寒就在网上展开了一场大论战，韩寒的粉丝范冰冰也高调加入，核心问题是韩寒是否"人造"。麦田对韩寒的质疑分为两点：第一，韩寒的文章到底是否韩寒所写，即真伪问题；第二，是否存在一个团队对韩寒进行包装。麦田认为，他现在要追问的首先是真伪问题。

---

① 参见薛素芬：《当前网络社会情绪分析》，http://www.woxie.com/article/list.asp?id=30024，2011-10-16。

跟与白烨的论战、与郑钧的论战有所不同，这次笔战中韩寒写得动了火气，某些词语的使用“有点尖刻”。而“韩粉”在大众舆论的沉默螺旋中主导了整个舆论，韩寒的支持者们不仅对麦田和方舟子进行了技术上的否定，还进行了包括人身和人格在内的攻击，麦田和方舟子似乎完败在了舆论的尘烟之中。18 日深夜，麦田通过博客和微博发出道歉信，称最近几天对韩寒的质疑证据不足，决定删除所有相关文章并表示愿承担全部责任。随后，韩寒通过博客表示接受道歉。

对于麦田的致歉，韩寒写道：“在《正常文章一篇》发表后的 7 个小时，麦田发表了他的道歉信。我接受他的道歉信。同时我比较担心方舟子老师。因为方舟子老师登台唱了几句，刚准备要唱高潮部分，被人切歌了。”

其实方舟子并未示弱，在一面批评韩寒“草率和无诚意”的同时，还发出重金悬赏声明：“凡是有人能列举出身边任何亲朋好友属于‘韩寒写作团队’或者‘韩寒策划团队’，任何人接触过或者见到过‘韩寒写作或者策划团队’中的任何成员，任何人可以证明自己为我代笔写文章，或者曾经为我代笔，哪怕只代笔过一行字，任何媒体曾经收到过属于‘韩寒团队’或者来自本人的新闻稿要求刊登宣传，任何互联网公司收到过‘韩寒团队’或者本人要求宣传炒作的证据，均奖励人民币两千万元，本人也愿就此封笔，并赠送给举报人所有已出版图书版权。”①之后，方舟子再发“‘天才’韩寒的写作能力”“韩寒的文史知识”等博文，全面清算和质疑韩寒，而韩寒则一改此前的“火气”与“尖刻”，以一段时间的无声沉默来应对方舟子之后，终于向法院提起诉讼。

这是一个非典型案例。但利用网络相互攻击、造谣生事的现象可以说是比比皆是，什么“通缉令”“评选十大汉奸”之类的闹剧此起彼伏，真是热闹非凡。

四、臭味相投者串通的纽带

除了博客与微博，网络另一个使用频率高的工具就是由新媒体技术创设的网络社区。网络社区是指包括 BBS/ 论坛、贴吧、公告栏、群组讨论、在线聊天、交友、个人空间、无线增值服务等形式在内的网上交流空间，同一主题的网络社区集中了具有共同兴趣的访问者。网络社区就是社区网络化、信息化，是一个以成熟社区为内容的大型规模性局域网，涉及金融经贸、大型会展、高档办公、企业管理、文体娱乐等综合信息服务功能需求，同时与所在地的信息平台在电子商务领域进行全面合作。从社会学的角度看，网络社区是指由新媒体用户在电子网络空间进行频繁的社会互动形成的具有文化认同的共同体及其活动场所。

在现代社会学中，社区是指地区性的生活共同体。构成一个社区应包括以下五个基本要素：一定范围的地域空间、一定规模的社区设施、一定数量的社区人口、一定类型的社区活动、一定特征的社区文化。网络社区同样具备这五个因素，一定范围的地域空间指的是网站的域名、网站的空间，同时还包括到达这个空间的带宽。一定规模的社区设施在网上指网站的功能和服务，人们在网络社区上仍然需要独立的个人空间（如 Blog、SNS），需要公共的活动和娱乐场所（如论坛、游戏等），需要各种服务（如商城、

① 杨东城：《韩寒接受麦田道歉 方舟子又放言 2 000 万悬赏找证据》，载《华商晨报》，2012-01-20。

生活资讯、分类信息、在线咨询等）。一定数量的社区人口指网站的注册用户数，不同的是，网络社区中的人口数量几乎是无限的。一定类型的社区活动在网络社区上具体体现为记录自己的感情和生活，发起和参与各种问题的讨论，表达对一些问题的看法和观点，参与各种兴趣、各种主题的活动，以及人们在这些活动中形成的社会网络。一定特征的社区文化指的是在不同的网络社区，由于社区的功能、结构、人群的组成、组织者的理念和倡导等方面的差异，形成具有一定特征的社区文化和社区认同。

网络社区已经成为人们生活的一个组成部分，成为人们现实生活的延伸。在网络社区里，“志同道合”“志趣相投”是新媒体用户走到一起并积极互动的黏合剂，也是催生网络中臭味相投的小团体的根本动力。①

最早的网络社区（virtual community）是随着 BBS 的出现形成的。在为客户创造和传递价值的活动中，社区（community）是其中一个重要的内容，它与协调（coordination）、商务（commerce）、内容（content）和沟通（communication）并称为“5C”。网络社区有多种分类方法。学术界将网上社区分为以下四类：（1）交易社区；（2）兴趣社区；（3）关系社区；（4）幻想社区。网络社区一般都会提供五个方面的信息资源，即电脑网络、体育健身、游戏动漫、时尚生活和人文情感，分别对应除商业区外的五个小区。还有一些网络社区提供特别的功能：发短消息；送礼物给其他居民；参加社区活动和街道活动；聚会中心的使用；搬家；利用搜索查询功能。

网络社区在给新媒体用户带来极大便利的同时，也隐藏了诸多还不为人所知的隐患，而最主要的隐患是为一些臭味相投的人提供了相互串通的渠道和纽带。他们借助网络形成若干隐性群体，脱离社会的有效管理，从事一些在现实世界难以做到的灰色事情，需要引起高度重视。

五、无聊者围观起哄的场所

2003 年，一个名叫木子美（本名李丽）的女性新媒体用户的性爱日记博客突然进入公众视野。2003 年 6 月 19 日起，木子美开始在网上公开自己的性爱日记，当时访问量并不大。至 8 月某日，木子美在《遗情书》中记录了她与广州某著名摇滚乐手的“一夜情”故事，以白描的手法，再现了她与这名乐手做爱时的大量细节，并对其技巧和能力进行了描述。木子美由此“一炮而红”，其博客访问量急剧飙升，促成了网络围观第一案。之后，芙蓉姐姐、周老虎、凤姐、香艳日记等纷纷成为网络围观事件，引起了网上一波一波的围观热潮。

最著名的网络围观事件，当属“我爸是李刚”。

2010 年 10 月 16 日晚，一辆黑色迈腾轿车在河北大学校区内撞倒两名女生，致一死一伤；司机不但没有停车施救，反而继续去校内宿舍楼送女友。返回途中被学生和保安拦下，该肇事者态度冷漠嚣张，高喊：“有本事你们告去，我爸是李刚！”10 月 18 日，猫扑网首次贴上报道此事件的帖子，截至当天傍晚，点击量已达 143 万，新媒体用户一片愤怒与声讨。

后经证实，该肇事男子名为李启铭，父亲李刚是保定市某公安分局副局长。据知情

---

① 参见土豆先生：《关于网络社区》，baike.baidu.com/view/102897.htm，2006-09-13。

人讲，河北大学保卫处处长曾经和李刚及李启铭一起吃过饭，对李启铭有些印象。在肇事现场，保卫处处长问李启铭是不是李刚的儿子，李启铭回答说：“是，我爸是李刚。”然而网络却有意无意地忽视了这一关键细节，为观众放大肇事者的过失，“我爸是李刚”一语也迅速成为网络最火的流行语，网友“声琴相拥”还上传了自己模仿小沈阳的调子写的新歌《我爸是李刚》：“我爸叫李刚，大名鼎鼎的李刚，李是李世民的李啊，刚是金刚的刚……”这首歌一挂到土豆网，点击率迅速上万，被无数网友转载，并引来“横行路中央，轿车轻飞扬，黄土地里养育着他那霸道的爹娘！可怜草民女，花魂散校场，天塌下来有人扛，因为他爸叫李刚！”等无数调侃造句在网上疯传。应该看到，这种看似搞笑幽默的“造句行动”和全民围观的背后，其实是人们自发形成的对权力阶层的一种声讨，表现出的是对权力阶层的痛恨与无奈。

另一个引发网络围观的事件是广西“日记门”主角、钦州烟草局局长韩峰的香艳日记。2010 年 2 月，有人将韩峰和情妇交往的日记发布在网上，一下子引爆网络，形成又一次全民围观的网络奇观。后经查实，日记内容属实，并由此牵连出一起贪污腐败案。南宁市中级法院查明，韩峰利用职务便利，收受价值百万元的财物，法院以受贿罪判处被告人韩峰有期徒刑 13 年，并处没收个人财产 10 万元。

网络围观的直接后果是有可能会将一般事件放大为焦点事件，给职能部门的处理造成巨大舆论压力甚至形成巨大阻力，直接影响到处理过程和处理结果。

第四节　网络舆论风暴的负面价值

与现实世界不同，新媒体催生的网络舆论一旦刺激到公众敏感的神经，就会激起新媒体用户强烈的反响，形成无法控制的网络舆论风暴，从而形成巨大的破坏力量，主要表现为以下四点。

一、助长对抗心理

有学者直言不讳地指出：近来互联网内外的戾气在上升。本来，网上的“左”与“右”、激进与温和、“国家利益”与“底层立场”的各执一词之争中，恰恰彰显了互联网与传统媒体相比有更大的宽容度、更多的思想活力。但近来网上出现的一些情况令人不安。如将对意见对手的不满和不屑发展为“人肉搜索”，甚至公布其电话号码或上门“教训”；不仅线上进行人格贬低、人身攻击，还要线下“约架”，或者发出“死亡威胁”，或者 @ 警方微博要求制裁对方。在这里，正常的信息交流、意见讨论、曝光和辟谣、证实和证伪、支持和反对，都被泛政治化，和把主张普遍价值和激进改革的人称之为“西奴”，斥之为“汉奸”，把批评自己的意见一概斥为“脑残”或“五毛”等。

“网络病”是“社会病”的折射。在现实社会中疏通利益博弈和权利救济的通衢大道，政府责无旁贷。因政府对“社会不公”的不作为，被曝光后又习惯性地遮遮掩掩，导致官民沟通的“情绪赤字”需要大力弥补。但如果监管防线屡屡失守，“拼爹”现象屡屡发生，“一夜成名”“一夜暴富”来得轻而易举，社会矛盾就难免向网络延伸。只有公权不逃避、不失职，切实解决公平正义的“有形”问题，并接受监督和制衡，尊重法治和程序，才可有效地消解社会冲突，用平和的态度践行政治参与，避免社会被各种极端势力所裹挟和撕裂。①

中国的情况复杂而纠结。近年来“汉奸”一词频频为一些自认为左派的人士所使用，前不久还评出了所谓“中国十大汉奸”。问题是，今天真有哪一个不官不商的文人有能耐“卖国”吗？有学者主张，与其高调指责别人是“汉奸”和“带路党”，不如低调行善积德；与其互相指责，抛洒怨恨，不如开展善意的沟通，寻找左右两翼都能接受的共同点，尊重彼此的差异和人的复杂性；与其抽象地追求什么崇高目标，不如在鲜活生动的社会现实中通过个案和实际参与来体现各自的价值。②

如何破解社会分裂难题，除了坚定不移地贯彻建设和谐社会的既定方针之外，最高人民法院前院长王胜俊最近还从司法的角度开出了治理药方：要大力推进司法和社会管理创新，积极参与特殊人群帮教管理、网络虚拟社会管理等工作，妥善处理各类群体性事件和个人极端事件，建立涉诉矛盾纠纷社会稳定风险评估机制，从源头上预防和减少社会矛盾发生，减少社会对抗。③

二、混淆是非曲直

2006 年 11 月 20 日早晨，南京市一位老太太在公交车站候车时被撞倒，摔成 8 级伤残，老太太指认撞人者是刚下车的小伙彭宇，将其告到法院并索赔 13 万余元。彭宇表示无辜。2007 年 9 月 4 日下午 4 点半，鼓楼区法院一审宣判。法院认为本次事故双方均无过错，按照公平的原则，判决彭宇承担 40% 的责任，给付受害人损失共 45 876.6 元。老太太的代理律师表示 40% 的赔偿比预期要少，而彭宇则表示不服此判决。好在双方当事人在二审期间达成了和解协议，并且申请撤回上诉。

令人始料不及的是，彭宇做好事反担责、蒙冤枉受委屈的形象在网上被大肆宣传，对社会的是非曲直造成了严重混淆。有人说，彭宇案的影响使中国人的道德水平倒退了若干年；还有人说，人与人之间的信任被破坏了，就不是那么好再建立起来；也有人表示不是人们不想做好事，而是做不起好事。在《京华时报》就小悦悦事件向有关专家采访时，专家们无不表示忧虑。全国“人大”代表迟夙生表示，社会道德的滑坡，司法应该承担最主要的责任。晓庄学院邵建教授认为，南京彭宇案的判决，影响特别恶劣，弄得大家都不敢做好事，生怕给自己惹麻烦。④

然而，时隔六个年头后的 2012 年元月，事情又突然发生逆转，南京市委常委、市政法委书记刘志伟在新年伊始接受《瞭望》新闻周刊记者专访时表示，舆论和公众认知的“彭宇案”并非事实真相；由于多重因素被误读和被放大的这起普通民事案件，不应成为社会“道德滑坡”的“标志性事件”。

也有人认为，一起普通民事案件最终演化为“道德滑坡”的“标志性事件”，错不

---

① 参见祝华新：《网上包容度下降，提示现实社会的对抗性加剧》，载《南方都市报》，2011-12-05。

② 参见展江：《左与右，洒怨恨不如寻共识》，载《环球时报》，2012-01-31。

③ 参见《最高法：推进网络虚拟社会管理 减少社会对抗》，载《京华时报》，2012-12-21。

④ 参见《专家热议女童遭碾压事件：彭宇案影响社会风气》，载《京华时报》，2011-10-24。

在舆论，而在地方司法实践失当，还有法院丢失询问笔录这一关键材料给公众误读提供了无限可能的空间。司法操作有错而不及时纠正，眼见舆论误读而不及时回应，一错再错，一误再误，最终发展到不可收拾，付出极大的社会成本。时隔五六年再介绍什么真相，虽然总比没有真相好，但确确实实太晚了，早已发酵至极端恶劣状态的法律效果和社会效果，都不可能靠如今的几句解释就能挽回。[①]

三、消解管理权威

随着互联网的飞速发展和新媒体的广泛应用，人们的生活方式和生活环境发生了极大改变，引起了政治体制和政治环境的一系列变革，过去远离政治的普通民众开始通过网络关注、过问并影响政治。2011 年 6 月 17 日，网友“zhangou2952”在天涯论坛贵州版块贴出《致贵州省长的一封信》，直指贵州公务员招考办事效率低下。4 天之后，贵州省省长赵克志给天涯网友“zhangou2952”回帖：“我代表贵州省政府和公务员招考主管部门，向广大考生表示歉意。”省长的回复，迅速激发了新媒体用户的“热情”，一天之内，该帖访问量高达 5 万人次。作为一种“新生事物”，一方面，日渐觉醒的公民意识、话语权意识、民主政治意识不断进步，党和政府对网络民意也日渐重视，“网络公民问责”显示出极大的优越性和前所未有的价值；但另一方面，“网络公民问责”也面临着偏激问责、无序问责甚至消解管理权威的挑战。如何彰显民主价值，克服“网络公民问责”过程中的异化与不足，需要给出答案。

网络舆论经常呈现对正统思想观念、主流意识形态的逆反心理，表现出反传统、反主流、反权威的价值取向。这种心态的极端表现，就是对政府政策、官方言论、主流观点、社会精英、富裕人群统统持怀疑态度和排斥心理，宁信其错，不信其对，宁信其坏，不信其好；一些有违社会公德的人和事，在网上不仅很少受到抵制，反而受到追捧。

形成这种特点的一个重要原因，是网络舆论的一些参与者，既缺乏必要的文化素养和思维能力，又往往具有盲目自大的心理。他们习惯于采用偏执、片面、单向的思维定势来分析事件、表达观点，不能或是不愿全面客观地认识事物的本来面目。他们希望通过制造与主流意识相悖的话题，展现惊世骇俗的言行，以吸引公众的关注，追求特立独行的满足感。

首先，公民网络媒介素养的缺失导致无序问责。“当大众媒介普及的速度超过大众的媒介素质储备的时候，媒介的负面作用就开始显现，至少是呈现出与正面作用呈交错抗衡的状态。”[②]我国的新媒体用户媒介素养低下者居多，网络媒介素养的缺失导致公民缺少正确理解分析网络问责信息、提出批判意见的能力和对负面信息的免疫能力。面对浩如烟海的网络信息，往往缺少合理选择、正确理解的能力；缺少辨别信息真伪、运用理性思考、提出批评意见的能力；缺少对网络流言、虚假问责信息的诊断和免疫能力。

其次，作为信息的生产者和传播者，公民在制造与传播信息的过程中缺少相应的责任感，从众心理、跟风心理严重。“网络，让人们更容易听到志同道合的言论，却也让

① 参见《南京“彭宇案”被误读是谁的错？》，载《北京日报》，2012-01-20。
② 李琨：《媒介素质教育在中国》，载《国际新闻界》，2003（5）。

自己更孤立，听不到相反的意见。”① 网络这种集体行动的逻辑可以在较短的时间内形成强大的群情激愤式的舆论场域，并在网络传言、谣言的推动下向着更加极端的方向发展，推动事件向着恶化或失控的态势演进。这种极端的舆论场域在得到合理疏导的情况下会有利于事件的迅速解决，如“躲猫猫”“俯卧撑”“替谁说话”“钓鱼执法”等事件，否则就会导致情势的失控而演变为网络群体性事件，如石首事件、启东事件。在我国，部分地方政府在面对网络公民问责形成的强大舆论时，信息的公开程度、透明程度不够，有的甚至以一种高高在上的姿态对网络舆情进行强力的控制和打压，对信息进行封锁。这种不当行为往往会激起更多民众对受害者的深切同情和对问责的支持，同时也会造成政府公信力的丧失。在极端的情况下，强大的舆论场域会转化为实际行动，使本来可控的群体性事件短时间内恶化或失控。②

四、引发社会事件

网络群体性事件是网络社会条件下出现的新型社会问题。所谓群体性事件是指某一利益群体因某种共同利益关系聚集起来，以各种方式反映利益群体的共同愿望，以期引起政府和社会的关注，从而获得或保障其共同利益的事件。网络群体事件则是由网络舆论引发的这类事件。在我国，网络群体性事件最早进入公众视野之时，更多是以网络暴力的形式出现的。早期的虐猫事件、王菲事件等人肉搜索、网络追杀令事件的发生，促使公众和政府加强了对网络这一新兴力量的重视。而最近几年的南京天价烟房产局局长事件、张家港官太太团出国事件、贫困县县委书记戴 52 万元名表事件、云南躲猫猫事件、邓玉娇事件等，更是让我们看到了网络群体性事件由消极转向积极的可喜变化。与此同时，由于网络的覆盖面和影响力，现实社会生活中的群体性事件往往受到网络舆论的引导或激化，由网络舆论引发的社会事件和现实社会生活中的群体事件此起彼伏，且已显露出交织、合流的迹象。

网络群体性事件同现实群体性事件的基础一样，都是网民为一个共同感兴趣的问题而聚集在一起并发生直接接触而形成的群体性事件。群体内成员相互影响并形成互动，具有一定的认同感和一致性。根据斯迈尔塞的观点，集群行为的展开，一般可以归纳为六个程序，分别是：一定的社会条件、形成结构性的紧张气氛、某种信念的传播、突发偶然事件、有人鼓动和社会控制。当前，网络群体性事件呈多发之势，需要引起高度重视。

思考题

1. 新媒体的内容构成有哪些特点？
2. 为什么说网络舆论容易表现为负面情绪？
3. 网络舆情有哪些主要特征？
4. 如何评价网络舆论风暴的负面价值？

---

① 〔美〕凯斯·桑斯坦：《网络共和国——网络社会中的民主问题》，黄维明译，上海人民出版社 2003 年版，第 47—48 页。

② 参见王天笑：《论“网络公民问责”的异化及其消解》，载《理论导刊》，2011 年第 1 期。

第十四章　新媒体的效果控制

本章要点

第一节　网络行动及其负面效果

第二节　网络新媒体舆论的两面性

第三节　网络舆论应对的国际惯例

第四节　网络舆论的主动应对

新媒体是一种推动社会进步的正能量，这是其快速发展的原动力；也可能成为一种引起社会动荡的不安定因素，需要有所警惕。新媒体健康发展的关键，在于有效控制其运行效果。

第一节　网络行动及其负面效果

网络的力量在于“组织起来”，组织起来的力量如果得不到恰当的控制和引导，就难免会带来负面效果。

一、人肉搜索

人肉搜索是与机器搜索相对而言的另一种信息搜索方式。在机器搜索中，信息的搜集是通过机器完成的，而人肉搜索是通过其他人来搜索自己从网上搜不到的东西，更强调搜索过程的互动。在人肉搜索中，传统的网络信息搜索变为人托人、人找人、人问人的关系型网络社区活动，这种搜索活动一般是网友在网络社区上提出一个问题，通过广聚五湖四海的网友力量，由人工参与解答而非搜索引擎通过机器自动算法获得结果的搜索机制。

2006 年 2 月 28 日，新媒体用户“碎玻璃渣子”在网上公布了一组虐猫视频截图：一名时髦女子用漂亮的高跟鞋踩踏一只小猫，直至将其脑袋踩爆。此图片迅速引起网友的愤怒，并在网络上被广为转发。为了“缉拿凶手”，有新媒体用户高价悬赏 5 000 元。接着，有网友提供了新线索，称虐猫拍摄地点是黑龙江省萝北县名山镇名山岛公园，虐猫女子是该县人民医院的护士王某，拍摄者是该县广播电视局工作者李某。最后该护士不得不辞去职务，离乡背井，隐姓埋名，这成为中国第一桩人肉搜索事件。

随后发生的铜须门事件，则意味着新媒体用户的力量开始走向“暴力”。2006 年 4 月，热门网游 WOW《魔兽世界》中的一位玩家“锋刃透骨寒”在网上发帖，称其结婚 6 年的妻子由于玩《魔兽世界》并加入了“刀锋透骨寒”所在的公会，和公会会长“铜须”在虚拟世界里长期相处产生了感情，并且发生了一夜情的出轨行为，由此引发了震动网游界的“铜须门”事件。

人肉搜索引擎更把“铜须”的真实姓名、家庭电话等在网络上公布；除此之外，“铜须”所在的高校的校长也受到牵连。事件的男主角“铜须”后来通过视频澄清并无此事，而“锋刃透骨寒”最后也发表声明，称“关于‘丑闻’的一篇文章及 QQ 聊天内容等多为杜撰”。

“最毒后妈”事件则充分证明，不了解真相的网络很伤人。2007 年 7 月中旬，国内多个论坛上都出现一组照片，照片中年仅 6 岁的女童全身多处淤伤，并且口吐鲜血。据了解，该小孩名叫丁香小慧，帖中还讲述了该女孩是因遭到后妈的毒打而受重伤。于是，愤怒的网友则纷纷指责“这样的后妈简直禽兽不如”。7 月 20 日，此前一直未露面的小慧的后妈跪求媒体洗冤，称从未虐打过小慧，而孩子的父亲也称小慧的后妈并没有虐打小慧。另外，小慧的主治医生也说，小慧吐血和身上出现淤青是由于她有血友病的缘故。7 月 24 日，公安机关调查后没发现任何虐童证据，医院会诊档案中也无外力致伤的记录，鄱阳县公安局称，网帖夸大了事实。

人肉搜索是在网上提供或公开他人或其单位信息的行为，这些信息往往涉及个人隐私，给当事人造成伤害，因而人肉搜索一直是备受争议的。有专家认为，通过众多网友的共同参与来获得某人信息的人肉搜索成了网络暴力行为的典型代表之一。人肉搜索被滥用的情况越来越多，越来越多的人肉搜索事件正在向私刑的性质发展，带有网络暴力的倾向。

2008 年 12 月 18 日，北京市朝阳法院一审宣判了被称为“人肉搜索第一案”的王菲诉“三网”案。2007 年底，女白领姜岩写完死亡博客后自杀，其生前好友张乐奕发出网文，声讨姜岩的出轨丈夫王菲，并刊登了后者的真实信息。汹涌的网络情绪很快在现实中落地——一些不知名的网友来到王菲家门口，在其家门口写下“血债血还”的字样，更多的网友则拨打王菲公司的办公电话，要求开除王菲。

一审判决认定：“北飞的候鸟”、大旗网披露王菲婚外情等个人信息，导致新媒体用户进行“人肉搜索”，并实际影响了王菲的生活和社会评价。这一行为侵犯了王菲的隐私权和名誉权，应赔礼道歉、并分别赔偿王菲 5 000 元、3 000 元精神抚慰金。而天涯公司在王菲起诉前将涉案帖子及相应回复删除，因已履行了监管义务而未被认定侵权。朝阳法院还向工业和信息部发出了司法建议函，建议后者保持对“人肉搜索”等互联网新生事物的关注，加强引导，以净化网络环境。

一些地方在规范人肉搜索上迈出了实质性的步伐。《徐州市计算机信息系统安全保护条例》经江苏省十一届人大常委会第七次会议通过，并于 2009 年 6 月 1 日起生效。该条例对计算机安全等级管理、保护措施、禁止性的行为、法律责任等做出了详尽规定，特别是对社会上广泛关注的“人肉搜索”明确说了“不”。

二、泄露隐私

2008 年 1 月 28 日，香港高登讨论区（HKgolden.com）惊现两张疑似影视明星钟欣桐（阿娇）、陈文媛与陈冠希之间的不雅照片。随后几日，不断有更为不雅的裸照上传，而且涉及的明星多达 20 余人，其中包括人气很旺的“清纯明星”张柏芝。香港警方在第一时间介入调查，并陆续拘捕了多名嫌犯。经初步调查认定，事件的起因是陈冠希将笔记本电脑送到香港中环一家电脑店维修时，被店员提取出逾千张照片制作成光碟，发放给朋友及其他人士观赏。随后不久，神秘人又在大年夜贴出逾 200 张不雅照片，淫亵程度更甚。2 月 9 日，一名自称为“奇拿”（Kira）的神秘发照人再发 200 多张照片。此后，发照人移师北美，利用美国及其他国家的服务器继续发布不雅照片，使得警方一时束手无策。

这就是著名的香港艺人“艳照门”隐私泄露事件，事件分三个性质完全不同的阶段。

第一个阶段，是那台电脑所记录的不雅照片引发了如此众多的注意力，然而究其本质，这只是一个个人的道德取向问题。

第二个阶段，是犯罪嫌疑人盗窃计算机数据、触犯刑法，其传播艳照的行为侵犯了当事人的隐私权。香港警方对涉案人员的果断处理方式及结果都是可以预期的。但是，很不幸，事件很快演进到了第三个阶段。

第三个阶段，是为数相当巨大的新媒体用户群体，哄传、下载、扩散不雅照片，其性质可以理解为是一次有伤风化的社会道德失范行为，或者说是一次不良信息传播失控事件。在香港警方初步控制了事态之后，事件却在内地愈演愈烈，内地网络管理在艳照传播领域“意外的”疏松及其造成的后果，引起了海外媒体的高度关注。

艳照门事件近些年来频频发生。比如在 2007 年 8 月间，伊莱克斯（中国）电器有限公司总经理助理石某的裸照事件在互联网上流传；2008 年 12 月，网络上出现了“武汉二中李红梅艳照”事件；之后，东航李敏艳照门等事件也在网上闹得沸沸扬扬。

三、刻意恶搞

有人认为，恶搞一词来自日语的 Kuso，是一种经典的网络亚文化，由日本的游戏界传入台湾，成为台湾 BBS 网络上一种特殊的文化现象。这种新文化形态再经由网络传到香港，接着是大陆。现在对恶搞的一般理解是：用滑稽、搞笑、整蛊甚至自嘲等方式表达出自己心里对某些事物的看法。

2005 年末，胡戈通过《一个馒头引发的血案》恶搞陈凯歌的电影《无极》，把中国互联网视频恶搞带入了鼎盛时期。“恶搞”是当前网络上流行的，以文字、图片和动画为手段表达个人思想的一种方式，完全以颠覆的、滑稽的、莫名其妙的无厘头表达来解构所谓“正常”。“恶搞”作品正在成为一种流行的“文化时尚”，应当引起高度警惕。从视频到文本，从网络到电视，从流行歌曲、热门节目到古典名著、标志性图像、主旋律影片、英雄人物等，都难逃被“恶搞”的命运，就连杜甫也被网络恶搞得忙起来，乐山大佛也被网络恶搞得开口唱起歌来。

四、网络暴力

网络暴力是指新媒体用户在网络上通过语言展示暴力的行为，是社会暴力在网络上的延伸。其表现形式有：新媒体用户对未经证实或已经证实的网络事件，在网上发表具有攻击性、煽动性和侮辱性的失实言论，造成当事人名誉损害；在网上公开当事人现实生活中的个人隐私，侵犯其隐私权；对当事人及其亲友的正常生活进行行动和言论侵扰，致使其人身权利受损等等。

人民网曾经针对“哪些行为在人们的心目中最容易和网络暴力联系起来”展开过一次大规模调查。网友的投票结果显示，首先，在“论坛、聊天室侮辱、谩骂”“‘黑客’恶意攻击、骚扰”“捕风捉影、故弄玄虚、恶意炒作小道消息”“炒作色情、暴力、怪异等低俗内容吸引新媒体用户”等多种网络不文明行为中，新媒体用户在论坛和聊天室中对他人的攻击和辱骂最容易令人联想起网络暴力。其次，“炒作色情、暴力、怪异等低俗内容吸引新媒体用户”和“窥探、传播他人隐私”分别位列第二和第三位。与现实生活中的暴力事件不同，“网络暴力”主要是“符号暴力”（包括语言、图像等）而非肢体暴力；因此一般人认为无关紧要；就连公安部门接案时，也往往由于其“损失不好界定”而不予立案。由于网络世界的虚拟性，以及目前网络法律的“断桥”，“网络暴力”

不可能像现实生活中的暴力事件一样，一发生就可以及时制止。“网络暴力”的参与者，一般来说也不会负法律责任，这也是“网络暴力”屡禁不绝的原因之一。

五、虚假事件

2008 年 11 月 15 日、16 日两天，央视《新闻 30 分》栏目以《记者调查：虚假信息借网传播，百度竞价排名遭质疑》《记者调查：搜索引擎竞价排名能否让人公平获取信息》为题，先后对百度搜索引擎排名模式进行了报道。央视新闻称，由于愿意出较高价格购买关键字，例如“癌症”“性病”等，一些非法医疗网站在百度搜索结果中的排名位于合法网站前，而一些正规网站由于没有出资购买关键字而遭到了百度屏蔽。

“针对央视报道的医药行业的问题也已整改完成，”百度 CEO 李彦宏在 12 月 1 日接受记者专访时表示，此前百度“矫枉过正”，停掉了整个医药行业的广告服务，在核实多数广告主属于“误杀”后，现已重新恢复相关服务。在 11 月 19 日百度召开的分析师电话会议上，李彦宏表示，百度已经下撤了 1 000 家没有执照的关键词客户公司。李彦宏说，在百度上市之初，医药行业的广告收入占百度总收入的 8% 左右，后来比例逐渐增大。在增长的过程中，一些不合法的网站也就进来了。

在三鹿毒奶粉事件中，有传言说百度搜索屏蔽三鹿毒奶粉的报道。有网友用统计记录证明了百度存在“屏蔽三鹿负面信息”的可能，网友发现，百度上所有的三鹿负面新闻都是在 9 月 12 日后开始出现的。用网上广为流传的热帖标题“三鹿，在小朋友的生命健康面前请不要表演”作为关键词搜索，9 月 12 日下午，Google 显示 11 400 个词条，而百度仅能显示 11 条；9 月 13 日上午，Google 显示 11 800 条，百度仅为 54 条。

六、垃圾短信

2008 年，中央电视台在“3・15”晚会上曝光了分众无线制造垃圾短信，国内大众对分众无线的谴责声此起彼伏。3 月 18 日，分众 CEO 江南春向媒体和投资者发布声明，表示歉意。2009 年，央视“3・15”再次将视线投向垃圾短信。央视记者在暗访中发现，济南移动的垃圾短信业务为 800 元 1 万条，平均每条 8 分钱。德州移动公司发送垃圾短信广告，每条 6 分钱，每 10 分钟发送 15 000 条垃圾短信。山东移动公司人员称，移动公司的垃圾短信发送成功率 100%。据悉，移动公司可以对用户的手机进行定位，或按照相关规则对用户进行分类，并依照这些分了类的用户资料，向用户发送各种各样的推销短信。工作人员介绍，只要手机处于开通状态，就可以收到短信。

七、病毒经济

2006 年 11 月至 2007 年 3 月，通过国家计算机病毒应急处理中心监测及反病毒应急小组成员上报，数百万台电脑被病毒破坏。“熊猫烧香”病毒的制造者和传播者李俊、雷磊等 4 人从该病毒销售中获利 20 余万元。2007 年 9 月 24 日，李俊等 4 人被湖北省仙桃市人民法院一审分别判处一年至四年有期徒刑。据中国国家计算机网络应急处理中心估计，目前木马黑色产业链的年产值已超过 2.38 亿元人民币，造成的经济损失则超过 76 亿元。

“病毒经济”是网络经济时代孵化出来的畸形儿，高额利益的驱动，使得以经济利益为诉求目标的病毒制造与传播活动持续存在，并且不断兴盛。

八、网络推手

网络大大降低了权力的门槛，一些新媒体用户通过互联网获得了原来不可企及的权力。然而，广大新媒体用户的背后站着更多、更强大的统治者，就是网络推手。

2008 年 5 月 18 日晚，中央电视台的赈灾晚会上，一家不为人知的企业捐款一亿元，是当时国内最大的单笔捐款之一。第二天晚上，在天涯、猫扑、西祠胡同等国内知名论坛上，几乎同时出现了一篇主题为“× × × 太狠了，封杀它 !”的帖子，各大网站论坛疯狂转载。但点开帖子后发现，发帖者不过是声称“× × × 太感人了”，号召网友去买光超市的 × × ×，“上一罐买一罐”。网络推手“立二拆四”称，当时这家企业的公关公司找到他的团队，要求借势“炒一把”。经过近一天的苦思冥想，“立二拆四”提出了“封杀 × × ×”这一正话反说的点子。

炒作过芙蓉姐姐、流氓燕、Ayawawa 等网络红人的著名推手陈墨称，不少门户网站通过销售、广告配送的方式获得的发帖收益，可以达到上千万甚至上亿元。“帖子凭什么给你置顶？必须花钱买。”

九、传统媒体的知识产权问题

《纽约时报》在雅虎逐渐壮大时，及时发现危机，拒绝向其提供新闻转载，专心经营自己的报纸网站，从而保护了内容产品的专有性。法国巴黎一法庭曾作出裁决称，互联网搜索巨头 Google 扫描图书并将其摘要放到网络上的行为违反了版权保护法，判其向法国出版商支付 30 万欧元赔偿金和利息，并停止侵权行为。

在我国，2005 年 10 月，中国都市报研究会总编辑年会发出了“坚决维护报纸的新闻知识产权……改变新闻产品被商业网站无偿或廉价使用的现状”的《南京宣言》；2006 年初，解放日报集团向全国 39 家报业集团发出了旨在“共同制定向网络媒体提供新闻内容的定价规范，提高网络转载的门槛，捍卫自己的知识产权，让新闻内容回归应有的价值”的《全国报业内容联盟倡议书》，联合成立“报业内容联盟”。

在美国，雅虎与代表美国 264 家日报的 12 个媒体企业结盟，签订互换链接协议，保证链接充分保持媒体原创的本来面貌，防止伤害传统媒体本身的知识产权，在未来通路发展良好后，双方再签订新的利益分配协议。

十、新媒体空间中的著作权

新媒体的出现和发展开辟了各类文学文艺作品新的传播和使用方式，著作权人对其作品在新媒体上的传播难以控制，擅自上网、下载、传输、复制其作品的行为十分普遍。以网络视频为例，从制作者的角度划分，国内的网络视频内容大致有三种：专业影视机构所生产的内容，用户或非专业工作室所创制的 UGC，以及流传经年、版权不明的内容。

就第一类内容而言，最大的问题仍然是版权。对于属于第二类的 UGC 而言，由于用户在使用编辑材料上不会过多考虑有无使用权，因而所创制出的内容其版权更是难以界定。

2005 年 10 月 19 日，维客中国（Wikicn.tom）将大量维基百科（zh.Wikipedia.org）的文章放在自己的站点上，并且大力宣传自己为第一中文百科，遭到维基百科的反对。10 月 24 日，维客中国和维基百科之间的战争升级，维客中国服务器数据库被人侵入并篡改主页，删除了侵权数据。10 月 30 日，维客中国永远关闭，维客中国从 20 日建立至关闭不到 10 天。这场创作者和盗用者之间的战争，使得默默无闻的维基百科和维客中国浮出水面。

第二节　网络新媒体舆论的两面性

与传统媒体相比，网上信息的生成和传播具有开放性、即时性、交互性、个性化及低成本、低门槛等技术特征和优势。基于这些技术特征和优势形成的网络新媒体舆论，在当前舆论生态和政治经济社会环境下，呈现出了一些与传统媒体舆论明显不同的特点。

一、网络新媒体舆论的主要特点

（一）生成的自主性

互联网新媒体是一种极具个性化的传播工具，它一改传统媒体单向、线性的传播方式为双向交互的传播方式，打破了传统媒体对舆论的控制和信息的垄断，促进了民间话语体系的崛起。新媒体用户能够自主地在网上发表意见、观点和看法，表达愿望、要求和呼声。以博客、微博为代表的“自媒体”和以 SNS 为主体的社交媒体，使新媒体用户有了一个可读、可写、可传播、可分享的网上虚拟社区，把社会带入了一个“人人是记者”“全民当监察”的新时代。

高度自主的网络新媒体舆论，已经成为新媒体用户传递信息、表达意见、评议时政、释放情绪的主渠道，成为舆论事件生成的策源地和集散中心。这种因高度自主而形成的网络突发舆论，往往使事件相关方措手不及，防不胜防。

（二）舆论的扩散性

本质上，网络就是一个社会情绪和公共舆论的扩散器和放大器。网络舆论的扩散与放大是多层次、多侧面的。可以由一个论坛、一个组群向其他论坛、其他组群扩散，也可以由境内网站向境外网站扩散，还可以由网络媒体向传统媒体扩散。这种扩散使得地方议题全国化、国内议题国际化，常常会出现由小及大、由点及面，由议题领域迅速向其他领域蔓延的现象，使得对个别现象、个别案例的关注，变成对更广领域、更深层次的讨论，直至上升到整个社会和国家制度层面。

网络舆论强大的扩散性，使舆论影响有可能被成倍地放大，成为数万、数十万人围观、追逐的对象，有时还会引发一场不期而遇的舆论哗变，造成社会的震荡。这种“放大效应”在近几年在网上蹿红的网络事件中表现得尤为充分。如“动车追尾事件”“广东乌坎事件”“宝马碾童案件”“校车翻车事件”等，都是由一个普通发帖引起，一步步放大，最后流变成网络乃至整个社会舆论关注的热点。

（三）基调的负面性

尽管网络舆论不乏赞扬真善美、鞭挞假恶丑的声音，但负面信息和负面舆论更容易在网上找到发表机会，更容易引起新媒体用户的围观，因此在新媒体的舆论基调上，呈现出负面舆论压倒正面舆论的趋势。与传统媒体相比，从舆论内容看，网上更多传播的是权力腐败、野蛮执法、暴力案件、不法行商等政治经济社会领域的丑恶现象，并呈现出一呼百应、众声喧哗的态势，从而形成巨大的负面舆论场，给当事方和管理机关造成巨大压力。从表达方式上看，网上舆论显现出的情绪化和非理性化特征十分明显，很多时候都呈现出听风便是雨的情况，感情用事，常常偏离对问题的认真探讨，本来可以通过讨论质证来追寻事件真相，明辨责任是非的舆论博弈，结果演变为不负责任的相互谩骂和贬损，有时甚至演变为人身污蔑与攻击。某些网络舆论的产生和扩散，还不排除是由个别人和团体刻意扭曲操作所致。他们利用“意见领袖”“网络推手”，人为制造和操控舆论，影响政府决策、进行恶意商业竞争，如伊利与蒙牛的网络恶战就是一例。

网上舆论基调的负面性特征，对现实社会的机体健康、党和政府的公信力等都具有较强的“腐蚀效应”。如果不能对网络舆论加以有效管理，任其有意无意地渲染放大负面信息，片面、过度宣传社会阴暗面，就必然会对民众的思想认识造成强烈冲击和错误引导，削弱党和政府的公信力，腐蚀社会积极向上的健康心理，从而加深助长低落、埋怨、激愤的社会群体心理。同时，某些公民、少数团体对网上舆论的操控和扭曲，混淆是非、颠倒黑白，对正常的经济活动和社会活动也会造成严重威胁。

（四）本质的逆反性

网上舆论常常不分青红皂白，本能地对抗主流观点和正常的社会管理活动，具有先天的抗拒性、逆反性特征。

网上舆论的逆反性特征及其怀疑一切、否定一切、反对一切的态度，时不时地挑战着主流意识形态和正常的社会管理秩序。这种“挑战效应”，在网络环境下极易发展为形形色色的狂热化、盲目化和去责任化的网络暴力。如在“躲猫猫”事件中，新媒体用户就是从充满正义感的“向政府追讨真相”开始，在一片狂热中渐渐沦为让人恐怖的网络暴力的。

二、网上舆论引导面临现实难题

（一）民意表达负荷过重

在我国，公民一般是通过人民代表大会、政治协商、信访制度、新闻报道等渠道来表达民意。这种机制过去在发扬人民民主、维护国家稳定中发挥了巨大作用。但不能否认的是，现有民意表达的常规渠道建设仍然滞后，作用发挥不充分，一些渠道出现拥堵现象。在常规渠道不能完全满足民意表达需求的情况下，各方面的意见意愿表达以前所未有的规模涌向互联网，致使我国的网络承载了过多的民意表达、情绪宣泄功能。发达国家网络应用的前三名排序一般为电子商务、即时通信、公共信息，而我国则是信息、游戏、电子商务。发达国家新媒体用户主要把网络作为实用工具，而我国新媒体用户则将网络视为重要的舆论平台。尽管西方总是攻击我国的网络管理，但事实上我国的网络舆论发达程度在全世界是很少见的。在我国，网络已日益成为舆论生成的策源地、舆论传播的集散地、舆论交锋的主阵地。这在客观上给我国的网上舆论引导带来了巨大的压力，大大增加了网上舆论引导的难度。

（二）政府公信力不足

网络既是虚拟的社会，同时也是社会现实的反映。近年来，虽然党和政府在公开透明、依法行政、打击腐败等方面做出了一系列努力，但与公众的要求和期望仍相去甚远。现实中仍然存在的政府运行不够公开透明，官员以权谋私、贪污腐败，一些政府人员遇事习惯性地掩盖真相、欺瞒公众等现象致使政府公信度处于历史少见的低位，同时造成现实中强势的政府在网络上却相当弱小。政府部门、官员、司法工作人员常常处于被攻击的境地，即使他们发出的是真实的声音、告知的是事件的真相，网民也依然要质疑一番，审视一番，社会管理部门在新媒体用户中的影响力日渐式微。这种现象，反映到信息传播中，便会导致民众对负面消息的接受度不断提高，鉴别真伪的意识受到削弱。在不相信政府、不相信官员、不相信专家的心理定势下，网上舆论引导越发吃力，引导的效果大打折扣。

（三）新技术的快速发展

现代网络技术更新周期越来越短，网上信息发布和获取方式的变化明显加快，网上信息数量呈几何级数增长。特别是以微博为代表的新媒体，传播信息方便快捷，信息海量又真伪难辨，传播者身份更加隐蔽，传播的时间、地点难以确定，进一步加大了舆论引导的困难，也给有关部门的查证、监管带来很大困难。20 多年来，我国紧跟世界信息技术发展的步伐，在应用网络技术方面，基本与发达国家同步。但是应该承认，我们对互联网的“双刃剑”效应估计不足，发展过程中存在“技术先行、管理滞后”及“先发展、后规范”的问题。其结果是，在新媒体用户已习惯于极为宽松的网络环境之后再来加强管理，一方面会引起新媒体用户强烈的抵制和反弹，增加管理的难度；另一方面，也容易引发国际舆论的批评和攻击。

（四）西方意识形态的渗透

以美国为首的西方国家把互联网与言论自由、人权状况挂钩，打着信息自由的大旗，竭力推行西方价值观念，并培植网上中国政府的“反对力量”，纠集境外“异见人士”“维权律师”不断插手社会热点，公然干涉我国内政。他们利用强大的网络技术优势，雇用网络写手，占领全球中文 BBS，专事张贴诬蔑、攻击中国的文章和虚假消息，夸大我国社会矛盾，抹黑党和政府的形象。西方传统媒体、境外中文媒体也有意无意地配合西方国家政府，对与我国有关的负面事件，极尽歪曲抹黑之能事。这无疑大大增加了网络舆论引导工作的难度。

三、职能机关应对网络舆论捉襟见肘

近年来，网上舆论引导和虚拟社会管理总体情况良好。但同时也应清醒地看到，工作中还存在一些问题，需要引起高度重视，并切实加以解决。

（一）领导干部认识有待提高

目前，一些党政领导干部在网上舆情应对的思想认识上还存在较大差距，一是存在“封堵”思想。一些领导干部在出现比较大的舆情特别是负面舆情的时候，坚守“家丑不可外扬”的古训，一味要求采取删帖等封堵措施，简单实行“一概不许公开，一律不准采访”的蛮横办法。二是存在“对立”思想。一些领导干部对网上具有较强的舆论能量的新媒体用户，特别是所谓的“意见领袖”，往往存在严重的排斥心理和对立情绪，有的甚至动用公安和安全部门来应对新媒体用户。三是存在“贬低”思想。一些领导干部认为互联网仅是看新闻、玩游戏的工具，看不到互联网“网上联络、网下行动”的巨大社会动员功能；有的认为互联网的影响力远不如传统媒体，只要传统媒体不介入报道就可以置之不理。这些错误认识往往制约了网上舆论应对的时效性，降低了应对的效果。

（二）监管力量有待增强

互联网舆论引导和管理工作大量的任务在一线、在基层。但从实际情况来看，省、市、县三级互联网管理都面临工作力量薄弱的突出问题。一方面，统筹协调机构基本力量普遍不足，多数市级网宣机构专职从事统筹协调工作一线的人员紧缺，落实工作任务时往往力不从心。不少县（市、区）未建立起专门的网宣网管科室，或者无专职一线工作人员。另一方面，涉网管理部门无专职机构、无专职人员的情况普遍存在。文化、工商、广电、新闻出版等涉网部门无专职处室、无专职人员的情况比较普遍。

（三）阵地和队伍建设有待加强

尽管以网络新媒体媒体领衔、政府网站和文化教育网站为主的网上舆论主流阵地建设初具规模，但其影响力与一些社会商业网站相比还存在差距。从网上新闻媒体看，正面宣传存在呆板、程序化倾向，缺乏吸引力、感染力，舆论引导不能很好地直面群众关注的热点，缺乏针对性、有效性。从舆论引导力量看，尽管各新闻网站都建有一定数量的网络评论员，但这支力量还很薄弱，存在工作主动性欠缺、战斗力不强等问题。

（四）引导机制有待健全完善

在应对网上热点敏感问题和重大突发事件时，事发地或当事部门与党委宣传部门的联动作战和快速处置机制还有待健全和完善。遇有重大突发事件，事发地或当事部门普遍存在提供情况滞后、配合联动迟缓的问题，它们往往要求党委宣传部门管理下的新闻网站封堵的多，主动参与正面引导的少，在第一时间发布权威信息、抢夺舆论话语权的意识仍比较缺乏，致使网上热点的舆论引导工作延误最佳时机，形成网上热炒，给工作造成被动。[①]

---

① 参见《健全网上舆论引导机制 提高对虚拟社会的管理水平》，http://www.zjdx.gov.cn/1304/30955.htm。

第三节 网络舆论应对的国际惯例

网络舆论应对要否参照国际惯例？回答自然是肯定的。如今的世界，已经变成一个由国际互联网串联起来的地球村，新媒体用户会不由自主地以外部世界为参照，来谋求符合全球规则的网络生活，并会想方设法借助国际力量来敦促本地政府遵循“国际惯例”，这也给各级管理机关提出新的挑战，各级领导干部应对社会舆论的客观环境和要求已经和正在发生重大变化，借助国际通行做法和成功经验，学会与媒体特别是学会与网络打交道是新时期领导干部能力建设的重要内容；如何切实提高领导干部应对网络舆论的能力和水平，已成为提高党的执政能力、建设高素质干部队伍的一个重要课题。

一、当局与新媒体用户交流渐成常态

无论是受众量还是影响力，互联网都显现出“第一媒体”的势头，我国也不可避免地要借鉴国际经验。目前国内有 1 900 多种报纸、9 000 多种刊物、3 000 多家广播电视台、150 多万个网站、5 000 万个媒体博客用户，随着三网融合和 3G、4G 时代的到来，国内 5 亿多手机用户都将成为潜在的信息生产者和传播者，互联网数量几乎是无限增加的；从发展的态势、影响的广度来看，广播问世 30 年之后才拥有 5 000 万听众，电视拥有同样数量的观众也用了近 13 年，而网络则只用了 4 年。根据 *Editor Publisher* 的研究（2007 年），大约 1/3 阅读在线电子新闻的用户对传统媒体失去了兴趣，电视收视率下降了 35%，广播收听率下降了 25%，报纸购买率下降了 18%，网络传播咄咄逼人的发展态势给传统媒介带来巨大的影响和压力。网络媒体已经超过报纸、杂志、图书、电影、戏剧等传统媒体对民众的影响，并呈现出取代电视的发展势头。2007 年 9 月，美国的一份调查数据表明，互联网和电视是人们最为青睐的传媒，但互联网已跃居电视之上。[①] 据中国互联网信息中心数据显示，截至2014年6月，我国新媒体用户规模已达6亿。同时，互联网覆盖面开始以年轻人为主体，发展到逐步覆盖城乡各个年龄段，公众对网络的参与度之广前所未有。

作为社会系统的一个有机组成部分，互联网已经成为思想文化信息的集散地和社会舆论的放大器，也改变着我们党和群众之间的互动方式。针对周久耕事件、杭州飙车案、邓玉娇案、李刚门案件等，网络舆论波可谓一波未平，一波又起。网友言论之活跃已达到前所未有的程度，不论是国内还是国际重大事件，都能马上形成网上舆论，进而产生巨大的舆论压力，达到任何部门、机构都无法忽视的地步。近年来发生的重大事件无一没有互联网的参与，网络媒体的第一影响力鲜明地凸显出来。互联网扮演的角色也从附属型的舆论阵地转向舆论的主阵地，成为推进社会发展的强大力量。理性看待网络舆论，因势利导，顺势而为，实现政府和新媒体用户的良性互动，这既是“善治”的要求，也是必须回答的时代课题。

---

① 参见崔耀中：《论互联网与“舆论引导新格局”》，载《北京日报》，2008-10-13。

二、网络成为世界范围的民意表达渠道

随着互联网技术的迅速发展，越来越多的人上网获取新闻信息、发表见解诉求，传统媒体垄断的传播格局被打破，网络成为草根阶层最便利的表达渠道，如何应对网络舆论考验着政府的智慧。随着社会的进步，人们非常关心如何行使自己的权利，包括舆论监督权，这导致了网络公民的崛起。网络舆论热点折射出现实的民意诉求，新媒体用户参政议政从虚拟社会走进现实，渐成趋势。他们关心公共事务，在网上匿名发表意见，客观上对部分因管理方式保守而使舆论监督自由受限的传统体制造成冲击。由于互联网具有覆盖广、传播快、更新及时的特点，一旦网络热点形成，各种舆论就会交织在一起，以排山倒海之势奔腾而来，一些善意或非善意的言论也必定"脱颖而出"。网络热点之所以能形成并升级为舆论风暴，一个重要的原因是网络能使各地有相同利益诉求的个体迅速集合成一个利益群体。

网络新媒体公共空间是个汇集民意的地方，网络新媒体舆论是反映社情民意的"晴雨表"。尽管目前中国的新媒体用户还有其身份局限，网络舆论也难以真正代表所有社会阶层的心声，但网上所反映的问题中，多数问题事实上还是存在的。那些完全编造出来的谣言，或者故意制造出来的热点并不多见。网络新媒体民意在一定程度上确实可以成为现实民意的参考，为党和政府了解民意开辟了一条捷径。通过形形色色的网络舆论，党和政府可以了解新媒体用户的利益诉求，可以看到新媒体用户对执政党的满意度，有利于行政执法顺应民意，给引导社会舆论、凝聚社会共识带来便利。

三、网络问政成为全球政坛新景观

目前，党和政府日益重视网络的声音。党的"十七大"明确要求："保障人民的知情权、参与权、表达权、监督权，""加强民主监督，发挥好舆论监督作用，增强监督合力和实效。"2008 年 6 月 20 日，胡锦涛总书记视察人民日报社并通过人民网与广大网友交流，表明了他对网上民意的关注，用行动向各级党政官员表示：要懂得珍惜这条沟通渠道。2010 年"两会"召开前夕，温家宝于 2 月 27 日来到新华网访谈室，与广大新媒体用户进行在线交流。这是继 2009 年"两会"前夕首次与新媒体用户交流后，总理再次与广大新媒体用户共商国是、共论发展。

近年来，越来越多的领导开始与新媒体用户开展网上网下"面对面"的交流。2009 年 4 月 3 日，时任广东省省委书记的汪洋在广州与 12 位社会人士进行座谈，征求对广东贯彻实施《珠江三角洲地区改革发展规划纲要》的意见和建议，请网友为广东科学发展"灌水""拍砖"。2008 年 7 月 28 日，时任河南省省委书记的徐光春亲自点击鼠标，开通了旨在"倾听民声，集中民智，共谋崛起"的《河南在线对话》栏目。江西省省委不仅与新媒体用户进行网上网下对话交流，还推动江西建立了全国首家"问计"网络互动平台——江西问计网。上海市、浙江省、湖北省等地领导也不断强化与新媒体用户的在线交流，受到社会广泛关注，网络问政渐成常态。①

① 参见本刊首席时政观察员：《推进基层舆论生态再造势在必行》，载《领导决策信息》，2009（24）。

四、国际化是党执政能力的内在要求

进入新世纪，我们党提出要不断提高党的执政能力这一重要思想。党的“十七大”报告指出，党的执政能力建设关系党的建设和中国特色社会主义事业的全局，必须把提高领导水平和执政能力作为各级领导班子建设的核心内容抓紧抓好。在党的执政能力中，理所当然地包括利用和主导互联网空间的能力。在今天的时代背景下，不会利用网络的领导、不积极参与互联网空间的领导，不能算是现代型的领导。当前我国正处于经济社会发展的转型期，经济体制深刻变革、社会结构深刻变动、利益格局深刻调整、思想观念深刻变化，这些转变也反映在网络世界中。互联网是社会思潮多样化的助推器，互联网新媒体的虚拟特性，使之成为各种诉求自由便捷表达的空间，产生了极为广泛的影响。社会上的各种思潮包括各种不健康的价值观在网上几乎都有反映。互联网新媒体强大的聚合功能，使之成为一种新的社会动员和组织方式，为各种政治、社会力量在网上聚集、组织、动员提供了便利，这种聚合有时会形成对社会有利、有益的因素，但有时也可能成为影响社会安定的重要因素。①

通过网络了解人民群众的意见特别是反对的意见，构成执政活动的重要组成部分，也是检验领导干部执政理念和执政能力的议题中的应有之义。②

第四节　网络舆论的主动应对

管理网络新媒体，关键在于管好新媒体上的舆论走向。

一、探索中的我国新媒体管理

我国各项新媒体业务尚未完全纳入宣传管理体制，监管缺位带来隐患，加上多元社会资金的大量投入，新媒体的趋利性色彩较浓，暴露出不少问题。原国家广电总局社会管理司的一份调查报告显示，我国现有的管理法规、制度不完善，新媒体业务处于管理依据弱或无管理依据状态。目前主要的相关法规包括：《互联网信息服务管理办法》《中国互联网行业自律公约》《互联网站禁止传播淫秽、色情等不良信息自律规范》《文明上网自律公约》等。

2000 年 4 月，国务院新闻办成立网络新闻宣传管理局，并在各地设立网络新闻宣传管理处对网络舆论进行管理。涉嫌违法的网络舆论则交由公安部门的公共信息网络安全处处理。在具体操作上，主要是在政策导向的前提下，通过人工把关与技术控制相结合来进行。目前网络舆论管理的重点主要集中在 5 个方面：对网络信源的控制、对网络链接的管理、对网络安全的重视、对网络交互的关注、对行业人员的培训。网络实名制备受争议，双方争论的焦点在于：实名制管理是否会破坏互联网平等开放的基本精神？实名制是否会摧毁中国网站乃至整个网络业？实名制是否会侵犯新媒体用户隐私权？实施

① 参见崔耀中：《论互联网与“舆论引导新格局”》，载《北京日报》，2008-10-13。

② 参见薛瑞汉：《提高领导干部应对网络舆论能力是时代的新要求》，载《河南广播电视大学学报》，2010（4）。

实名制的社会总成本有多高？监管网络需要什么样的手段和机制？……支持方认为实名制将有利于互联网的发展；而反对方认为实名制将损害其发展；折中者认为实名制不失为一种好的管理模式，但是要慎重施行。这种争论是现有网络利益格局在现实中的反应和折射。

二、管好网络舆论是关键

网络以其及时、快捷、公开发布信息的独特魅力，发挥着其他媒体无法替代的传播功能。在这个虚拟空间里，人们可以随意通过“发帖、灌水、加精、置顶、点赞、转发”等无穷无尽的形式发表自己的观点，形成强大的舆论力量，给新闻舆论监督和社会意识管理带来了一场新的革命。

网络最大的优势在于，它可以通过新媒体用户之间不间断地围观、转发与补充，还原事实真相，作出公正评论，使贪污腐败者、暗箱操作者、弄虚作假者无所遁形。无论是躲猫猫、楼歪歪、周久耕案，还是杭州飙车、钓鱼执法、跨省抓捕、萝卜招聘，乃至乌坎事件，都是通过网络舆论监督使问题获得转机并最终得到解决的成功案例，特别是李刚门事件的热炒，使网络传播的巨大威力尽显无余。

但有关职能部门的应对却常常处置失当，令人担忧。2008 年 6 月 17 日至 6 月 20 日，湖北省石首市发生一起因酒店厨师非正常死亡导致的数万群众围观起哄、围堵道路事件。20 日上午至夜间，部分群众多次与警察发生冲突，致多名警察受伤、多部消防车和警车被砸，此事件迅速成为网络热点事件。中央电视台 6 月 25 日《新闻 1+1》节目播出《石首，为何再度“失守”？》，就石首事件进行了评论。主持人白岩松直言不讳地指出：“当地政府拥有主动的最佳时机被自己给错过了，一下子把自己的工作变得被动。”①

如何迅速了解和把握网络这种新型信息载体的脉搏，及时回应公众疑问？如何依法依规向民众提供最新最快最全的真实信息，引导舆论，掌握主动，消除谣言和误解？这些问题已经不可回避地摆到了各级公权力机关面前。

三、网络新媒体舆论应对需主动

面对密集发生的网络热点事件，很多基层单位和部门或者视而不见，错失处置良机；或者装聋作哑，任其自由泛滥；或者错误作为，采取压制、隐瞒甚至做出颠倒黑白的解释，激化网络舆论。总体上看，一些职能部门解决网络新媒体舆论问题的态度不积极，手段比较弱，水平也比较低。这已成为当前有关部门行政、执法能力的短板，也对行政执法权威造成了挑战。

2008 年 5 月 1 日，我国正式开始施行《政府信息公开条例》，这为依法开展网络舆论应对提供了法律武器，也对依法开展网络舆论应对提供了法律规范。可惜的是，我们应对网络舆论还缺乏基本的经验积累，面对突如其来、汹涌澎湃的网络舆论，一些当事机关和社会管理者往往束手无策，惊慌失措。在网络时代，每个人都可能成为信息渠

---

① 参见《网络时代公权力如何应对舆情热点》，载《检察日报》，2009-06-30。

道，都可能成为意见表达的主体。面对突发事件，政府和主流新闻媒体仅仅发布信息还不够，还必须迅速了解和把握网上各种新型信息载体的脉搏，迅速回应公众疑问，这需要政府尤其是宣传部门具有快捷准确的舆情搜集和研判能力。如果在突发事件和敏感问题上缺席、失语、妄为，甚至想要遏制网上的“众声喧哗”，则既不能缓和事态、化解矛盾，也不符合中央提出的保障人民知情权、参与权、表达权、监督权的精神。①

四、网络舆论应对的现实困境

在应对网络舆论的实际操作中，职能机关遇到了前所未有的现实困境，出现了明显的危机应对不适应症，这主要表现在以下三个方面：

一是网络无限扩大了普通公民的表达通道，他们可以轻而易举地摆脱计划经济体制下设计的解决问题的制度路径，采取越级上访和直接通天（即向中央谋求支持）的办法来表达诉求，促成问题的解决。这就形成了一种新的思维惯性：当基层组织和基层政府机构不愿解决、解决迟缓或者解决不了相关问题的时候，其基本方式就是通过新媒体把它闹大，通过大规模群体的方式影响到上层，让上层知道，从而获得一种越级的解决，如江苏“泗阳学习班”、广东“乌坎事件”的逐步升级即是典型的例子。

二是有关职能部门缺乏相应的处置网络新媒体事件的经验积累，一旦卷入网络舆论的漩涡，就立即想到如何尽快摆脱网络舆论风暴的困扰，习惯于从传统管制思维的立场出发，希望借助于行政力量的权威甚至国家机器来平息舆论，以强硬手段来促成大事化小、小事化了的效果，因此威胁、压制手段也往往成为首选。结果往往是压而不服，还可能会火上浇油，事与愿违，适得其反，如河南灵宝跨省抓捕王帅就是在这一思维下犯下的过错。

第三，尚未形成系统的应对社会情绪网络扩散的理论体系和政策支持，这是有关职能部门应对新媒体舆论频频失误的深层原因。一方面，邓玉娇事件、瓮安事件、王帅发帖事件等事件的网络扩散过程中显示出当前网络监督力量的强大；另一方面，也反映出当局解决这些问题采取的方式严重脱离实际，背后隐含着重重危机。现在因处置不当造成网络热点事件通过越级的方式来寻求解决的现象日益增多，且逐渐成为常态，如果处置不当，可能带来更高层次的社会危险。②

思考题

1. 网络行动会产生哪些负面效果？
2. 为什么说网络舆论具有两面性？
3. 网络舆论应对有哪些国际惯例可资参考？
4. 为什么要提倡主动应对网络舆论？

① 参见《石首事件中政府新闻发布语焉不详》，载《人民日报》，2009-06-24。
② 参见《网络时代公权力如何应对舆情热点》，载《检察日报》，2009-06-30。

第十五章　新媒体经营管理

本章要点

第一节　新媒体的盈利因素

第二节　新媒体的盈利模式

第三节　破解画饼魔咒

尽管媒体在我国具有强烈的政治属性，但随着传统媒体功能的转型和新媒体雨后春笋般的不断涌现，随着全社会对媒体的经济功能、社会功能、文化功能和娱乐功能认识的不断深化，媒体由国家大包大揽、全面供养的历史基本上已经结束，无论是新媒体还是老媒体，都必须盈利，才可以做到独立运作，自食其力，不受干扰，实现可持续发展。

第一节　新媒体的盈利因素

随着科学技术的飞速发展和传媒理念的不断演变，我们所处的传媒时代已经逐渐步入了以数字媒体、网络媒体和移动媒体等为代表的新媒体时代。现今社会，谁也不能无视“新媒体”对于人类社会生活的重大影响。

新的传播技术带来新的传播模式，而新的传播模式需要新的盈利模式来支撑。新媒体在其全新理念引导下，凭借技术上的创新和传播机制上的自由，迅速拓展着传媒市场。新媒体本身就是市场催生的产物，它从它的创造者那里获得了市场化基因，从一出生就奠定了其市场化的性质，盈利成为其与生俱来的天性。特别是一些公司制背景下诞生的新媒体，更是时刻离不开盈利的话题。因为，如果新媒体不能盈利，就不可能有可持续发展，而盈利如果不理想，也不可能有好的发展前途。

一、影响新媒体盈利的因素

影响媒体盈利的因素很多，但主要有以下五个方面。

（一）信息的针对性

信息的针对性是新媒体能够盈利的第一个关键要素，没有针对性的信息是没有市场的信息，信息没有针对性，就不可能赢得新媒体用户的注意力，就不可能引起广告主的兴趣，盈利也就成了泡影。使用满足理论认为，受众在选择媒体和选择信息时，不会是完全随机的，更不会是漫无目的的。相反，他们会非常主动地选择和使用特定媒体及其信息，从而使自己的需求得到满足。所谓信息的针对性，就是指新媒体发布的信息必须是与网络使用者特别是与新媒体用户利益相关、休戚与共的信息，或者为他们所熟悉和关注，或者是他们感兴趣的东西，不能打高射炮，也不能隔山打牛、隔靴搔痒，或者故作高深，搞假大空套那一套。

（二）内容的精准度

内容的精准度指的是新媒体发布的信息必须真实可信，准确无误。如果是传播事实信息，则必须做到时间、地点、人物、事件、前因后果等事件要素绝对准确，可核可查，不能出错，是现实生活的“再现”，而不是对生活的“表现”。即使传播的是非事件信息，也必须有充分的生活依据，完全符合生活的逻辑，是现实生活的真实写照。对信息的解释必须切中肯綮，有理有据，不能信口开河，随心所欲。一般人会以为，在网络上发言可以不受限制，其实这种想法大错特错。虽然网络具有某种隐蔽性，新媒体用户可能不会像在现实世界里发言那样谨慎，会有那么多的顾虑，但如果一个媒体在网上发言粗心大意、不加考虑、信口开河，那这个媒体在网上的生命力也就差不多结束了。

（三）媒体的公信力

新媒体只有依靠不断积累起来的公信力才能赢得用户信赖，才能赢得广告客户的信赖，这已成为新媒体经营者的共识。而要积累起必要的社会公信力，主要是靠其坚守专业主义立场，靠新媒体全体工作者日积月累的辛勤工作，靠锲而不舍、积沙成塔的顽强努力，没有谁会不顾后果地将大笔资金投放给一个没有诚信的媒体去换取市场。

当今之世，民不信官、民不信媒已经成为时代难题。除了我国媒体被政府强行捆绑这一原因之外，媒体自身甘做二奶、甘为站台也是一个不可小觑的因素。在这样一种氛围下，如果新媒体继续走传统媒体的老路，它要想赢得广告客户的信任，从而获得理想盈利，自然是困难之极。

在一个没有媒体的时代，一般人获得自己生活圈以外的信息，只有两个渠道，一个是来自官方的大渠道，一个是来自民间的小渠道。官方的渠道，人们对它会有本能的怀疑。虽然老百姓倾向于相信皇帝，但总是固执地认为，皇帝肯定会被官员们蒙蔽。除了极少数所谓的清官之外，能被百姓信任的官员实在是太少了。所以，官方渠道来的消息，人们一般都倾向于不相信，而且一直延续至今。民间的小渠道，不仅仅意味着乡间的耳语，这个渠道，一般都有精英的认证。所谓的精英，或者是乡绅，或者是非正式的意见领袖。他们有声望，有威信，知书达理，见多识广，所以，无论何种消息，经过他们的认证，民众都会趋于相信。

今天的中国，尽管有种种限制，但毕竟已经开放了，听外国广播就被判刑的年代已经过去了。在数以亿计的人上网的时代，在人们上网技术日新月异的时代，信息的来源已经多样化、立体化。由于微博的发展，网络信息的传播也呈现出多面、多头、多元、异常迅捷的态势。在这种情况下，事故调查和案件调查走自查自纠的老套路，肯定要被“拍砖”。即使是来自上级部门具有专业化水准的调查，也要经受严格的检验，因为网上能人很多，其中不乏专业人士。通过非官方的第三方或者来自民意机构的调查，最得民心，但这样的调查同样要公开透明，否则一样会受到质疑。

（四）产品的口碑效应

信息也是一种产品，而且是一种更能够在群体中口耳相传的产品，因此，只有良好的口碑效应，才能够打开市场，实现盈利。

如何积聚人气，形成良好的口碑效应，好莱坞提供了很好的样本。好莱坞虽然宣称自己生产的是商业片，但它深知市场规律，从不急功近利，而是千方百计地依靠时间来积聚人脉，形成良好的口碑效应。

好莱坞在拍片时，一般不会受到既有价值观念和意识形态的约束；相反，一旦获得有价值的影片题材，好莱坞就会分别交给三个甚至多个互不相识的编剧进行创作，然后再由一个编剧汇总改编，目的就是要力图表现出一种离经叛道、不走寻常路的“创新”，而这样的产品又总是能够毫无悬念地抓住观众的兴奋点。《功夫熊猫》《花木兰》《贫民窟里的百万富翁》等影片就是这种创作理念运用于实践的成功范本。如《功夫熊猫》，其目标观众是中国人，所以它选取的电影元素、设计的故事结构、表现的作品主题，甚至塑造的作品角色都无不想方设法顺应甚至迎合中国观众的口味，从而赢得了中国观众的好评，让中国观众心甘情愿地为它做义务宣传员，进而形成口碑效应，引发全社会成员的从众心理。

为了赢得不同地区、不同文化背景观众的好感，美国大片还会采取一些看似毫不经意，实则精心策划的出人意料的办法，以调动观众“探秘”的欲望。比如，为了赢得中国观众的好感又不露痕迹，《泰坦尼克号》特意安排了一位华人设计师林凡出镜——尽管这位被称之为“好莱坞著名华裔 DVD 制作设计师”的中国人在电影中仅仅只是露脸了 0.1 秒，却不能不说是一个令人叫绝的高超设计。当观众热情似乎将要退潮的时候，人们却“无意中”得到“20 世纪福克斯电影”官方微博通过“你所不知道的泰坦尼克”话题发出的“友情提醒”：“大家请注意杰克身后那个戴眼镜留辫子的中国人。”当时，船上确实有中国人最终获救，这就为卡梅隆安排一个华人出场提供了历史背景。而之所以选择好莱坞的 DVD 制作设计师林凡来扮演这位中国公民，“是因为很多大片的后期制作都是他总揽的，比如《星球大战》系列，而《泰坦尼克号》数码修复版总制作策划也是他”。这看似很随意的一句提醒，却是一个极为重要的话题噱头，它“如同惊雷”一般勾起网友的回忆和深入探究：“我怎么没看见呢？好低调的中国元素。”有人迫不及待地要查询林凡的美国之路，甚至还有人从美国国家档案馆里查到，当年泰坦尼克号沉没时，船上有 8 个中国人，他们的姓名也被一一记录。这几个中国人中，年龄最小的 24 岁，最大的 37 岁。这种“对同胞的关注和对历史的查证”自然再次激发了中国观众对影片的热情与兴趣，唤起了中国人内心深处某种情感，大大提高了观众对该影片的关注度，形成了又一波口碑传播效应，从而有效提高了票房。可见美国电影人对中国观众的了解是多么的透彻，并充分有效地加以了利用。

（五）与其他媒体的合作能力

新媒体不能像传统媒体那样单打独斗，而是要懂得与其他媒体的合作与共赢，形成一种资源共享、风险共担、利益共沾的良好氛围。

从当前发展趋势看，媒体融合已是不可阻挡的历史潮流，因此，媒体无论新老，都要主动汲取别人的经验，广纳他人的长处，积极和异质媒体互通有无，以赢得市场。

二、创新是新媒体盈利的利器

从西方发达国家新媒体盈利的经验来看，创新是新媒体盈利的法宝与利器。其中，经济文化一体化已成为新媒体盈利的趋势之一。这不仅体现在经济活动和商品的文化含量、文化附加值显著提高上，还体现在文化事业中商品意识和经济效益原则的作用日益增强上。正是在这一理念的指导下，大量催生了以新媒体为代表的文化产业，成为 20 世纪文化的基本形态。

新媒体创新是社会化大生产的运作方式，特别是当代高新技术融入文化生产过程所带来的相应的生产关系和生产方式变革的必然结果，是以文化产品和文化服务为主打的产业包括广播影视、新闻出版、文学艺术、商业体育比赛、文化旅游、广告、集邮、收藏、信息传输、咨询服务、装饰设计、工艺美术制作等等在内的文化事业的自我救赎，是新媒体时代公众不断增长的精神文化需求推动的必然结果。

一般认为，美国文化产业是文化创意、科技手段、市场机制三者完美结合的产物，而日韩新媒体文化产品则最好地诠释了民族文化的无穷魅力。

传媒业历来是文化产业的核心，新媒体的出现，进一步强化了传媒业在文化产业中的核心地位，进一步提升了文化产业在国民经济中的贡献率。依据国家统计局的数据与分类，传媒产业与其他文化产业的关系如表 15—1。

表 15—1 传媒产业与其他文化产业之间的关系

文化层级	特征	产业部门
文化产业核心层	提供核心社会信息内容	新闻、书报刊、音像制品、电子出版物、广播、电视、文艺表演、文化演出场馆、文物及文化保护、博物馆、图书馆、档案馆、群众文化服务、文化研究、文化社团、其他文化等
文化产业外围层	提供通道和非核心信息	互联网、旅行社、游览景区文化服务、室内娱乐、游乐园、休闲健身娱乐、网吧、文化中介代理、文化产品租界和拍卖、广告、会展服务等
文化产业关联层	提供文化工具	文具、照相器材、乐器、玩具、游艺器材、纸张、胶片胶卷、磁带、光盘、印刷设备、广播电视设备、电影设备、家用视听设备、工艺品的生产和销售等

文化创意应该在以上三个层面，针对市场需求分别展开。

三、中国传媒产业有广阔的提升空间

中国文化产业有自己的独特传统，早在 20 世纪 30 年代，就在在“十里洋场”的上海，形成了现代产业化规模的新闻出版、电影和娱乐文化。而当代中国文化产业的起步可以追溯到改革开放之初，有学者将中国文化产业的发展分为三个阶段：

第一阶段：1985 年以前的起步阶段，以文化流通领域的发展和规范之外的娱乐业的兴起为标志；

第二阶段：1985—1992 年，这一时期产业化的浪潮扩展到了文化制造业和文化服务业，还出现了各种形态的文化企业，广告公司大量出现；

第三阶段：1992 年以后，文化产业化的声浪从多种所有制企业进一步扩展到国有大型骨干文化单位，并且这些文化单位实行了初步的体制改革，与政治、政府的关系有所松动。

文化产业的快速发展则是近年来的事情。党的十五届五中全会通过的《中共中央关于制定国民经济和社会事业发展第十个五年计划的建议》中提出：“要完善文化产业政策，加强文化市场建设和管理，推动有关文化产业的发展，”这是第一次将“文化产业”写入中央文件。与此同时，中国网络游戏和网络广告收入快速增长。从企业盈利模式角度来审视我国传媒产业的盈利模式设计，主要体现在以下三个层面：（1）以“关系”（关注利益相关者）为导向的盈利模式设计；（2）以“竞争”（与对手的差异化、核心竞争力）为导向的盈利模式设计；（3）以“客户”（顾客需求发现和满足）为中心的盈利模式设计，这些无疑会给我国新媒体领域带来可观的利益。

第二节　新媒体的盈利模式

盈利是所有媒体的天然追求和属性。电视、电台、报刊这些传统主流媒体的盈利系统有三种最基本的商业操作模式，即广告贩卖、版权贩卖或内容流通、平台进入费用。新媒体也不例外，新媒体本质上也是媒体，具有媒体的一切共性，同时它的经营也具有媒体经营的一切共性。无论媒体如何表述自己的主张，都必定有自己的道德追求和商业利益，因此，讨论媒体盈利不仅可以，而且必须。不过，同传统媒体相比较，新媒体的盈利模式多种多样，层出不穷，至今尚未完全定型。有人认为有 4 种，有人认为有 6 种，还有人认为有 18 种[①]，不过，新媒体的主要盈利模式大体有如下数种：

一、广告盈利

通过吸收和发布商业广告是传统媒体的主要盈利模式，也是新媒体的盈利模式之一。1997 年 3 月，中国出现第一则商业性网络广告，并很快成为中国互联网产业的支柱性商业模式，创下 50% 的年增长速度，远远超过电视和报纸的年增长速度。传统媒体广告的形式大概分为文字广告、图片广告和富媒体广告三大类，新媒体广告则必须在此基础上有所创新。但是，无论新媒体广告如何创新，都很难像传统主流媒体的广告那样成为最佳的盈利模式。这主要是因为：（1）新媒体的沟通是双向的，受众有更大的自主性；（2）新媒体的广告信息是游离于价值信息之外的，所以受众可以在获得价值信息的同时不受广告的干扰。传统媒体的文字广告、图片广告和富媒体广告为了获得受众关注，都在努力加强对受众的干扰度，比如扩大广告面积、弹出广告、强制收视等等，但到了新媒体领域，无论怎样加大干扰度，传统的文字广告、图片广告、富媒体广告只能越来越让受众讨厌而不去点击它。随着网络技术和媒体形式的发展，除了品牌图形广告和付费搜索等主要形式，视频广告、富媒体广告、页面关键字广告、社区营销广告、游戏内置广告等各种新形式的网络广告相继出现。新媒体不断催生新的营销平台。户外媒体、楼宇视频等新媒体的广告收入也呈现出高速增长的态势。此外，手机互动广告、无线营销也悄然兴起。百度、谷歌等专业的搜索引擎，其竞价排名、搜索营销是收入的主要来源，实质是做推广，作用类似于广告。在 Web2.0 时代，广告盈利模式最明显的变化就是广告投放的精准化。互动式广告也是新媒体广告不同于传统媒体广告的方式之一。

---

① 1. 常见的信息内容收费；2. 网络专供信息；3. 网上直播；4. 与政府和企业联合开办网上专题；5. 辛迪加稿件；6. 把传统媒体内容变成网络媒体的财富来源；7. 实用消费信息功能收费；8. 手机短信收费；9. 电子商务平台；10. 网络接入；11. 多种经营；12. 宽带新服务；13. 网络广告；14. 网上远程教育；15. 在线游戏；16. 彩信（MMS）业务；17. 网络的“天使融资”；18. 股票上市。

二、销售盈利

销售盈利就是利用新媒体销售自己的产品或者帮助生产商销售产品，最典型的是电子商务。根据服务对象的不同，电子商务服务一般分为 B2B（business to business，公司对公司之间的电子商务）、B2C（business to customer，企业对客户之间的电子商务）、C2C（consumer to consumer，客户对客户之间的电子商务）三大类。2007 年 6 月，国家发展和改革委员会、国务院信息化工作办公室联合发布《电子商务发展“十一五”规划》，作为我国首部电子商务发展规划，这部电子商务发展的指导性文件促进了电子商务的发展。

淘宝网（www.taobao.com）的成功为这一政策做了最佳注解。淘宝网是国内居首、亚洲最大的购物网站，由 B2B 平台阿里巴巴公司投资创办，致力于成就全球首选购物网站。根据 Alexa 的评测，淘宝网为中国访问量最大的电子商务网站，居于全世界网站访问量排名的第 22 位、中国第 7 位。在为淘宝会员打造更安全高效的网络交易平台的同时，淘宝网也全心营造和倡导互帮互助、轻松活泼的家庭式氛围。B2B 是企业对企业的电子商务，B2C 是企业对消费者的电子商务，C2C 是消费者对消费者的电子商务。前程无忧主要提供 B2C 方式的信息中介服务，携程主要提供 B2C 方式的信息中介和交易中介服务，而阿里巴巴则可以提供 B2B、B2C、C2C 三种方式的信息中介、交易中介和支付中介服务。

三、渠道盈利

渠道盈利是通过搭建好通往用户的有效渠道，在这个渠道中销售相应的产品来获得收入。现在流行的 SNS 社区都是渠道盈利模式，其中最值得一提的是腾讯公司，它依靠 QQ 这个沟通工具，搭建了与用户之间的强大通道，这个通道的唯一性和排他性将用户牢牢地捆了起来，无法脱离。这个时候，腾讯想卖什么就能有效地卖什么：广告（腾讯网）、产品（拍拍网）、道具、虚拟币、游戏，等等。会员费、下载费、收视费是最为简单的渠道盈利方式，计费方式可以是按流量计、包月计或者是二者的双重计费。

数字电视收视费也成为渠道盈利的重要方式。在线游戏近年来势头强劲，逐渐形成产业集群。在线游戏的盈利模式主要靠销售各类游戏卡。2006 年中国网络游戏市场规模为 65.4 亿元人民币；到 2013 年底，这个数字增加到了 896.1 亿元人民币。[①]

四、增值服务盈利

新媒体业务发展离不开产业价值链的分工合作。内容服务产生了一条新的价值链，其中内容提供商、电信运营商都在发挥着各自的作用。电信运营商提供了内容的增值渠道，在运营商搭建的网络上，各种信息内容在内容提供商与消费者之间流通，通常都是由 CP（content provider，内容提供商）提供给 SP（service provider，增值服务提供商）。新媒体产业链很大程度上是由电信运营商主导的，但电信运营商向综合性业务拓展不应

① 参见《2013 年中国网络游戏市场规模 896.1 亿》，人民网，http://culture.people.com.cn/n/2014/ 0109/c172318-24069401.html，2014-01-09。

通吃产业链，而应该引领整个产业，对于有能力自己开展的增值业务，运营商可以自己开展，否则应该采取合作外包模式。CP、SP和电信运营商之间博弈的最终结果，就是找到各自在产业链中的合适位置。

网络新媒体互动平台收取使用费也是一种增值服务，网络新媒体最吸引人的地方就在于它的互动性，这已经成为现阶段网络媒体盈利的最大利基。日进斗金的网络游戏、百亿市场的短信服务，都是因为网络媒体搭建了一个互动平台，然后受众为了进入而支付使用费用。深度挖掘网络游戏、短信服务的技术，通过创新应用，实现平台的最大化利用，是拥有这些黄金平台的网络媒体现阶段最直接有效的盈利方式。

第三节　破解画饼魔咒

在互联网股票成为华尔街新宠的同时，互联网企业发展的弱点也逐渐开始暴露出来，其盈利预期受到巨大挑战。

第一，互联网新媒体发展并没有像人们想象得那样快。虽然互联网新媒体的用户近年来大幅度上升，但真正进行网上购物的新媒体用户并不多，黑客对网上交易的保密性和安全性造成威胁，网上的电子银行、电子商业还很难普及，特别是对广大农村用户。

第二，老牌计算机公司对互联网新公司的挑战。网景上市的巨大成功过早地唤醒了在互联网领域沉睡的软件行业巨人微软。当微软开始动用它雄厚的物力、人力和在微机操作系统上的优势与网景展开拉锯战的时候，互联网新企业缺乏强有力的后盾和丰富的资源的劣势就开始显露出来了。

第三，互联网企业不能在短期内扭亏为盈的问题也开始暴露出来。绝大多数互联网新媒体企业，不论是否具有一流的管理，均欠缺短期内扭亏为盈的能力。在最初的疯狂过后，长期亏损必然会影响投资者对互联网新媒体股票的热情。

第四，在互联网新媒体股票一涌而起的热潮中，很多互联网新媒体股票价格被人为地推高了，造成企业的市场价格是企业年收入的几十倍甚至上百倍。这种市场价格与企业年收入不相匹配的比率必然会影响投资者的神经，在股票市场风吹草动的时候引发了大量抛售。

新媒体网站尽管其“母体”是各类传统媒体，并具有很多商业网站所不具备的优势，但在赚钱的意识和手段上仍显出滞后。综合性新媒体新闻网站要收费是有困难的。且综合性新媒体新闻来源替代性高，网友不一定要从网上得知或订阅。因此内容网站要收费，必须提供加值性的产品和内容，才能具备收费市场的潜力。新媒体新闻网站要利用自己背靠实体的优势，积极地探索出多种途径和办法。

思考题

1. 为什么说盈利攸关新媒体的生命？
2. 新媒体有哪些盈利模式？
3. 如何破解新媒体盈利的画饼魔咒？

第十六章　新媒体传播管理

本章要点

第一节　网络舆情的传统管理

第二节　影响舆论形成的宏观因素

第三节　更新观念，冷静应对

第四节　宽容包容，因势利导

第五节　提前介入，公开透明

第六节　知错必改，良性互动

第七节　立足化解，讲究策略

如何做好新媒体管理，特别是如何做好网络舆情管理，已经无法回避地摆到了全社会面前，而且呈现出左右为难的局面。一方面，中央媒体反复强调“要充分地关注民间诉求，积极回应网络舆论热点，正确高效地处理敏感话题，注重与群众的交流互动”[①]，人民网舆情监测室甚至连发5篇评论，大力倡导“打捞沉没的声音”“善待新媒体用户和网络舆论”[②]。但另一方面，一些地方政府、主管部门和某些官员依然遵循计划经济体制下形成的思维惯性，主张甚至不惜动用警力对网络舆情严加管制，理由是要“敢于亮剑”，要不惜一切代价“让主流意识形态占领网络阵地”[③]。究竟如何把握，需要仔细思量。

网络管理，本质上是对网上舆论的管理。

第一节　网络舆情的传统管理

依据管制思维对网络实行控制，主要是主张采取以下办法：

一、上网实行实名制

为了加强对网络舆论的有效监控，2011年12月16日，北京市人民政府新闻办公室、北京市公安局、北京市通信管理局、北京市互联网信息办公室四部门联合发布了《北京市微博客发展管理若干规定》，这一被认为是为了加强对网络实施管制而采取实名制的“规定”，一时引起了不小的争论。

究竟要不要搞实名制，还得经过实践的检验，因为，事实总是胜于雄辩。当国内一些地方正在以韩国为榜样力推实名制的时候，作为在全世界率先实现实名制的韩国，却决定放弃实名制，原因是2011年7月一家知名网站发生了一起大规模泄漏个人信息的事件，出于保护网络用户个人信息安全考虑，韩国政府决定逐步取消网络实名制。这虽然有些出人意料，但也在情理之中。说穿了，搞网络实名制，本质上是对公民不够放心，以为一旦实名了，就会“大大减少网络谣言和网络语言暴力、人身攻击”等。事实上，韩国自2007年7月开始实施网络实名制，要求用户上网必须用真实身份注册以来，一些社交网站和门户网站频遭黑客的攻击，数千万用户的姓名、电话、邮件和身份证号码外泄，由此带来的垃圾邮件、诈骗电话等也泛滥成灾。网络实名制让韩国的用户“未受其利，先蒙其害”，民间对于废除网络实名制的呼声也越来越高，最终促成该国决定完全摒弃网络实名制。

允许网络“虚名”不仅能够在很大程度上保护用户的个人身份信息，使用户免受不良信息的骚扰，还能让那些想通过网络揭露身边丑恶现象、但又怕遭到打击报复的用户

---

① 《米博华：主流媒体要积极回应网络舆论热点》，中国经济网，2011-11-08。

② 人民网舆情监测室：《打通“两个舆论场”——善待新媒体用户和网络舆论》，2011-07-11；《为“网络问政”喝彩——善待新媒体用户和网络舆论》2011-07-12；《对话“意见领袖”——善待新媒体用户和网络舆论》，2011-07-13；《网络舆论的“生态治理”——善待新媒体用户和网络舆论》，2011-07-14；《新媒体用户、人民和公民——善待新媒体用户和网络舆论》，2011-07-15。来源：人民网—观点频道。

③ 《张国祚：掌握网络文化主阵地 占领制高点》，中国共产党新闻网，2011-10-20。

获得一定的安全感。事实证明，网络“虚名”所揭露的社会丑恶现象同样具有很高的真实性。轰动一时的“躲猫猫事件”“韩峰日记事件”“天价烟局长”的揭露者，都没有采用实名。须知对于广大弱势群体来说，用实名揭露身边的丑恶现象是一件具有风险的举动。而网络实名制将会让不少人噤若寒蝉。

此外，以防止网络谣言和网络暴力为名而实行实名制，实际上是一种事先设置的限制，在很大程度上影响了公民的言论自由，这是不符合时代潮流的做法。其结果不仅不会达到其美好的初衷，反而可能会让网络生态死气沉沉、了无生气。或许，网络的“野蛮生长”所反映的，恰恰是社会的宽容、自由和活力。[①]

二、对内容进行事先审查

管制思维带来的第二个办法是对内容进行事先的审查。这种思维模式和管理方法是传统媒体管理在网络中的延伸，使用既定标准来评判公民的网上发言，好处是可以使网络上的意见显得比较干净，坏处是有可能扼杀掉新媒体用户的创造精神。

互联网作为一种新兴信息载体，有别于传统的大众传媒，它不需经过编审程序，就可以直接到达民众，内容中的违法部分或者不适宜于青少年的部分，往往会造成许多负面影响。许多国家和地区的网络管理机构于是纷纷制定和施行相关法律，以管理违法内容和不道德内容在网络的传播，这就是网络审查。

要不要对内容进行事前审查是一个世界性的难题。据《华尔街日报》2010 年 4 月 20 日报道，谷歌在一张全球地图上，标注了从 2009 年 7 月 1 日到 12 月 31 日各国政府要求它从搜索内容中删除某些信息以及索取信息以“协助犯罪调查”的次数。地图显示，在上述两方面，巴西位居榜首，美国和印度排名相当靠前，英国和德国则在欧洲国家中最为“活跃”。[②] 就是说，在这些国家里，网络审查也是司空见惯的。

我国管理传统媒体有着事先审查的悠久传统，从我国媒体运行的基本规范——编审委员会制、集体负责制和三审终审制等制度设计上就可以清楚地看出。在这些制度环节上，任何一个关口通不过，信息就会被封杀，无法进入传播渠道，从而保证只有符合主流意识形态的信息才可以和大众见面，而负面信息则可以被有效地过滤。

网络审查和新闻检查一样，通常对以下内容审查较严格：

（1）涉及国家安全的。为了保护国家的安全，各国政府都会避免让有害国家安全的文件流传到互联网之中。

（2）涉及尖端科学技术的。各国的研究机构都希望保护自己的智慧财产权，不让科学研究资料随意被流传到互联网上。甚至有人认为，制造核武器方法的相关资料早已流传在互联网上。

（3）违反国家法律法令的。在某些国家，例如赌博等活动是违法的，但是，赌博集团会借由互联网和电子银行，透过设在其他国家的赌博公司进行跨国性的赌博行为，有的时候还有其他如洗钱等犯罪行为会伴随发生。

---

① 参见苏群：《网络实名制值得商榷》，载《中华工商时报》，2012-01-10。

② 参见《谷歌公布“网络审查”世界地图 美英德日等榜上有名》，载《环球时报》，2010-04-23。

（4）不遵守公共道德的。有一些网站会教授人们如何自杀，甚至在网上让网站用户相约集体自杀等。

反对实行网络审查的声音也从未停止，其主要理由是，人民的创造活力是无限的，而审查则是依据现有的条条框框去评价和衡量所有信息，必然会扼杀人民的创造活力；网络信息是海量的，管理者根本没有能力对所有信息进行逐条审查；从技术上讲，也是根本行不通的。政府审查网络信息也许意在安抚受伤害者，但结果更可能会使政府沦为监视人民的独裁统治。“政府对言论自由的不断蚕食终将不利于本国经济发展，对其民族精神来说亦不是件好事。”[①]

三、违规就要封杀

2008 年，中国互联网的普及率就已经超过 20%，成为真正意义上的“大众媒体”。而截至这一年的 10 月，全国人大、中宣部、国务院新闻办、公安部、信息产业部、文化部、新闻出版总署等 14 个部门已推出 60 余部与互联网相关的法律法规，成为世界上该领域法律法规最多的国家。有人将这些部门分为两类，一类是以工信部为代表的经济部门，“他们是正向绩效考核，倾向于扶植互联网”；另一类是国家管理部门，比如广电总局，“他们要实施监管，是逆向问责制度”。对于这一类部门来说，“社会稳定”是重要的考量和说辞。“一是要监管，说白了就是花钱买平安；二是抬高行业门槛，比如扶植更放心的 CNTV 这样的‘国家队’进场，但是这样就会形成挤出效应，中小企业就难死了。”“广电方面调门很高，甚至制造出了‘网络黑社会’这样的说法。工信部等为了避免被动，采取了一些过去从未采取的措施，比如对涉黄机房‘一刀切’，甚至 CNNIC 也被波及，干脆禁止个人注册 CN 域名，这等于说门牌号码突然不向百姓开放了。”[②]

事实上，在互联网这块丰腴之地上，广电与电信的角力由来已久。2004 年 7 月 6 日，广电总局发布了《互联网等信息网络传播视听节目管理办法》，从此以后，只要网站有音频或视频，就会面临广电总局的监管。作为回应，次年 2 月 8 日，信息产业部出台《非经营性互联网信息服务备案管理办法》，当时即有明眼人指出，加强管理只是幌子，网站备案是信产部未来的筹码。

到 2009 年岁末，广电总局开始清理互联网影视节目，BTChina 等站点遭到关闭；工信部也重拳扫黄，大批网站被关，未备案成为关站的最重要理由。“这张法网所起的作用，主要是对公众普遍的事前威慑，在过错严重时才成为追惩的依据。”在新近出版的《我们的防火墙》一书中，南京大学副教授李永刚如是评论。

无论是疲于删帖的网站负责人，还是无奈出走的站长们，都对内地 IDC 机房的严格审查充满怨言。一位 IDC 机房负责人告诉记者，他们这么做也是出于自保。因为自“一刀切”整治风波以来，电信运营商已经把监管审查责任下放到每一个机房。若一个机房的网站多次出现问题，整个机房将被停止互联网接入。压力之下，IDC 们开始自发采用各种苛刻的监管手段，其中应用最广泛的便是“白名单”制度——默认所有的网站都不

---

① 《杰夫 · 葛莱肯：印度不应在网络审查上效法中国》，载《财经网》，2012-01-30。

② 杨潇：《十万草根站长的冬天》，载《南方人物周刊》，2010-01-25。

让接入，只有通过审核进入白名单才允许上线。自2010年6月底开始，第三期网站备案系统完成升级，各地通管局要求机房必须设置拍照墙。7月之后，各地的新备案网站除了满足之前的审核要求，还必须要负责人拍照留档才可接入。

严格审查和大量关闭网站的结果，是中国网站数量的急剧萎缩。根据中国互联网络信息中心（CNNIC）发布的统计报告显示：截至2010年6月，域名注册者在中国境内的网站数（包括在境内接入和境外接入）减少到279万个，降幅13.7%。

四、别有用心要追查

与管理其他产品一样，国家对互联网服务也是有错必纠，违规必查。国家互联网信息办发言人指出，国家互联网信息办公室、工信部和公安部等有关部门对非法入侵网站泄露数据信息的犯罪行为予以强烈谴责，并将依法严惩；对编造散布谣言的行为予以谴责和查处。有关部门将继续采取有效措施保护公民个人身份信息安全。公安机关将严厉打击非法入侵网站泄露数据信息的行为以及捏造事实、编造和传播谣言的行为，并依法查处相关人员。各网站必须进一步建立健全用户信息安全管理制度，强化工作人员信息安全意识，严禁泄露用户信息，提高反病毒、反黑客能力，确保用户信息安全。①

与传统舆论形成的路径不同，网络舆论有自己的发生发展路径和形成规律，有特定的外部条件可查和内部规律可循。要能主动有效地调控网络舆论，必须深刻认识网络舆论的生成机制及传播规律，从而因势利导，循循善诱，做好网络舆论的调控工作，为一心一意谋发展，聚精会神搞建设，为构建和谐社会、建设小康社会，为全面落实“十七大”“十八大”提出的各项任务创造良好的舆论氛围。

第二节 影响舆论形成的宏观因素

网络舆论的发生机制，是指网络舆论形成的内在和外在的动力。网络舆情的考察，也必须全面梳理形成网络舆论的各种要素，并确定其基本功能是如何发挥作用的，从而有针对性地做好工作。

一、公众总体

影响网络的第一个也是最为关键的因素，是公众总体。所谓公众总体，是指一个公共事件、公共话题，或者一个社会矛盾、社会冲突所涉及或影响到的公众群体，公众兴趣也可以在一定时期内形成有关某一话题的公众总体。

随着社会的发展和文明的进步，人类社会已经进入一个被称之为大众化的社会或曰公民社会。现代社会的公民是具有理性特征的公众，而理性的本质是个人利益诉求的最大化。互联网的出现，特别是博客、微博和网络社交媒体为公民的理性表达、交流与互

---

① 参见《国家互联网信息办公布近期网站用户信息被泄露事件查处情况》，载《光明日报》，2012-01-11。

动提供了物质基础，成为公民在精神上紧密联系的桥梁和纽带，使他们结成一个个利益共同体和精神共同体，并依据雪球效应日益壮大。

理性理论的普遍性特征包括：（1）其基本主体是以理性精神、自由交流为基础的个体；（2）这些主体具有针对性的评价行为；（3）所有行为以实现个人利益最大化、满足社会交流及自身需要为目的。

大众化的社会或曰公民社会是相对于传统社会而言的，并非指社会成员的增加，而是指传统社会在经历了工业化阶段之后，社会关系和社会秩序因之有了显著改变而呈现出的一种新的社会关系和社会形态；大众化的社会通过中介机构来实现社会整合；大众社会里，个人与社会不仅有着直接的联系，而且有着很密切的联系。

传统舆论学认为，在一般舆论现象中，公众要受到意见领袖（党政领导、单位负责人、群体骨干、社会知名人士或者传媒把关人）的影响和引导，公众参与舆论讨论时不可避免地要笼罩在意见领袖的作用之下；但大众化的社会的成熟为渐渐理性化的公众提供了更大的自由，也为社会提供了多元发展的可能。“我们的社会存在着多元团体，他们各自独立，并提供了稳固的社会基础，让理念不同的人得以以开放而自由的方式竞争领导权。另一方面，民众也因此能够从众多候选人之中，挑选其领导者。在许多生活领域，他们也可以凭借制度性的安排，适时对领导层施加压力。”① 这意味着，在理性公众面前，意见领袖的作用将越来越小，甚至有可能会不起多大作用。

当前中国正处于社会转型的加速期。作为一个转型期的社会，既有与其他社会相类似的最基本的社会矛盾，又有与其他社会不尽相同的新的社会矛盾。这些矛盾决定了转型期的社会中存在着与社会体制的转轨、社会结构的变迁、社会冲突的加剧相伴生的诸多问题。

转型期的公众社会认知从内容上看为被动接受性，从标准上看是政治意识型，从形式上看是虚假理性型。在转型期，社会情绪由政治性情绪和物质生活不丰的压力感主导转变为情感反应的多样化。在政治性情感方面，由初期的热烈期盼和信任感发展到中期的挫折感、相对剥夺感、不公平感和困惑感，以及对腐败现象的反感越来越强烈；在经济和社会生活方面，社会焦虑感和人际关系的冷漠感达到一定的强度；在公众的文化情感方面，怀旧情绪的蔓延成为文化心理的主要特征。

转型期，公众的传统价值观体系受到冲击。传统价值体系的特征是通过将个人价值消融在集体价值之中而彻底否定个人价值，通过使感性价值与精神价值的对立彻底否定感性价值，通过“重义轻利”的价值取向在经济生活中的贯彻而抑制商业的发展。在市场经济条件下，当国家不再提供基本的生活保障，个人生存和发展所需要的一切都转化为商品，必须从等价交换中去获取时，利益原则不再是一个可有可无的存在，“重义轻利”的基本价值取向已不能成为支撑社会价值体系的基石。整个价值体系向实利化方向发展，甚至出现某种程度的唯利是图倾向；在个人与集体价值取向上向个体本位价值取向倾斜；传统伦理价值中的克己、忍让、服从取向逐渐向竞争、平等、法律取向转移；单一价值取向开始向多元价值取向转化。

当代社会，理性公众还是多重层序化的理性公众。社会分层是指依据一定的具有社

---

① 徐向红：《现代舆论学》，中国国际广播出版社 1991 年版，第 47 页。

会意义的属性，将一个社会的成员区分为高低有序的不同等级层次的过程与现象。从根本上说，社会地位构成了社会分层的主要标准，“经济差异”和“文化差异”成为社会分层的重要依据。理性公众的多重层序特点决定了主体在参与公共舆论行为时具有不同的属性，扮演着不同的角色，对公共舆论发生着不同的影响。

二、公共事务

公共事务指的是涉及许多人的共同利益或令许多人产生共同兴趣的政治、经济和其他社会问题，或者说是指与人们的现实利益密切相关、能够引起大家的共同兴趣、需要公众认真对待的社会事务。公共事务的现代性特征有四个：从文化学视野看，它是在全球化背景下的公共事务；从政治学的视野看，它标志着世界事务正在由“大炮外交”向“网络外交”转变；从管理学的思想看，它认同世界是一个超级市场，“国家”“民族”已成为全球化的障碍；从“全球化思维、地方化行动”的当代思维要求看，它标志着人类的发展（环境与生态）已成为一个世界性课题。

公共事务的利益相关度是新媒体舆论的决定性因素。利益相关度是指某种事件或问题与相关人员的利益联系程度。公共事务与公众的利益相关度越高，就越能引起公众的注意和讨论；公共事务越重要，人们对事态的期望越大，公共舆论的规模、强度就越大，公共舆论的价值也就越高。公共事务的利益相关度具体表现在四个方面，它们是：与公众的地域接近性、事件本身的显著性、事件的及时性、事件的公开程度。

2012 年 1 月 16 日，媒体公布了由中国健康年度总评榜评出的 2011 十大公共卫生事件，其中“蒙牛纯牛奶被检出强致癌物黄曲霉素”“中国乳业标准全球最差”“警方证实万吨地沟油已经流向餐桌”“台湾大规模产品含有塑化剂”“深圳‘8 毛门’事件”，以及“PM2.5 浓度将纳入常规监测项目”等纷纷入选。与历届相比，本届有超过 2 000 万网友参与了投票，有超过 300 位专家、机构、产品参加了评选，中华医学会、中国医院协会、中国医药卫生事业发展基金会、中国医药企业管理协会、中国健康教育中心、中国非处方药物协会等多家权威机构给予了支持。央视网、中华网、MSN、雅虎中国、淘宝网、新华健康、《北京晨报》、《信息时报》等 30 家媒体给予了合作。[①] 之所以一个普通的评选活动引起社会如此高度的关注，关键在于这些事件与每一个社会成员的切身利益密切相关，而这些事件的信息又完全透明。

三、公众的参与强度及意见的评价质量

公众参与强度与公共舆论的价值量成正比，参与强度越大，舆论的价值量也越大。参与强度主要包括四个方面：参与讨论的公众人数；公众评价的主动性和积极性；表达方式的强弱；公众评价活动所触及社会问题的深度及社会事件系统的意志调节力度。

评价信息是认识信息的深化。当人们接触到一个新鲜事物时，首先要认识事物的状

---

① 《“8 毛门”入选网友最关注 2011 十大公共卫生事件》，新华报业网，2012-01-16，http://news.shm.com.cn/2012-01/16/content_3679647.htm。

态，得出描述性信息；接着会努力揭示事物的性质，得出析义性信息；最后还要进行评价，判断客观事物能满足主体何种需要，从而得出评价性信息。评价方式可分为个人评价、社会评价和历史评价，社会评价又可分为专家评价、决策评价和舆论评价。

与其他评价方式相比，舆论评价的特点表现在两个方面：参与者具有极其广泛性和不固定性；评价具有及时性和公开性。公共舆论意见的评价质量高低与舆论的价值成正比关系，评价性信息质量越高，舆论的价值就越大。意见评价的质量主要体现在三个方面：（1）评价符合客观实际的程度，与真理的接近程度；（2）评价是否如实反映社会事件的本质和规律；（3）评价反映民意的程度——是否顺乎历史的发展，并代表大多数人的根本利益。

四、舆论环境

舆论环境是指一个舆论生成、扩散的内部和外部的现实条件，包括自然条件和社会条件。自然条件是影响舆论的重要因素，但对网络舆论的影响微不足道。影响网络舆论的主要因素是社会条件和意见气候。

意见气候又称为公共舆论环境。所谓公共舆论环境，包含两层意思：一是指区别于公共舆论这种社会现象之外的经济、政治、文化等外部条件的总和，或者称之为“公共舆论的社会环境”；另一种是指将公共舆论看作是众多舆论类型的一种，区别于公共舆论的不同范围、不同层次、不同类型的具体舆论构成的有机总合，可称之为“公共舆论的舆论环境”。

（一）公共舆论的社会环境

公共舆论的社会环境也可以称之为公共舆论的社会条件。不同的经济、政治、文化制度会形成各自不同的社会矛盾，因此公共舆论在不同的经济、政治、文化环境中涉及的公共事务也全然不同；同时，相异的社会环境造就相异的理性公众，其信仰、习俗、社会心理等均存在较大的差异，它们必然会影响到公共舆论的形成。因此，任何公共舆论的出现都会打上时代的烙印，新媒体舆论亦不能例外。

在全球化背景和新媒体环境下，人们的物质生存空间和精神生存空间都极大拓宽，人们的社会交往、社会联系也不断延展，社会矛盾必然越来越复杂。这些矛盾在出现、激化、调整和转化时，都有可能作为公共事务而引发舆论。社会矛盾以不同的形式浮现出来，公共事务也就具有了不同的形态，具体包括潜伏形态的社会问题、外显形态的社会事件和激化形态的社会冲突。

当矛盾双方持均衡态势，就会经过一段较长时间的生克消长，公共事务即以社会问题的形式表现出来；当社会矛盾积聚到一定的程度，矛盾双方处于调整、分化、重组的状态，社会环境或关系产生了一定的失调现象，公共事务就表现为各种社会事件；当矛盾进一步激化，就会演变为社会冲突。

公共舆论的社会环境的发展取决于三个条件：第一，公众获知真实消息的权利；第二，公众公开讨论其关切问题的程度；第三，公众民主和法治意识的强弱。三个条件共同决定公共舆论的社会环境演进的先进程度。

（二）公共舆论的舆论环境

公共舆论的舆论环境又叫做公共舆论的意见气候。尽管这个环境看不见、摸不着，但是人们却时时处处都能感受到它的存在。一方面，它从心理上制约着人们的活动范围和方式，制约着社会团体、社会组织的活动；另一方面，个人和组织的行为也会影响到这种舆论环境。

对公共舆论的舆论环境的考察，一般会参照以下五个因素：（1）地域。国际、全国、地区、组织内部。（2）主体。形成舆论的群体的身份，如工人舆论、农民舆论、政党舆论等。（3）主体意识。指舆论的先进性程度，如先进舆论，健康舆论等。（4）客体。指舆论关涉的对象，如社会问题、社会事件、社会冲突等。（5）一致性程度。指赞成舆论的人众的比例。

五、舆论场和舆论波

舆论场是指某种意见相对集中，舆论峰值处于较高水平，舆论范围有较清晰的边沿界限的舆论场景。舆论波是指舆论的运行不是以直线和平衡的状态运行的，而是呈现出一种时强烈时弱小、时急骤时舒缓、时有序时无序的情形，以波浪的形态呈现。

舆论场和舆论波是任何一个公共舆论都会呈现的两种状态。[①]

第三节　更新观念，冷静应对

面对来势凶猛、急剧升温的网络新媒体舆论风暴，各级党委、政府和有关部门冷静处置，因势利导，以政治智慧、满腔诚意和治理策略积极应对网络舆论的风云变幻，始终牢牢掌握调控和管理舆论的主动权，赢得了社会和公民的好评。一些地方在应对网络舆论的实践中探讨充分发挥网络作用、积极应对网络舆论、促进经济社会发展的路径，取得了比较系统的经验，具有重要的启示和参考价值。

一、转变观念，大度包容，正确对待网络舆论

面对始料不及、汹涌而至和瞬息万变的网络舆情和网络舆论风暴，政府管理部门应及时转变治理理念和思维方式，坦率真诚，大度包容，开明理性地加以对待；要视公议为民意，不把舆情当敌情。

当前，我国社会正处于重要的历史转型期，社会分化加速，各种矛盾激增，而在现实社会中，普通民众缺乏合法畅通的诉求表达渠道，以致负面情绪不断产生，破坏性能量迅速聚集，严重影响到社会稳定。网络媒体所具有的开放性及互动性，使民众可以通过网络媒体来表达自己的观点和诉求，从客观上有效释放了负能量，维持了社会的平稳运行。事实上，网络舆论反映的主要是底层民众的声音，由于政府的决策和行为最终也

---

① 参阅程世寿著《公共舆论学》有关章节，华中科技大学出版社 1998 年版。

将作用于底层民众，所以这种源于民间的舆论表达有利于民众客观地对各级政府施行有效的监督，以及表达自己的合理诉求。作为公共事务管理者的政府机关，面对这一新的形势，必须强化宪法意识、政治纪律意识、公共服务意识和现代管理意识，以新的公共服务意识和治国理政理念来做好网络舆论的调控、疏导和管理工作，而转变观念、大度包容、因势利导则是做好网络舆论引导的基础和前提。

在今天，互联网可以容得下庞大到不可想象的“评理员”队伍。抱持善意与公心的相关人士，都可以从新媒体用户的多元言论中汲取智慧、用于实践。互联网是个评理的好地方，网络舆论并不会天然地偏向某一方，也不因谁的身份优越而自动充当帮衬角色。作为“各界专家”和“陪审团”的新媒体用户，提供咨询与态度无需付费，他们会通过一切手段来获得信息透明和各方不被压制的陈述。[①] 因此，管理者首先必须改变传统思维形式，树立新的治理观念。

（一）强化宪法意识，自觉维护宪法尊严

在计划经济时代，不说国家建设、社会治理等重大事项，就是普通百姓的衣食住行、生老病死等一切民间事务，也尽在政府掌握之中。政府是无限责任政府，处于绝对的强势地位，可以随意而为；公民则相对处于弱势地位，他们没有正常的表达通道，更不能公开对政府工作表示异议。久而久之，政府养成了一言堂的管理传统，宪法被置于可有可无的虚化地位，百姓尽管也有心不平气不顺的时候，但无从发泄，只好忍气吞声，听天由命。但是，在互联网络高度发展的今天，普通公民的法律意识特别是宪法意识大为提高，权利意识大大增强，维权手段也不断增加，政府的行为时刻都会受到“是否合法”“是否规范”“是否有法律依据”的拷问。在这种新的背景下，政府必须强化法律意识，特别要自觉维护宪法尊严，依法管理好包括网络舆论在内的公共事务，服务好全体公民。

我们的国家是人民的国家，人民群众才是我们国家真正的主人。《中华人民共和国宪法》明确规定，中华人民共和国的一切权力属于人民。中华人民共和国公民有言论、出版、集会、结社、游行、示威的自由。对于任何国家机关和国家工作人员，有提出批评和建议的权利；对于任何国家机关和国家工作人员的违法失职行为，有向有关国家机关提出申诉、控告或者检举的权利。[②] 这意味着，只要忠实履行宪法义务，网络自由表达就必定会成为一种常态，而且在诸多选项中，网络舆论表达也应该成为最受政府欢迎的公民维权行为和监督政府的方式，因为和媒介舆论、论坛舆论、行为舆论等舆论形式相比较，网络新媒体舆论毕竟是最为分散、变数最大、最容易平抑（当然需要处理得法）的一种舆论形态，只要调控得当，网络新媒体舆论就会成为对社会造成直接破坏最小的一种表达方式。对此我们要有充分的信心和必要的心理准备。

（二）强化政治纪律意识，忠实执行党的决议

中国共产党是中国人民的领导核心，是全心全意为人民服务的执政党，它的执政理念是“一刻也不脱离群众，一切从人民的利益出发”，是“科学执政、民主执政、依法

---

① 参见黎明：《网络舆论不是谁的帮衬》，载《长江日报》，2012-02-07。

② 《中华人民共和国宪法》（2004 年 3 月 15 日修订版）第 2 条、第 35 条、第 41 条。

执政”，是“权为民所用，情为民所系，利为民所谋”。各级政府忠实地执行党的决议，是我国最重要的政治纪律，是国家长治久安、经济繁荣发展、社会文明进步、人民安居乐业的根本保障，任何部门和各级组织都有责任、有义务忠实执行党的指示特别是中央的决议。

为了适应网络社会的需要，中央做出了一系列重要决议，比如专门制定了《中华人民共和国政府信息公开条例》，比如要树立依法治国、以人为本的治国理政理念，要建设和谐社会，要贯彻科学发展观等等；特别是党的“十七大”报告提出要维护社会公平正义，“保障人民的知情权、参与权、表达权、监督权”，使保护公民权利上升到我国政治的最高层面。这说明，无论表达是否合乎传统或者主流，甚至哪怕是“鸡同鸭讲”，我们也应抱着理性欣赏、平和讨论、期待闻过则喜的态度，而不是经不住批评，容不下异见，相互对骂、攻击，动辄给对方扣上吓人的帽子，用意气之争代替真理追求，甚至搞“诽谤定罪”，或以权力意志压制不同声音，“彭水诗案”“灵宝帖案”留下的教训必须认真汲取。

（三）强化现代管理意识，遵循规律调控网络新媒体舆论

现代管理学告诉我们，在信息社会，传统的管理方法与管理思维已不再能够发挥作用，需要做根本性的调整和改变。这种调整和改变的核心是从控制管理转向指导和激励管理，管理要始终做到与时代同步，与社会共同发展，在网络管理中特别要强调遵循舆论调控规律，因势利导，循循善诱，讲究大度与包容，善待异质思维。

今天的中国社会，正处在一个思想和文化多元、多样、多变的时代，从一种声音到百花齐放，从千人一面到丰富多元，反映出思想的极大解放，也体现着中国的前进方位，在改革深水区和攻坚期，不同利益的调整与博弈，自然带来不同利益诉求的表达；随着改革开放的深化和全球化的深入，传统与现代、国外与本土，不同的价值观念也必然产生碰撞与交锋。

以现代管理理念为指导，以包容心对待“异质思维”，允许他人表达不同意见，在对话中协调立场，在交流中化解矛盾，我们才能最大限度地消除分歧，化解矛盾，达成共识，推动思想观念的进步。相对于普通民众，手握权力的执政者尤其需要这种“包容”。如果说前者的狭隘只会导致语言暴力，后者的狭隘则可能带来真实伤害；如果说前者的包容体现的是素质修养，后者的包容则不仅是一种“雅量”，更是执政为民的需要，是建设法治社会的要求。大智兴邦，最重要的是集思广益、从善如流。不同声音乃至反对的意见，是提高执政水平的重要资源。所谓“听不到不同意见不决策”就是这个道理。只有允许社会发出不同声音，才能了解和掌握各方面的情况，做出理性判断和正确决策。毛泽东认为让人讲话，天不会塌下来；邓小平认为七嘴八舌并不可怕，最可怕的是鸦雀无声，中央领导反复强调，要“创造条件让人民批评监督政府”都是基于这一思考。多元乃繁荣之奥秘，一个社会越是向前发展，就越需要多样的个性表达，越需要具有整合各种意见、形成统一意志的能力。以包容之心对待不同的声音，在“存异”中“求同”，我们的社会才能成为一个有机的整体，并在思想的交流与碰撞中不断凝聚、升华。[①]

---

① 参见《执政者当以包容心对待“异质思维”》，载《人民日报》，2011-04-28。

（四）强化公仆意识，养成遇事和人民商量的习惯

毛泽东曾经把“密切联系群众”作为我党取得革命胜利的三大法宝之一，但这一优良传统现在明显淡化，值得我们警惕。

我们常说，要“眼观六路，耳听八方”，而不能“盲人骑瞎马”“闭着眼睛捉麻雀”，说的就是只有深入群众、密切联系群众、始终与群众打成一片，才能做到耳聪目明，情况准确，才能决策正确，减少失误。而网络新媒体毫无疑问是执政者深入群众、获得真实情况的最佳途径。尽管网上信息泥沙俱下，鱼龙混杂，良莠不齐，但在经过一段喧嚣之后，网络声音也必然趋于冷静理性，必然成为社会意见的风向标和透视社会变化的聚光镜，只要我们怀着一颗敬畏之心，虚怀若谷，广纳善言，就不难从网上知晓真实民情，了解真实民意，找到解决现实问题的正确办法。

现在的问题是，一些政府官员往往忘记了自己的身份，错误地把自己和百姓割裂开来、对立起来，把自己置于支配地位、置于公民的上位来思考问题，放不下身段，不愿意开诚布公、真心实意地和新媒体用户讨论问题，总是高高在上、自以为是，动不动就指责新媒体用户“不明真相”“别有用心”，甚至还用“你是准备替党说话，还是准备替老百姓说话”“你是不是党员”“没时间跟你闲扯”等之类的雷人话语质问舆论。更有甚者，一些地方政府还采用曲解、栽赃和莫须有的手段来应对网络声音，制造出“彭水诗案”“灵宝追捕”“网络通缉”等耸人听闻的案件。反思近年来发生的一系列网络舆论事件，一个重要原因就是一些地方官员公仆意识淡薄，特权思想膨胀，忘记了服务的宗旨。

牢记宗旨，服务人民，前提就是要知民情，晓民意，一切从百姓需要出发来思考和部署工作，也包括要以百姓利益为出发点来对网络实行有效的调控和管理。尽管今天的中国迎来了表达的“黄金时代”，但仍有许多声音未被倾听，他们既缺乏影响公共舆论的资源，又鲜有参与政府决策的渠道，甚至无法得到与自身利益密切相关的信息，表达和追求自己利益的能力同样薄弱。这就需要各级政府和主管官员不仅要虚心听取来自各方的意见，还要主动去打捞“沉默的声音”。如果对网络意见视而不见，充耳不闻，或者本能抵触，不虚心倾听，对沉默声音不主动打捞，主渠道不畅，就会变成暗流。太多声音沉没，难免会淤塞社会心态，导致矛盾激化。

发出声音，是主张利益的基础。有利益的表达才有相对的利益均衡，有相对的利益均衡才有长久的社会稳定。事实表明，诸多矛盾冲突事件背后，往往是利益表达机制的缺失。从这个角度看，维权就是维稳，维权才能维稳。尽可能多地倾听社会各方面的声音，兑现社会公众的表达权。只有这样，才能让“说话”“发声”不仅是表达诉求的基本手段，更成为培育健康社会心态的重要环节，成为社会长治久安的坚实基础。①

二、正视管理短板，重塑社会公信

谚语云，看菜吃饭，量体裁衣，到什么山头唱什么歌，意思是无论做什么事情都要讲究主客观环境，讲究针对性和可行性。可在计划经济条件下形成的机械思维至今依然影响着公共管理，一些地方领导尚未摆脱“放之四而为皆准”的思维传统，总喜欢做假设，以不变应万变，搞形式主义。目前我国各级政府未能正确处理好公共关系已是不争

① 参见《执政者要在喧嚣中倾听沉默的声音》，载《人民日报》，2011-05-31。

的事实，处理网络突发舆论事件定性草率、方法简单、态度粗暴。特别是在危机议题的干预上，各级政府部门往往存在以下两方面的弱点：首先是未能掌握最佳干预时机。从近年来发生的多起重大网络舆情事件上来看，无论是瓮安事件、石首事件、宜黄事件，还是乌坎事件，有关政府部门对于危机议题的干预在定性上多是武断的，在时间上多是滞后的，在处理上多是草率的。由于错失了最佳干预时机，新媒体用户对政府的不满情绪已经积蓄到一定程度，舆论倾向已经不利于政府，所以即使干预机制后来启动，但是政府的公信流失的后果却已经造成，难以挽回。其次是干预方式不够科学专业。由于目前多数政府部门往往不具备危机公关和议题管理的专业知识，亦没有制订专门的危机公关预案，所以在应对危机议题时多少显得过于稚嫩，甚至天真地采用瞒、哄、压的方式来应对网络舆论，其结果可想而知。此外，在缺乏必要的公关知识与专业公关人员的情况下，政府官员在面对媒体时，常会出现表述上的漏洞，如铁道部新闻发言人在“7·23”动车追尾后，面对记者提问，说出的有关“反正我是信了”的那番话，直接引起舆论的质疑，同样也造成了很多不必要的麻烦。

2008 年四川发生 9 级地震，造成重大人员伤亡，全世界为之震惊。为了动员全社会积极投入抗震救灾，有关方面生造出“谭千秋用双手保护四个小学生”“小林浩一人救出多名同学”之类的“感人”故事，当时确实让不少人动情落泪。但后来发现，这是一个令人啼笑皆非的伪造故事，结果不仅完全抵消了由虚假报道培育起来的那种感情，而且大大加深了公众对媒体后来所有正面典型报道的怀疑情绪，严重伤害了社会公信力。

因此，政府充分认识主动应对、真诚回应网络舆情的重要性，科学调控和管理网络舆情，重塑政府公信力，显得极其重要和紧迫。对于政府来说，由网络舆论引发的危机是一柄“双刃剑”，它既可能是政府公信力走向衰亡的开始，更可能是政府公信力走向新阶段兴盛的契机。政府对危机的态度、反应和措施会对社会产生深远影响，更会对塑造自身形象产生现实的作用。政府在信息时代应该合理利用网络媒体进行有效传播，通过与公众充分沟通与交流，达成解决问题的共识，最终有效化解危机。

政府积极应对网络舆论，重塑良好公众形象的办法很多，主要应包括：建立网络舆情检测机制，搭建与公众沟通互动的平台；及时公开发布信息，营造良好的舆论环境；与新媒体用户实行良性互动，重塑政府公信力；积极回应新媒体用户关切，牢牢把握网络舆论引导主动权。

全心全意为人民服务，一刻也不脱离群众，这是我党的光荣传统，也是我党的革命宗旨，更是我党的庄严承诺。由于传统的报纸、杂志、广播、电视等的天然局限性，不能完全满足人们日常生活的需要，留下诸多遗憾，使这一宗旨在信息领域落实得不够好。互联网和多媒体技术不断发展，带来的是人们生活方式的深刻变革。网络媒体消息的及时性、丰富性、多元性、自由性，对人们更加有吸引力。越来越多的青年人成为信息运动的倡导者和推动者。他们有大量的时间用在网络上，来关注当下的热点新闻，并且可以便捷地发表自己对各种事件的看法，这是时代的新特点，我们不必对此杯弓蛇影、警惕过度、一惊一乍、忧心忡忡。只要对网络舆论加以正确的引导和管理，就能让互联网真正成为决策者、管理者与新媒体用户联系的纽带，成为人与人之间沟通的桥梁，利用信息更好地为人民服务。[①]

---

① 参见刘易坪：《正确认识“互联网舆论”》，载《求是》，2010 年 10 月。

三、健全机制，打通渠道，提供足够的空间

古语有云，将欲取之，必先与之，网络管理也是如此。要科学有效地调控和管理网络舆论，就得事先健全相关机制，打通传输通道，为网络舆论畅通流动提供足够的空间，从而赢得调控和管理的主动权。

网络舆情的形成往往从某一当事人或知情人披露信息、发表意见开始，然后通过帖子、微博等渠道迅速向不确定多数的新媒体用户扩展，形成巨大的社会影响，给新闻事件的当事人和有关管理部门造成巨大压力。且只有当公众关注的问题最终得到必要整改、责任人被查处、善后工作到位，社会关注度才开始降低，舆情才得以逐步平息。2011 年 12 月 12 日下午，一辆号牌为苏 CR1836 的私营客车从丰县首羡镇中心小学接送 49 名学生（核载 52 人）回家，途中有 2 名学生下车。17 时 45 分，当载有 47 名学生的车辆由南往北行至首羡镇张后屯村附近一条村道时，为躲避迎面驶来的一辆三轮车而侧翻滑入路边水沟，导致车内 15 名学生死亡、8 名学生受伤，造成一起严重的交通安全事故。该事故发生在国务院法制办公布《校车安全条例（草案，征求意见稿）》向全国征求意见的第二天，因此受到新媒体用户的高度关注，很快网上讨论意见就突破百万条，最终达到 650 余万条，所形成的舆论风暴和带给当地政府的压力可想而知。但徐州市委市政府没有采取封堵的措施，而是坦诚面对，最大限度地提供舆论表达的通道，允许新媒体用户自由表达，包括对车上实载学生数目的质疑、对当地警方日常监管的批评、对政府调整学校布局合理性的反思，等等，并真诚地予以回应。在徐州市、丰县启动责任追究机制，丰县分管副县长张斌、教育局局长孙光华、公安局副局长陈立坤、首羡镇中心小学校长张先启等已被停职检查后，舆论风暴才得以降温。①

网络舆情不仅反映经济、政治、社会、文化的发展状况，而且有着内在的因果关系、形成机理和逻辑规律。社会大变革大转型时期，各类矛盾和冲突凸显，容易发生不满、敌视、对抗等非理性情绪，这些情绪如果得不到合理释放，就会不断积聚放大，成为舆情事件的“放大器”和“火药桶”。部分公职人员运用权力失范，与人民群众日益增强的权利意识、实现公平的愿望形成对立，成为形成网络舆情的一个源头。市场化改革带来利益主体多元化，而利益均衡机制建立相对滞后，导致社会利益关系倾斜和利益诉求失衡，引发收入分配不公、公共服务不足、群体性事件多发等问题，成为网络舆情集中爆发的一个诱因。

当前，网络舆情传播呈现跨媒体、跨区域的态势。某个事件一旦进入公众视野，媒体和新媒体用户就会对其进行层层解剖，抽丝剥茧，通过独立调查、信息补充、分析评论等各种形式，直达事件核心，从而形成强大的舆论压力。一个热帖引起众人跟帖，就会使传播机制产生质变，使人产生各种联想，出现单向思维、以偏赅全、抽象拔高，导致舆论一边倒。这时候如果实行封堵，必然引起更大反弹，甚至造成舆论失控。2010 年 9 月 7 日，江苏省新沂市发生一起小区内宝马车碾轧三岁男童致死案。这本来是一起普通的交通肇事案件，但经 9 月 13 日《扬子晚报》报道并对新沂警方以涉嫌交通肇事罪拘留司机提出质疑后，人民网、新浪网等 131 家网站立即跟踪转载。随后，《重庆日报》、

① 参见《丰县校车事故启动问责 分管副县长等被停职检查》，载《中国青年报》，2011-12-17。

《新京报》、湖南卫视、东方卫视、吉林卫视等20多家媒体迅速跟进，天涯社区、百度贴吧、西祠胡同、土豆网等80余家网站参与热议，舆情高位暴涨，形成对肇事司机“撞伤不如撞死”的犯罪定势判断，接下来对警方的处置高调质疑也就在所难免。

面对激愤难平的社会情绪和网上一边倒地要求对肇事司机以“故意杀人罪”论处的舆论压力，当地党委政府及时对各种意见进行梳理和归类，组织知名高校法理、刑法、交通法规等专家教授和徐州、新沂公检法资深法律人员，反复观看监控录像，认真查阅案件卷宗，严密论证案件性质，并及时将相关信息予以公布。9月13日召开的第一次新闻发布会，简要通报了案件侦查情况。9月16日召开的第二次新闻发布会，通报了肇事司机在案发现场自首、肇事车辆检验实验结果、以涉嫌过失致人死亡罪提请逮捕肇事司机等重要信息。新闻发布会上两次播放总时长5分7秒的案发地点完整原始监控录像，还原了案件的细节与真相。请专家及相关人员在新闻发布现场逐一回答媒体提出的案件疑点，澄清事实，回应质疑，取得了显著效果。

第四节　宽容包容，因势利导

管理者大气大度、宽容包容，与新媒体用户平等交流、良性互动，不仅可以树立政府的亲民形象，赢得社会公众的好感与信赖，还可以营造出一种相互信任、亲近和睦的良好氛围，有利于化解社会矛盾、消除对抗心理、营造和谐环境。

一、宽容包容是网络时代社会运行的必须

龙年新春，网上突然爆出北大教授孔庆东因看到港人不客气地“管教”在地铁吃东西的大陆儿童的视频而公然大骂香港人是“狗”的帖子。香港一些网友也集资在《苹果日报》刊登整版广告，宣称“香港人，忍够了”，表明反对内地孕妇赴港产子的立场，并暗讽内地人为蝗虫，要求政府修订基本法，阻止内地“双非”孕妇无限量“入侵”香港，言辞激烈，引起舆论一片哗然。

孔庆东现象是当代处理社会问题社会矛盾的一个缩影，那就是非此即彼，非白即黑，相互指责，甚至你死我活的对抗思维。在对待网络舆论问题上，这一问题显得更为突出。各方不仅在微博、论坛上相互攻击，还呈现出逐渐向线下现实生活乃至私密领域延伸的趋势。例如“左派”人士火烧南方系报纸、“右派”人士呼吁开除孔庆东、司马南讲座被砸场等。这些事件都反映出，在由微博等新媒介拓展出的公共领域，人们期待的理性讨论之风似乎渐行渐远，而一股浮躁的暴戾之气却正在生长蔓延。有些政府管理部门也采取简单粗暴的办法，或者封杀，或者屏蔽，或者威胁，结果适得其反，往往激起新媒体用户更大的反弹。

戾气和对峙的背后，是实实在在的现实矛盾。阶层断裂深化，各方利益、意见的冲突加剧。当然，戾气和对峙也不是全然没有益处，至少可以使现实中亟须解决的问题变得更为突出，可以更加有效地引起社会关注并出现解决转机。不过，在各种矛盾激烈表达的情况下，政府带头并呼吁各个意见阶层的反思和克制显得紧急而必要。偏执的思维

和粗暴的方式，无益于达成共识，更无助于解决问题。政府部门，社会各界都应呈现理性和宽容，加强各方进一步的沟通和了解，学会设身处地，换位思考，努力向和平思维转化。

当前，要深刻反思“站队”批判、党同伐异的“打蛋”思维。客观地说，中国阶层分化已是事实，出现了不同的思潮、不同的立场、不同的主张，这在转型变革时代、开放多元时代是必然会出现的现象，尤需包容节制，容纳异己。争论可以激烈，但绝不是互相谩骂诋毁，更不是你死我活，不共戴天。允许每个人说出自己的主张，真诚地相互沟通，讨论才可以进行。没必要一定要达成共识，事实上也很难达成共识，但确乎可以培养公开发声、理性争辩的精神，公众亦可以从各种讨论中厘清思路、提高思辨能力，从而在各种不同的思潮和主张中汲取营养，弥补不足。①

二、宽容包容需要三方形成合力

提倡社会对舆论监督的宽容，至少应该包括三个方面。

（一）政府

政府的宽容，不仅包括对正确监督（即事实真实、方法得当、时机成熟）的鼓励，而且包括对错误监督的容忍，包括对媒体监督的积极回应。总的说来，舆论是意识形态的表层形态，虽然包含了真理的成分，但却难免与真理还有一段距离。如果我们一定要舆论监督不出错误，充满辩证法，这实际上是很难做到的。正确的选择是，保持与舆论监督机关的交流畅通，及时对舆论监督的内容做出反应，保证大众传媒能及时做出反馈和调整，而不能要么置之不理，要么迎头痛击，要么高压管制。政府的有关职能部门对舆论监督要做出客观公正的评价，对被监督者要历史地、辩证地和发展地看待，防止因媒体监督而对被监督者做出错误的判断。媒体监督往往是或就事论事，或就事论理，而不会对被监督者做出全面的总结和评价，政府职能部门特别是组织人事部门绝不能以舆论监督意见为依据来对一个干部下结论，这一点十分重要。如果舆论监督不会直接伤害干部，不能决定干部的升迁去留，舆论监督的生态环境将大大优化。

（二）公民

舆论监督的正常开展，需要社会具有良好的心态，不能把舆论监督看作是媒介审判。对舆论监督中揭露出来的事实，一就是一，二就是二，不要随意联想，无限上纲，以偏赅全，轻率下结论，这样，舆论监督就能正常化、常态化。特别是要给予被监督者申辩的权利，给他们以纠正失误、改过自新的机会与时间，不要情绪化地对待揭露出来的问题。

（三）新闻媒体

在信息社会，新闻媒体无疑是舆论监督的主力军，他们的工作质量和效率，直接决

---

① 参见顾燕：《抛弃粗暴的对峙思维》，载《长江日报》，2012-02-03。

定舆论监督的兴衰成败。从事职业舆论监督的工作人员，一定要实事求是，立足建设性，出于公心，禀持善意，以促使解决问题为出发点，坚决杜绝利用舆论监督的名义徇私舞弊、挟嫌报复甚至制造事端的不轨行为，一旦发现，要坚决采取果断措施，迅速予以纠正。

如果上述三种力量能够形成合力，我国舆论监督的规模、质量和效益将会得到根本性的改善。

第五节　提前介入，公开透明

随着科技的发展及社会的急剧变迁，组织危机的影响性与复杂度都较以往大为提高。面对汹涌而来的网络舆情，有的政府部门要么采取“鸵鸟”政策，不闻不问；要么匆忙应对，语焉不详；要么就放凶词狠话，暴力压服。因处置不当而引发公共危机的案例时有发生。好在经过一段时间的积极调整，政府部门、社会组织和大众媒体正在转变被动应付的格局，在突发事件发生后能主动采取措施，有关职能部门、政府新闻发言人、主流媒体开始提前介入，牢牢掌握发布信息的主动权和舆论调控的支配权。

一、加强舆情监测，把准民意风向

网络舆论发生突然，变幻莫测，影响深远，因此加强舆情监测，把准舆论风向，不断提高舆论引导的针对性与实效性，就显得极为重要。要善于从相关网络话题或事件中发现源头性、苗头性、趋势性的问题，对一些可能会形成巨大舆论风暴的社会问题和新闻事件及早切割，快速发布信息，掌握信息发布主导权，将事件处置在萌芽状态。现实矛盾少了，网络舆论也就顺了。

荀子说：世易时移，变法宜矣。世上没有一个一成不变的管理对象，也不存在某种一成不变的管理模式。时代变了，对社会的管理也必须加以改变，在以网络新媒体舆论为主要特征的信息时代，加强应对网络舆论研究，深化对网络舆论的认识，探索应对网络舆论的万全之策，依然是社会管理的重中之重。

二、主流媒体主动介入，及时澄清事实真相

突发舆情事件多因媒体曝光而起、因炒作而热，也只有通过媒体传播真实信息、真诚沟通，才能赢得舆论支持，获得社会的理解与认同。好的做法是，一旦发生舆论事件，管理部门就应主动邀请主流媒体参加新闻发布会，开诚布公、实事求是地说出实情并勇于承担责任，抢占先机，赢得话语权，掌握主动权，占据舆论引导制高点。

主流媒体适时介入，说明真相，纾解矛盾，多报事实，少搞定性，多做讨论，少定调子，可以收到意想不到的良好效果。在宝马碾童案中，主流媒体的主动介入发挥了重大作用。2010 年 9 月 16 日，新华社江苏分社发布《宝马碾童案司机涉过失致人死亡 警方提请批捕》的电讯，中央电视台、江苏卫视、东方卫视、天津卫视、《潇湘晨报》《钱

江晚报》等20多家媒体做了报道。人民网、凤凰网、腾讯网等百余家网站转载编发新闻通稿600余篇次，以权威姿态进入网络舆论阵地。同时，协调时评写手和网上“意见领袖”撰写文章，呼吁公众尊重事实、理性分析。组织网评员及时跟帖，疏导网络舆情，特别是9月16日新闻发布会之后，市委市政府加大网上正面引导力度，新媒体用户的观点和话题走向发生了明显的转变。

第六节 知错必改，良性互动

搞好网络舆论调控应该注意的另一个问题，就是政府要勇于承担责任，做到知错必改，与新媒体用户进行良性互动，动员新媒体用户的力量来共同维护网络舆论的健康运行。

一、反对文过饰非、强词夺理

由于政府手中掌握着主要的公共资源和管理职能，常常表现为强势状态，一般不大习惯于认错。2010年，宜黄暴力拆迁事件震惊全国，其漠视舆论、欺骗公众所造成的严重后果，非常值得深思。9月10日上午，江西省抚州市宜黄县凤冈镇发生一起因拆迁引发的自焚事件，三人被烧成重伤，被送到南昌大学第一附属医院进行抢救。9月12日，有关这一强拆引发3人自焚的新闻报道开始在网上疯传。12日下午，宜黄县人民政府办公室在宜黄县官网——“中国·宜黄”上发布“关于‘宜黄县一拆迁对象泼洒汽油不慎烧伤’的事实情况”，首度回应“拆迁户烧伤事件”，称“9月10日上午10时许，宜黄县城建部门工作人员到拆迁对象钟如奎家中开展有关政策法规的解释和劝导工作。期间钟家以浇灌汽油等极端方式对工作人员进行威吓，却不慎误烧伤自家3人”。“不存在自焚的本意，更没有料到会出现如此后果。”[①] 9月18日凌晨1时左右，伤者叶忠诚因伤势严重经抢救无效死亡。79岁的叶忠诚是拆迁户钟如奎的大伯。

自焚事件发生了，甚至还死了人，但政府却睁着眼睛说瞎话，死不认错，把一切责任都推给被拆迁户。之后，又先后上演了令人啼笑皆非、怒火中烧的“机场堵截战”“厕所攻防战”等系列丑剧和闹剧，惹得网络一片喊打声。最终因江西省政府介入，县委书记和县长被免职而使网络风暴得以平息。[②]

在新修辞学的思路中，传播效果研究就是进行修辞话语分析。因此，在当代社会，卓越的修辞能力和行为是政府、社会组织和个人在社会互动中获得成功的先决条件。对于政府来说，与民众的沟通绝不仅仅是信息发布，而是需要掌握一定的修辞策略，“达于耳入于心”，才能使民众理解和认同公共目标和价值。政府一定要克服“官话”和“套话”，摒弃官样文章中习惯的话语体系，既要思维转型，更要促进治理方式的转型。对于媒体来说，作为社会建构的主要修辞力量，也要转变危机事件报道方式，为危机事

① 《江西宜黄“9.10”拆迁自焚事件一伤者死亡》，http://news.ifeng.com/society/special/yihuangzifen/content-2/detail_2010_09/18/2550938_0.shtml。

② 参见《上访弱女与县委书记的厕所攻防战》，载《现代快报》，2010-09-17。

件处理提供舆论支持。

二、倡导正视问题、闻过则喜

一般官员认为，政府工作必须保证不出错误，他们认为只有不出错误才能树立威信，因此凡事总希望追求百分之百的完美，极端化后就是出了问题也死不认账，想方设法找客观理由和外因，不敢承担责任。其实这是一种极为狭隘、极为错误的想法，因为，百姓其实并不要求政府一贯正确，但一定要政府诚实守信，不说假话。老百姓可以原谅政府出错，但绝不会原谅政府造假，更不会接受政府对百姓有任何欺骗。这一点，作为政府官员一定要心中有数，绝不可对此抱着无所谓的态度。

贵州省思南县杨家坳乡下官阡村的半山腰有一个终年水流不断的水洞。千百年来，周围几个村庄的田地灌溉都依靠这个水洞口的水源，灌溉面积超过 1 500 亩，为这里的人畜提供饮用水。但到了 2009 年 10 月，杨家坳乡政府决定从该水洞口引水，实施乡集镇饮水安全工程项目。乡政府称，这一项目的实施，是为了解决街道居民及中、小学学生和教师的安全用水困难的，是为了促进农村经济的发展。乡政府认为将多余的水资源引至乡集镇解决人畜饮水安全的困难，是在充分、合理、有效利用该水资源，提高其综合利用价值，并强调这是“一项顺民意、合民情、促发展的民心工程”。但村民认为这将影响村里的农田灌溉，也会造成村民饮水困难，决心坚决捍卫，宣称不惜“以命换水”。而乡长则放言：“要不惜一切代价把水洞口的水搞过来！”双方出现剑拔弩张之势。

10 月 25 日上午，乡政府、派出所、治安联防队集体出动，撕毁村民们打出的“取水如取命，天理难容”的横幅，强行前往水洞口施工。在家的村民们全部到达水洞口，双方形势剑拔弩张，一触即发。闻讯赶来的村民将乡政府车队包围起来。意外的是，在这尖锐对立、似乎无解的紧要关头，乡党委书记胡国志表示：“如果不能取得老百姓同意，我们就不搞了，水源问题会另想办法。”“群众意见无法统一，乡政府只好让步。”

至此，历时一个多星期的水洞口事件落下帷幕。

这一起护水事件能够得到最终解决，媒体将其归因于“网络的功劳”。10 月 21 日，天涯社区出现一则网友“响水洞听洞水响”发的《乡政府官员要喝干灌溉水源，近千村民面临绝收》的帖子，用照片展示了下官阡村正面临的危机，向新媒体用户求助：“善良的人们呀，请你们给无助的下官阡、小泥溪、黎家寨等村民出出主意，应该怎么办，才能让他们的基本生存权利不受侵害，他们世代耕种的良田不会荒芜，他们的兄弟姐妹不要因此而流离失所、背井离乡。”该帖子很快引起新媒体用户关注。在乡政府强硬表态后，该网友再次对乡政府的决定提出质疑，并引起网络围观。正是因为网上这一篇帖子，悄然改变了事态的发展轨迹，促成了乡政府表示愿意放弃该工程，重新寻找水源。发帖人告诉记者：“多种力量汇合，最终促成了杨家坳乡政府顺应民意，悬崖勒马，避免了流血冲突事件。这件事能够出现转机，应主要归功于网络。”一个偏远地区的乡政府能够如此重视网络舆论，与两年前“黑砖窑”事件中山西洪洞县政府对网络舆论沸腾一无所知形成鲜明对照，提示出网上官民良性互动的局面正在中国形成。[①] 其实，这一

① 参见《贵州省思南县：官民因引水工程欲爆发冲突 一则网帖化解矛盾》，载《中国青年报》，2009-11-04。

事件的真正转机，来自于政府的主动认错和积极退让，是他们从人民利益出发改变决策，才使事件得到最终解决并赢得了威望，这一点必须看清楚。

第七节　立足化解，讲究策略

在数千年的历史长河中，古代封建统治阶级始终严格控制着社会舆论，害怕人民的觉醒和表达，时刻提防对其不利的舆论发生，在他们看来，“防民之口，甚于防川”。在网络高度发达、新媒体全面普及和公民维权意识觉醒的今天，封堵舆论已不可能，对网络的治理必须立足于促成矛盾化解，并应讲究调控和管理策略。

一、加强建章立制，依法管理舆论

对于网络舆论这一新生事物，必须尽快完善有关管理制度，依法对网络舆论进行管理，这是最根本的治理策略。

2011 年 12 月 16 日，北京市人民政府新闻办公室、北京市公安局、北京市通信管理局、北京市互联网信息办公室等四部门向社会发布由其共同制定的《北京市微博客发展管理若干规定》(下称《规定》)。这一被称之为“实名制”的文件，尽管备受争议，但它为北京市管理网络舆论提供了依据，把对网络舆论的管理由“政策”管理为主引上了法治管理的轨道却是不争的事实。

网络无国界，注册有地域。对这个极其庞大的信息超市，门面遍布全国，注册却在北京，北京市四部门经过仔细研究上位法，出台了 16 条规定，对网友相当关注的实名后如何依法守护用户信息安全，提出了 4 个方面的具体要求。北京市主管部门负责人表示：基于保护微博用户利益和构建网络诚信体系，《规定》不但不会限制微博服务的发展，还将有助于网站树品牌，提高服务质量，进而形成更加诚信、更加人性化的网络发展环境。新规定没有影响大家正常发言，但可抑制少数人制造假舆论。[①]

要不要在全国实行网络实名制可以讨论，但各地从实际出发，制定符合本地需要的网络舆论管理办法并公之于众、依法管理却是必须的，也是紧迫的。

二、第一时间回应，防止网络舆论恶性发酵

只有建立常规的社会情绪监测机制，随时了解社情民意、民瘼民怨，才能够发挥“知屋漏者在宇下，知政失者在草野”的功能。

现在有一些公务员对网络舆论是“既怕又恨”，“恨”的是，动不动新媒体用户就把一些官员不愿意被看到或者被公开的信息抖落到网上，“怕”的是过早地回应新媒体用户意见会落入舆论陷阱，所以免不了会采取一些错误举措：或装聋作哑采取鸵鸟政策，或围攻猛打启用恐吓战术，而这些都是无法解决问题的一些错误做法。

---

① 参见《诚信微博未来会更好》，人民网，2011-12-18。

好在现在各地政府已经开始明白其中的逻辑，开始积极应对网络舆论。2012 年 2 月 6 日，银川市委就公开处理了因"政务微博"不作为的三名干部，给那些回避网络舆论、贻误调控战机的公务员敲响了警钟。

据了解，当时银川一些新媒体用户反映，"@银川物业"回应网友诉求格外"淡定"：接到投诉不去现场，不经核实就做答复，对群众去年 12 月反映的采暖投诉仅回复"正在调查"，直到近日还没有下文。另据反映，该微博对部分网友的诉求置之不理。网友"我是隐身"质问："请问能不能来点实际的，每天那么多投诉，实实在在解决几件很难吗？"也有网友批评，从反映问题到现在已近一个月了，"'@银川物业'还在调查，这样开微博也只是摆设"。银川市委办、政府办官方微博"@问政银川"也陆续接到网友投诉，反映"@银川物业"的不作为问题。

1 月 31 日，"@问政银川"发出通令：请"@银川物业"温习《银川市城市供热条例》，尽快回复网友诉求，解决现实问题；2 月 2 日，银川市委督查室要求银川市住房保障局就此事展开进一步调查。银川市住房保障局调查后认为，银川市物业办微博管理存在制度不健全，管理员责任心不强，业务不熟练，与新媒体用户的沟通技巧仍有欠缺，问题处理和反馈不主动、不及时等问题。进而提出 5 条整改措施，要求物业办高度重视微博管理工作，单位领导和微博管理员必须认真解决和处理新媒体用户反映的问题，及时予以回复。银川市住房保障局还要求物业办认真建立和完善投诉处理、微博管理工作的有关制度，明确工作时限和工作责任，强化督查督办工作力度，进一步提高办事效率。

同时，依据相关规章，银川市住房保障局对物业办相关人员进行问责，"@银川物业"微博管理员被调离岗位，物业办投诉中心负责人和分管副主任被诫勉谈话。记者还了解到，银川即将出台《银川市政务微博管理办法》，此办法将系统规范政务微博运行和维护机制，加大责任追究力度，有望进一步铲除滋生"僵尸政务微博"的温床。①

三、培育和建构共同价值观

有共同关心的事务才有共同讨论的话题，才可能形成集体的共识。有了共识，才可以形成平抑社会情绪、纾解网络舆论的社会基础。2011 年 11 月 2 日，北京市公布了"北京精神"——"爱国、创新、包容、厚德"。看起来简简单单的四个词语，在其形成的过程中则可以看出北京主政方精心培育和建构共同价值观的良苦用心，它凝聚了首都人民的精神、文化、历史共识，也奠定了北京市民实践这一精神的社会心理基础。

城市精神是一个城市独具特质的精神品格，是展示城市形象、引领城市发展的一面旗帜。2010 年 3 月 26 日，市社科院正式提出要提炼、培育、宣传、践行北京精神的建议。随后，多位领导陆续批示：要提炼北京精神；要尽快组织一次论证，就该议题的必要性、可行性再深入论证一次。"包括 400 多万外来人口，北京的 1 700 万人口共同建设这个城市。要凝聚所有北京人的力量和智慧，就要以北京精神为黏合剂，把全市不同职业、不同年龄、不同区域的人凝聚在一起，引导他们心系北京命运，将自己的聪明才智贡献于北京的城市建设和发展。"

---

① 参见《银川三名干部因政务微博不作为被问责》，《中国青年报》，2012-02-07。

市委宣传部、市社科院先后组织了 7 次大型研讨会、数十次小型交流会，来自中国社科院、北京大学、清华大学、中国人民大学等 20 余所高校、科研院所的一大批知名学者奉献了真知灼见，讨论涉足哲学、历史、文学、城市建设管理等众多领域。从历史文化底蕴、城市功能定位、国际化视野等角度对北京精神的内涵与外延进行了诠释，最终提出了上百条表述。经过重新组合、融汇，最终凝练成了 5 条候选表述语。2011 年 9 月 16 日，5 条候选表述语正式向社会发布，请公众参与投票。9 月 16 日至 25 日，短短 10 天时间，公众参与投票达 2 929 709 人。选择“爱国、创新、包容、厚德”一条的有 175 万多人，以 59.97% 的得票率遥遥领先。[①] 投票的过程，正是 3 000 多年沉淀下来的“北京精神”无声浸润每个人身心的过程。

四、转换话语体系

如何使主流舆论和非主流舆论走向一致、官方意见与网络民意达成共识，是摆在社会管理者面前的一道难题，要应对这一难题，至少要掌握以下基本的策略和方法。主管单位要在第一时间发声，说真情，讲实话，不要采取瞒、拖、哄、骗等手法应付舆论和公众，贻误战机。政府机关在和公众的对话中，必须放下身段，和风细雨，尊重公民人格、保护公民尊严。

双方应在沟通中求理解。网络媒体特别是网络社区在“引导社会热点，疏导公众情绪”方面有着特殊的作用，堪称为社会的“安全阀”和“减震器”。当前，我国已进入改革发展的关键时期，经济体制的深刻变革、社会结构的深刻变动、利益格局的深刻调整、思想观念的深刻变化，既给我国的发展进步带来巨大的活力，也必然引发这样那样的社会矛盾和问题。这些矛盾和问题如果处理不好，很容易引起社会心理的失衡，影响社会的和谐稳定。

痛则不通，通则不痛；锤落鼓响，话明气散。网络社区为社会各阶层的利益诉求和情绪宣泄提供了一个很好的渠道，客观上能起到心理疏导、安抚情绪、缓和矛盾的作用。当然，网络社区不能只满足于做新媒体用户的“出气筒”，还要紧紧围绕新媒体用户普遍关心的社会热点问题，针对人们的各种思想疑虑，做好解释说服工作，把我们目前面临的困难和问题实事求是地告诉人民，把党和政府为解决困难和问题所作的努力明明白白地公之于众，在交流中求得理解，引导社会舆论沿着理智、建设性的轨道发展。

应对网络时代的舆论是一个极其复杂的时代课题，未来还有极为艰巨的工作要做，对此我们要有足够的思想准备。

思考题

1. 为什么说用传统方法管理舆情已不可取？
2. 影响舆论形成有哪些宏观因素？
3. 应对舆情应采取哪些可行的措施？

---

① 参见《“北京精神”诞生记》，载《北京日报》，2011-11-04。

后　记

这本教材是在我主讲的《新媒体概论》的讲稿基础之上，经过参编高校十多名主讲教师共同修改完善而成的。在修改过程中，我负责制定修订计划和全书提纲，分别交由参编者对原讲稿进行修改、加工或者重写，然后由四位副主编再次修改润色，最后由主编统稿定稿。

修改分工为：1～3章，马雅红；4～6章，周岩；7～9章，张洁；10～12章，何双秋；13～14章，杨惠；15章，高宪春；16章，钱晓文。副主编审稿分工为：1～4章，张爱凤；5～8章，董玉芝；9～12章，方雪琴；13～16章，周鹍鹏。上海建桥学院钱晓文教授、江苏师范大学高宪春副教授参加了提纲审定和书稿的终审工作。

中国传媒大学出版社司马兰、姜颖昳女士为本书的编辑出版付出了辛勤的劳动，在此一并致谢。

刘行芳

2014年12月30日

参考文献

[1] 宫承波. 新媒体概论（第四版）[M]. 北京：中国广播电视出版社，2012.

[2] 匡文波. 新媒体概论 [M]. 北京：中国人民大学出版社，2012.

[3] 林刚. 新媒体概论 [M]. 北京：中国传媒大学出版社，2014.

[4] 石磊. 新媒体概论 [M]. 北京：中国传媒大学出版社，2009.

[5]〔美〕斯坦利 · J · 巴兰,〔美〕丹尼斯 · K · 戴维斯. 大众传播理论：基础、延展与未来 [M]. 北京：清华大学出版社，2003.

[6] 杨溟. 媒介融合导论 [M]. 北京：北京大学出版社，2013.

[7] 马小娟. 论社交媒体对公民政治参与的影响 [J]. 中国出版，2011（12）.

[8] 卢鑫. 浅论社交媒体对新闻生产的影响 [J]. 东南传播，2013（10）.

[9] 段淳林，顾晓渊. 互动媒体的创意趋势与品牌传播创新研究 [J]. 编辑之友，2011（6）.

[10] 蔡雯. "超级记者" 到 "超级团队" [J]. 青年记者，2007（1）.

[11] 高钢. 关于媒体融合的几点思索 [J]. 国际新闻界，2006（9）.

[12] 曹博林. 社交媒体概念发展历程特征与省略——兼谈当下对社交媒体认识的模糊之处 [J]. 湖南广播电视大学学报，2011（3）.

[13] 谈兆雄. 论新媒体经营管理的模式与创新 [J]. 新闻传播，2011（7）.

[14] 孔彬. 从微信到社交媒体 [J]. 中国数字电视，2013（11）.

[15] 张周平. 国内三大社交营销平台：人人、微博、微信 [J]. 信息与电脑，2013（2）.

[16] 姚伟. 新媒介传播与受众变化的分析 [J]. 编辑之友，2011（6）.

[17] 赵洁. 论社交媒体 [D]. 武汉理工大学. 2010.

[18] 杨亮. 新媒体浪潮下的受众主体意识 [D]. 上海师范大学. 2008.